KB125280

# 이야기
# 독일사

# 이야기 독일사

보급판 1쇄 인쇄 · 2020. 8. 15.
보급판 1쇄 발행 · 2020. 9. 1.

지은이 · 박래식
발행인 · 이상용 이성훈
발행처 · 청아출판사
출판등록 · 1979. 11. 13. 제9-84호
주소 · 경기도 파주시 회동길 363-15
대표전화 · 031-955-6031  팩시밀리 · 031-955-6036
E - mail · chungabook@naver.com

Copyright ⓒ 청아출판사, 2020
저자의 동의 없이 내용의 일부를 인용하거나 발췌하는 것을 금합니다.

ISBN 978-89-368-1171-6  04900
      978-89-368-1158-7  04900 (세트)

* 값은 뒤표지에 있습니다.
* 잘못된 책은 구입한 서점에서 바꾸어 드립니다.
* 이 책에 대한 문의사항은 이메일을 통해 주십시오.

The History of Germany

# 이야기 독일사

|게르만 민족에서 독일의 통일까지|

박래식 지음

청아출판사

## 머리말

독일사는 한 국가의 역사일 뿐만 아니라 유럽사에 끼친 영향 또한 상당히 비중이 크다. 독일은 유럽의 중앙에 자리 잡고 있어서 유럽을 동서남북으로 연결한다. 이러한 지리적 특성은 독일이라는 나라에 장점이자 단점으로 작용했다. 국력이 강해지면 유럽의 중심이 되었지만, 반대로 약해지면 주변 강대국의 희생물이 되었던 것이다. 그래서 근대 국가가 등장한 이래 독일에서는 강해져야 한다는 의식이 팽배하였다.

근대로 접어들면서 독일만큼 역동적인 역사가 진행된 나라는 없을 것이다. 독일은 늦게 산업화에 뛰어들었지만, 빠른 속도로 성장하여 유럽의 중심 국가 대열에 참여할 수 있었다. 또 뒤늦게 통일을 이루었음에도 국가의 잠재적인 역량을 강화하여 기존의 유럽 질서를 흔드는 저력을 과시했다. 현대에 들어와 강한 국력을 바탕으로 유럽에서 헤게모니를 장악하려는 야심을 드러냈지만, 그 망상이 좌절되면서 국토는 폐허가 되기도 했다. 독일은 이데올로기에 의해서 양분되었지만, 국민이 주체가 되어 분단 문제를 극복하면서 통일된 하나의 자유민주주의 국가가 되었다.

이 책은 게르만 족과 오늘날 독일의 역사를 이야기식으로 풀어놓았다. 게르만 족이 부족 국가의 시기를 거쳐 하나의 국가를 건설하고 근대 국가 체제로 성장하면서 유럽에서 입지를 강화해가는 모습을 주로 다루었다. 그리고 최종적으로 현대사에서 독일의 통일까지 언급하였다.

역사, 지리적 위치, 국가적인 특징 때문에 독일이 안고 있던 문제는 단지 독일이라는 나라에 제한되지 않고 유럽적인 차원에서 해결되었다. 독일의 안정은 곧 유럽의 평화를 의미하는 것이기 때문이다. 따라

서 이 책에서는 독일 내부의 역사에 중점을 두는 동시에 주변국과의
관계 속에서 발전하는 모습을 다루었다.

한 나라의 통사를 쓴다는 것은 결코 쉽지 않은 작업이다. 문화적 배
경과 역사의 출발점이 다른 타국의 역사를 쓰면서 독자들의 이해를
도우려고 노력했지만 부족한 점이 많았다. 독자들의 이해를 우선시해
야 할 것인지 학문적인 입장을 더 고려해야 할 것인지를 두고 고민했
던 것 또한 사실이다. 독자의 취향에 따라서 다양한 의견이 있겠지만,
처음 책을 쓰는 저자에게는 부담스러운 일이었다. 그러나 책이 완성
되어 출판이 된다니 아쉬운 마음을 다음 기회에 극복하고자 한다.

이 책이 완성될 때까지 오랫동안 기다려준 청아출판사 사장님과 편
집부 식구들에게 감사드린다. 항상 염려와 격려를 아끼지 않으신 단
국대학교 독문과 노태한 교수님과 (주)레네테크 대표이사이신 박종
선 변호사님, 그리고 오랫동안 같이 인내하며 고생한 나의 가족과 부
모님께도 감사의 마음을 전한다.

박래식

# 차례

# 2 중세

# 1
# 고대

## 고대

오늘날 독일은 위도 약 47~57도 사이에 위치하며, 북쪽은 대서양 북부 해역인 북해와 접한다. 고대에 이 지역은 게르만 족이 생활했던 곳이었다. 독일 지역에 정착한 게르만 족은 엘베 강 하류의 저지대와 북해 연안에 생활 터전을 마련하였다.

이곳은 늪지대로 숲이 우거져 작물을 재배하기에는 적절하지 못했으나, 지하자원으로 철의 생산이 풍부하였다.

이곳에서 자라는 작물에는 보리, 귀리, 아마 등과 같은 곡물과 순무 등의 야채가 있었다. 그러나 기온이 낮은 지역이라서 겨울이 길고 여름은 따뜻하지 않았다. 이 때문에 작물들이 성장하는 데 많은 어려움이 있었고, 자연히 식량 문제 해결이 쉽지 않았다. 다른 지역보다 불리한 자연환경을 극복하기 위해 사람들은 부지런했고, 근검절약하는 생활 습관을 가지고 있었다.

게르만 족은 신장이 크고 건강하며 힘이 셌다. 그래서 이들은 로마의 용병으로 활약하기도 했고, 때로는 로마의 변방 지역을 침입하여 작물을 약탈했다. 따라서 로마는 게르만 족의 침입에 대비하기 위해 대부분의 군대를 게르만 족과 경계를 이루는 라인 강과 도나우 강 지역에 배치하였다.

# 게르만 민족의 기원

## 거주 지역

게르만 족은 동유럽의 초원 지대와 흑해 연안 지역에서 생활하였으며, 목축업과 농업에 종사했다. 그러나 이들은 주로 유목민이었기 때문에 목초지를 따라 이동했다. 게르만 족의 일부 부족은 동쪽으로 이동하여 아시아 민족이 되었고, 일부는 서쪽으로 이동하여 유럽 민족이 되었다.

서쪽으로 이동한 게르만 족은 드니에스테르 강 하류에서 도나우 강 지역까지 진출하여 오늘날 유럽의 중심에 정착했다. 이들은 식량 문제 해결을 위해 사냥을 하거나 목초지를 조성하여 가축을 사육했다. 사유 재산은 인정되지 않았고, 부족들은 토지를 중심으로 공동작업을 했다. 따라서 공동체의식이 강하게 자리 잡았다.

게르만 족은 유럽의 각 지역으로 흩어져 엘베 강과 베저 강 사이에 생활 터전을 마련했다. 이 지역에 정착한 게르만 족은 공동체 문화를 만들어갔고, 이로써 게르만 족의 역사가 시작되었다. 게르만 족은 언어의 사용에 따라서 북부 게르만 족, 동부 게르만 족, 서부 게르만 족으로 나뉜다. 북부 게르만 족은 아이슬란드와 노르만 족, 덴마크 족, 스웨덴 족 등, 동부 게르만 족은 부르군트 족, 반달 족, 고트 족, 서부 게르만 족은 앵글로 색슨 족, 프리슬란트 족, 랑고바르드 족 그룹과 독일 그룹으로 구분된다.

독일 지역 게르만 족은 엘베 강 하류의 저지대와 북해 해안 지역, 서북부 저지대와 라인 강 하류 지역에 살았다. 게르만 족은 켈트 족과 경계선을 이룬다. 게르만이라는 이름은 원래 켈트 족이

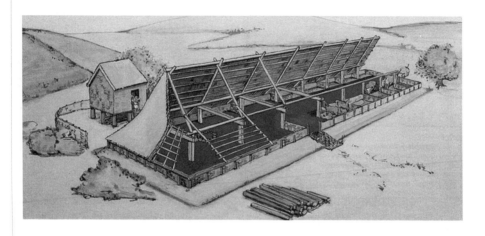

게르만 족의 주거 건
축 재료로 목재와 점
토 등을 주로 사용했
다.

사용하던 단어로, 이웃Nachbar이라는 의미이다. 이는 게르만 족이
켈트 족의 이웃 민족이었기 때문이다.

기원전 300년 이후 켈트 족이 이동을 시작했다. 약 280년경
에 남부와 동부 지역으로 이동했던 켈트 족은 그리스와 소아시아
지역으로 이동했다. 켈트 족의 이동으로 생활 공간을 확대할 수
있게 된 게르만 족은 북쪽의 북해 해안 지역에서 남쪽으로는 도나
우 강 유역까지, 동쪽으로는 폴란드의 바이크셀 강부터 서쪽의 라
인 강 유역까지 영토를 넓혀갔다.


## 자연환경과 생활방식

게르만 족이 사는 지역은 숲과 늪지대가 대부분으로, 소나무와 전
나무가 숲의 주종을 이루고 있었다. 지하자원 중에서 철이 가장
많이 생산되었으며, 작물로는 아마와 곡물을 심고 순무와 양배추
를 재배했다.

이 지역은 과일을 키우기에는 적당하지 않았다. 그러나 산악

지대인 독일 중남부 지방의 강 주변 구릉 지대는 포도를 재배하기
에 적당했다. 그래서 게르만 족은 로마 인에게 포도 재배 기술을
배웠으며, 로마 황제 프로부스(276~282) 때 라인 강과 도나우 강
주변에 포도 농장을 조성했다. 그 전통이 오늘날까지 이어져 지금
도 유명한 포도 농장과 와인 생산지가 많다.

게르만 족의 촌락 기
후의 영향으로 지붕의
경사가 가파른 것이
특징이다.

이러한 게르만 족의 자연환경과 생활습관은 기원전 98년, 로
마 트라야누스 황제 시대의 역사학자 타키투스Tacitus가 저술한《게
르마니아》에 소개되었다.

게르만 족은 키가 크고 건강하며 힘이 세서 용병으로 인기가
많았다. 눈은 파란색이고, 머리카락은 갈색이며, 피부색은 신선한
우유빛 계통의 백색 민족이었다. 또 용감무쌍하고 충성심이 강해

주인의 명령에 절대적으로 복종했으며, 체력이 강해 군사력이나 노동력이 다른 민족보다는 우월한 편이었다. 그리고 이 지역은 자연환경이 남부 유럽보다는 열악했기 때문에 이를 극복하기 위해 부지런하고, 근검절약하는 생활습관을 가지고 있었다.

이들은 가죽옷과 아마로 만든 삼베옷을 입었다. 가죽옷은 특히 산악 지역이 많은 남쪽 지방에서 즐겨 입었는데, 이곳은 다른 지역에 비해서 춥고 일교차가 심했기 때문에 가죽이나 털옷이 필요했다.

한편 가옥은 나무와 점토로 만들어졌으며, 지붕에는 주로 볏짚단을 사용했다. 집주인의 거주지는 가옥의 중앙에 자리 잡고 있었고, 한쪽에서는 말과 가축들을 길렀다. 도색 기술은 아직까지 발달하지 않아 가옥의 색깔은 대부분 흑갈색이었다. 마을은 인구가 많지 않은 관계로 여기저기 분산되어 있었고, 로마 시내에 늘어서도 문명화되지 않아 도시를 이루지 못했다.

**게르만 족의 의복** 저지대에서 재배한 아마, 삼베로 만든 옷을 입었다.

### 경제생활

당시 게르만 족의 주요 식량은 양, 닭, 오리 등을 사냥하거나 사육한 것으로 얻은 육류였으나, 육류만으로는 식생활을 해결할 수 없었다. 그래서 농경지를 경작해 보리, 밀, 귀리, 아마 등의 곡물과 순무 같은 야채를 조달했다. 이렇게 얻은 육류, 곡물, 야채 등은 주요 식량이 되었을 뿐만 아니라 교환을 통해 농업에 필요한 농기구와 생활용품, 옷감 등 생필품을 얻는 수단이 되기도 했다. 특히 가축의 상품 가치는 높았고, 이런 현물 교환 중심의 자연 경제는 십자군 전쟁 때까지 이어졌다.

자유인과 귀족들은 전쟁과 관련된 일을 했던 터라 가축 사육 및 농경지 경작 등 식량 조달을 위한 일들은 주로 노예와 예속민들의 몫이었다. 당시에는 할당된 토지에 가축을 기르기 위해 초지를 조성하고, 일정한 기간이 지나면 경작지로 전환하여 곡물을 재배하는 방식인 곡초식 경작법을 이용했다. 기계가 발달하지 않아서 막대기로 세서 토지량을 측정할 만큼 원시적이었다. 그래서 그들은 목초지로 이용한 토지를 다시 경작지로 바꿀 때 잡초를 제거하는 작업에 많은 어려움을 겪었다.

한편 토지의 사유화가 불가능했고, 공동 생산·공동 분배의 원칙이었다. 이들의 노동은 혈연 중심의 공동 작업으로 이루어졌는데, 이런 작업 형태는 로마 카이사르 시대까지 이어졌다. 당시 예외적으로 토지의 사유화가 일부 인정되기도 했는데, 이런 경우 추첨을 통해 구성원들에게 분배했다고 전해진다.


## 종교와 문화

인도 게르만 족의 주요 장례 수단은 화장과 매장이었다. 인간을 자연의 일부로 여기며 육체가 죽어도 영혼은 살아 있다고 믿었다. 이들은 죽은 사람을 화장하면 영혼이 연기로 변해 공중에 돌아다니며, 매장하면 영혼이 땅 속에서 산과 언덕을 누비며 만물을 창조한다고 생각했다. 화장한 시신에서 나온 유골은 강이나 바다에 버리지 않고 원형 무덤을 만들어 보관했다.

로마 인들은 죽은 사람의 영혼도 살아 있는 사람과 똑같이 취급하여 망자가 평소 좋아했던 음식, 신발, 귀금속, 무기, 병사, 말 등을 함께 묻어 주었다.

초기 게르만 족은 인도에서 전래된 풍습에 따라 부족장이 죽으면 그의 부인과 노예들도 같이 매장했다. 당시 제사는 억울하게 죽은 노예나 부녀자의 영혼을 달래는 동시에, 이들이 유령으로 나타나 사람들에게 공포감을 주는 것을 예방하고, 강한 바람이나 폭풍을 동반하여 농작물에 피해를 주고 주택을 파괴하는 것을 막는 의식이었다. 게르만 족의 영혼숭배 사상은 전설과 미신으로 이어져 오늘날까지 다양하게 전해진다.

또한 이들은 신이 선을 발휘하면 자연은 정적을 유지하고 만물은 조용히 성장하여 1년의 농사에서 풍년을 기할 수 있는 데 반해, 신이 악의 특성을 나타내면 비나 바람과 같은 자연 현상을 통해 인간에게 피해를 가져다 준다고 믿었다. 특히 큰 강이나 산에는 반드시 수호신이 깃들어 있다고 생각했다. 가령 엘베 강이 가끔씩 범람하여 농작물과 인명 피해를 주면, 이것은 엘베 강의 신이 증오심을 표현한 것으로 이해했다.

광채를 내는 물체를 동경한 이들은 하늘의 별을 다스리는 하늘의 신, 천체의 성신이 존재한다고 믿었으며, 천체의 성신이 밤하늘에 빛나는 별들을 관리하고 대낮을 밝게 한다고 여겼다. 이 천체의 신은 고대 게르만 족이 믿었던 천체의 신 티바츠Tiwaz와 유사했다. 티바츠는 인도 게르만 족의 부족 종교에서 유래했는데 하늘을 빛나게 하는 신이었다. 어둠과 밝음을 조절하는 신 외에도 천둥과 번개를 다스리는 도나르Donar라는 신이 있었는데, 밝음을 나타내는 신의 자손 중 하나였다. 도나르를 노르웨이 사람들은 토르Thor라고 불렀다. 티바츠나 도나르는 하늘에 살고 있는 신으로 자연 신의 일종이었다. 또한 자연 신 외에 세상의 풍속과 습관을 포함한 천지만물을 창조하고 질서를 정리하는 통치의 신이 있었다. 이 전지전능한 통치자가 모든 것을 창조하고 보호하는 것은 신이 축복한 결과라고 믿었다.

게르만 족은 이교도 시대부터 전통으로 내려오는 신전을 가지고 있었다. 제사의 전통은 스칸디나비아 지역에 사는 게르만 족이 철저하게 지켰으며, 특히 스톡홀름보다 북쪽에 있는 웁살라Uppsala에 사는 게르만 족은 제단을 유물로 남겼다. 이들은 제단을 화려하게 장식하지 않고 신성시했으며, 제단 주위를 성스러운 나무로 만든 울타리로 에워쌌다. 제단의 주위에는 신비의 샘물이 있었다. 사람들은 제단에 가축과 과일, 사람들을 제물로 바치며 그들의 소망이 이루어지기를 기원했다. 제물에는 소원이 이루어지길 비는 '기원의 제물', 원하는 목적이 성취되었을 때 드리는 '감사의 제물', 부당한 일이나 도덕적으로 해가 되는 일을 저질렀을 경우 신의 재앙을 피하기 위해 드리는 '속죄와 화해의 제물' 등이 있었다.

당시 생활 수단이 농업이었던 게르만 족은 농번기를 피하고 농한기를 택해 연말과 새해 무렵에 축제를 열고 신에게 제물을 바치며 가족의 행복과 건강, 풍년을 빌었다. 또한 빛의 신에게 새해에도 적당한 비와 풍족한 햇빛을 내려 곡식과 과일이 잘 자라 풍년이 오기를 기원했다. 농업에 종사한 당시 사람들이 태양을 중요하게 생각한 생활의 단면이라 하겠다.

## 신분 관계

게르만 족의 신분은 자유인, 반자유인, 부자유인으로 구성되었다. 자유인들은 집단의 자유와 개인의 자유를 인정받았다. 이들은 귀족으로서 모든 법적 권한을 가지고 많은 토지를 소유했다. 당연히 경제적으로는 풍족한 생활을 누리며 자유로운 생활을 영위했다.

반자유인은 귀족의 집에서 잡일을 하는 하인과 농노를 일컫는다. 이들은 인격적으로는 자유의 몸이었지만, 경제적으로는 자유의 신분이 아니었다. 토지를 경작하는 대가로 자유인들에게 세금과 소작료를 지불했고, 일정 기간 동안 노동력을 제공했다. 이들은 지역 행정에 참여하지 못했고 참정권도 없었다. 반면 국방의 의무는 있어 군대의 구성원이 되었지만, 장군이나 하급 지휘관은 될 수 없었다.

부자유인에는 종과 노예가 있었다. 최하위 신분인 종과 노예는 대부분 전쟁포로 출신이었다. 또한 부모가 노예일 경우 자식들에게 노예 신분이 세습되었다. 자유인에게 예속된 부자유인은 그리스나 로마의 노예 신분과 같았다. 인격적인 대우를 받지 못하고,

**로마 인이 네카 강 유역에 설치한 빌라**

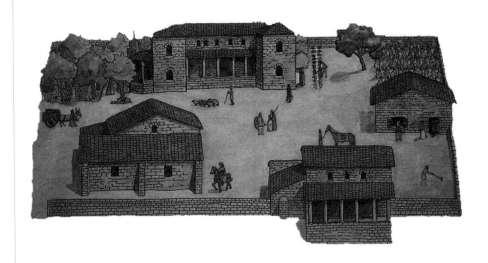

물건으로 취급되어 시장에서 거래되기도 했다. 노예도 등급이 있었다. 체격이 건장하고 주인에게 순종하는 자는 1등품으로 가격이 비쌌고, 체력이 약하거나 주인의 물건을 도둑질했고, 여자를 겁탈했던 노예는 헐값에 거래되었다. 노예가 주인에게 대들 경우 주인은 아무런 법적 절차 없이 그를 사형에 처할 수 있었다.

게르만 족은 로마 인보다 노예에게 관대했다. 주인과 노예의 자식들이 같이 놀면서 성장하기도 했다. 이는 게르만 족의 서민적인 생활습관을 보여주는 단면이다. 게르만 족의 귀족들은 가끔 노예에게 집과 경작지를 주어 농사를 짓게 했다. 종들은 농토를 경작했으며, 주인이 전쟁을 수행하거나 사냥을 할 경우 사냥 도구를 운반했다.

당시 게르만 족은 종교적·정치적·군사적·사법적 의사 결정 기구인 '민회'를 열었다. 이 민회에서 법을 만들고, 현재 사용하는 법을 변경하는 작업을 했다. 전쟁과 휴전을 결정하고, 전쟁터에 나갈 장군을 지명하는 것 또한 민회를 통해 이루어졌다. 전쟁터에 나갈 장군을 민회에서 지명하는 것은 장군의 권위를 합법화시킴으로써 군사들이 복종하고 충성하도록 하기 위해서였다. 또한 민회에서는 지역의 행정수장과 왕을 선출했고, 다른 민족과 우호 관계를 맺을지도 결정했다.

민회에 참가하는 의무와 권리는 자유인만이 가졌다. 민회는 1년에 한 번씩 정기적으로 개최되었고, 필요할 때 수시로 회의를 개최할 수 있었다. 회의는 매달 초순이나 보름 중 화창한 날을 선택해 대낮에 열렸다. 겨울에는 부락에서 가장 오래된 신성한 건물에서, 여름에는 마을의 수호신이 살고 있는 오래된 정자나무 그늘 아래에서 열렸다. 집회 장소로 이용되었던 건물이나 정자나무는 재판과 선거의 장소로도 이용되었다.

또한 민회에서는 지역 공동체 토지의 이용에 대한 결정, 공동체 구성원의 증원, 경작지와 초지, 삼림의 이용에 관해서 논의했다. 왕 역시 민회에서 선출되었으며, 왕이 결정되면 참가자들은 방패를 높이 들어 환호하고 칼과 창을 부딪쳐 쇠소리를 내면서 충성을 약속했다.

게르만 족의 왕들은 절대적인 통치자라기보다 국민들의 존경을 받는 지도자였다. 왕이 없는 게르만 부족 국가들은 전쟁이 일어나면 전쟁을 수행할 지도자를 선출했는데, 이 지도자는 전쟁이 끝남과 동시에 직위가 소멸되었다.

당시 게르만 족은 민족적 결합체를 구성하지 못했고, 정치적 통일도 이루지 못했다. 그 결과 국가 체제를 갖추지 못했다. 게르만 족의 행정 구역은 가우Gau라고 한다. 여러 개의 부락이 모여서 하나의 가우를 구성하며, 가우의 세부 조직으로 재판과 군대 조직의 필요에 의해 구성되는 백인대가 있었다.

원시 게르만 족은 혈연을 중심으로 한 씨족 관계를 중요하게 생각했나. 그들은 씨족 관계를 인간의 공동체라고 간주했으며, 씨족이 발달해서 부족, 부족이 발달해서 국민이 되었다. 현대의 민족주의 개념도 결국은 인종의 탄생과 발달을 연구하는 과정에서 생겨난 것인데, 게르만 족이라는 개념도 역사에서 그 실체를 파악할 수 있다. 게르만 족은 하나의 민족에서 파생된 민족이며, 민족 이동이라는 역사적 사건을 통해서 오랫동안 유사한 민족과 혼합되고 분산되면서 게르만 족이라는 형체를 만들었다. 이렇게 수세기를 거치는 동안 게르만 족이 사용했던 고유한 이름과 전통이 유지되었고, 이로써 민족의 동질성을 형성하게 된 것이다.

# 로마 시대의 게르만 족

## 로마 인이 본 게르만

고대 로마 인들은 알프스 북부 지역과 라인 강 동부 지역, 그리고 스칸디나비아 이남과 동부 지역의 바이크셀 강 사이의 지역을 '게르만'이라 불렀으며, 이 지역에 사는 민족을 게르만 족이라고 했다. 최초의 게르만 족은 킴브리 족과 테우토네스 족으로 이들이 살던 지역은 북해의 해안 지역으로 현재 독일의 가장 북부 지역인 슐레스비히-홀슈타인 주이다.

이 지역에 살던 게르만 족은 기원전 120년 무렵 남쪽으로 이동하여 갈리아와 이탈리아 지역에 정착했다. 이들은 기원전 102년~101년, 아쿠이 섹스티에(엑상 프로방스)와 베르켈라이에서 로마 제국의 마리우스에게 대패했다. 그러나 그들의 계속된 이동은 로마 제국에 위협이었다. 로마의 역사가 타키투스는 게르만 족을 다음과 같이 묘사했다.

> 게르만 족은 반항적이고 파란 눈을 가졌으며 붉은 금발에 건강한 체력을 가지고 있었다. 건조함과 더위를 잘 견디며 문명이 발달하지 않아서 자연에 잘 적응하여 추위와 배고픔도 잘 견딜 수 있었다. 게르만 족의 남자들은 소매가 없는 망토를 걸쳤으며, 여자들은 직물로 만든 옷을 입었으며 대부분 팔과 어깨가 노출되었다.

기원후 9년, 바루스 군대가 알프스 북쪽 지역에서 로마 군을 대파하여 로마의 간섭을 막아냈다. 이로써 라인 강 동쪽은 게르만

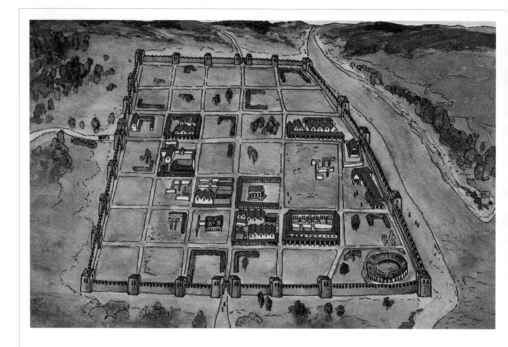

**라인 강과 도나우 강**
**주거 지역** 당시에는
로마의 경계에서 주거
하였다.

족의 활동무대가 되었으며 로마 제국의 지배로부터 벗어났다.

당시 게르만 족은 하나의 통일된 민족이 아니라 여러 종족으로 구성되어 있었다. 따라서 여러 종족으로 이루어진 게르만 족이 어떻게 진화하고, 어떤 발전 과정을 통해 성장했는지를 이해하는 데 어려움이 있다.

하지만 로마 제국이 세계를 지배했을 때 게르만 족은 결코 로마에 종속적이지 않았다. 게르만 족은 페르시아나 다른 지역보다는 문화가 뒤져 있었고, 활발한 상업 세력도 아니었다. 그러나 순박하고 정의감에 넘쳤으며, 타인에게 관대한 농경 민족이었다. 이런 특성 때문에 로마 인들은 게르만 족을 우호적으로 대했으며, 순수함과 용맹함을 높이 평가해 용병으로도 활용했다.

## 게르만 족과 로마의 군사 관계

게르만 족은 기원전 1000년경부터 유럽의 남서부, 남동부, 북부 지방으로 이주하여 정착했으며, 기원전 500년경에는 베저 강 유역에 정착했다. 서쪽으로는 라인 강 하류를 지나 오늘날의 벨기에까지 진출했다.

초기에는 인구가 많지 않아 소규모 촌락의 형태로 생활했으나, 외부로부터 차차 인구가 유입되면서 촌락의 규모가 점점 커졌다. 촌락 대부분이 강가나 산에 위치했기 때문에 자연스럽게 마을 이름에 산과 강 이름이 많이 들어갔다.

한때 로마 민족이 갈리아를 정복하면서 게르만 족의 남쪽으로의 이동은 일시 중단되었으며, 갈리아 지방에 부족 국가를 건설했던 게르만 장군 아리오비스투스는 기원전 58년에 카이사르에 의해 라인 강 북부 지역으로 추방되었다. 로마는 갈리아 통치에 방해가 되는 게르만 족의 세력을 약화시키기 위해 노력했다. 아우구스투스는 게르만 족을 엘베 강 유역까지 밀어내려고 했으나 이들의 저항 때문에 성공하지 못했다.

하지만 게르만 장군 아르미니우스가 로마의 군단 3개를 격파하고, 로마 군 약 2만 명의 목숨을 앗아가고 나서 게르만 족은 로마 제국에게 위협적인 존재가 되었다. 이에 로마는 게르만 족과 경계선을 이루는 약 200킬로미터의 변방에 상비군의 30퍼센트에 해당되는 약 8개의 군단을 배치하기에 이르렀다. 아우구스투스는 로마 제국과 게르만 족의 경계선을 라인 강으로 결정했는데, 이 때문에 게르만 족은 로마 문화권에 예속되지 않고 독자적인 문화를 발전시킬 수 있었다.

라인 강 하류에 살던 바타비아 족의 봉기는 계속 커져 남쪽으로 활동 범위가 확장됐고, 라인 강 유역에 주둔하고 있는 로마 군의 2개 사단을 불태우고 드디어 로마 제국의 간섭을 받지 않는 자유 게르만 인이 되었다. 로마 제국의 세력이 서서히 그 명성을 잃어갈 무렵, 게르만 족은 로마 제국의 영토 깊숙이 침입했다. 로마 제국의 방어 능력은 예전처럼 강하지 못했다.

게르만 족의 세력 확장은 인구 증가, 경제적, 군사적 요인에서 시작되었다. 그리스 헬레니즘 시대와 로마 공화정 시대에 이들 국가의 인구는 감소했으나 게르만 족의 인구는 오히려 증가했다. 당시 게르만 족은 다른 서양의 민족들과 비교하여 미개했고 로마나 그리스에 비해 가난했지만 다산(多産)의 장점을 갖고 있어 전쟁을 수행하는 데 무척 유리했다. 이들은 전쟁 승리로 얻은 점령지에서 농지를 개척하고 생활의 터전을 잡았다.

한곳에 정착해서 농사를 짓기보다는 이동하는 것을 좋아했던 게르만 족은 농업보다는 가축 사육에 관심이 더 많았고, 큰집보다 오두막이나 움집에 사는 것을 좋아했다. 로마 시대의 게르만 지역

**게르만 족의 촌락을 습격하는 로마 인** 로마는 게르만 지역을 자주 공격했지만 결국 정복하지는 못했다.

은 대부분 산림 지대로 곡식과 야채를 쉽게 구할 수가 없었다. 따라서 이들은 곡식 문제를 해결하기 위해 전쟁을 해야만 했고, 이 때문에 주변 국가에게는 두려움의 대상이었다. 로마 인은 물론 유대 인도 주인에게 복종하고 용맹스러운 게르만 족을 용병으로 기용했으며, 율리우스-클라디우스 황제는 게르만 용병을 지원 부대 및 수비병으로 채용했다.

## 게르만 족의 팽창과 이동

로마 시대 게르만 족은 스칸디나비아 남부와 독일의 북부에서 남쪽과 서쪽으로 이동했고, 이후 로마 제국의 북쪽으로 진출했다. 유틀란트 반도가 거주지인 킴브리 족과 테우토네스 족이 먼저 갈리아에 진출했다. 그리고 기원전 113년부터 101년 사이 로마에 침입하여 로마 제국을 괴롭혔다.

카이사르는 게르만 족의 침입을 무력으로 격퇴했지만, 이들은 포기하지 않고 계속하여 로마 제국을 침입했다. 카이사르는 국내가 혼란할 때는 이들과 전쟁을 선택하기보다는 대화를 통해 평화적 해결 방법을 제시하기도 했다.

게르만 족은 2세기 마르코만니 전쟁과 3세기 알레마니 전쟁으로 로마 국경선을 위협하는 무서운 존재로 떠올랐다. 게르만의 침입에 대비하기 위해 마르쿠스 아우렐리우스는 서기 180년 다수의 게르만 용병을 로마 군대에 편입시켰다. 콘스탄티누스 대제 때에는 이런 움직임이 절정에 달해 수많은 게르만 용병들이 로마 군에 영입되었다. 이때부터 로마 군대에 게르만의 특성이 강하게 나타나기 시작했으며, 게르만 용병은 로마 제국의 정치에 간섭하게

**리메스 장성** 로마의 변경인 이곳에서 게르만 족과의 교역이 이루어졌다.

되었다. 게르만 용병들은 서기 360년 무장 봉기를 통해서 율리안 황제를 퇴임시켰다.

게르만 족은 이탈리아 · 갈리아 · 도나우 강 · 라인 강 지역에 식민지를 획득했으며, 로마 제국의 변방은 문명이 뒤처진 게르만 족이 점유함으로써 발달도 뒤처지게 되었다.

게르만 족이 이동한 원인에는 내적인 요인과 외적인 요인이 있다. 내적인 요인으로는 나쁜 기후, 해일, 인구 증가 등을 들 수 있다. 스칸디나비아 반도 남부와 독일의 북부 지역은 북해를 끼고 있어 여름과 겨울에 해일과 오르칸(세찬 바람) 때문에 많은 피해를 입었다. 또한 겨울이 길고 여름이 짧아 곡물을 재배하는 데 어려움이 있었다. 따라서 기후가 온화하고 경제적으로 발달한 로마 제국 영토는 이들에게 언제나 관심의 대상이었다.

하지만 게르만 족이 이동한 직접적인 계기는 훈 족의 침입이

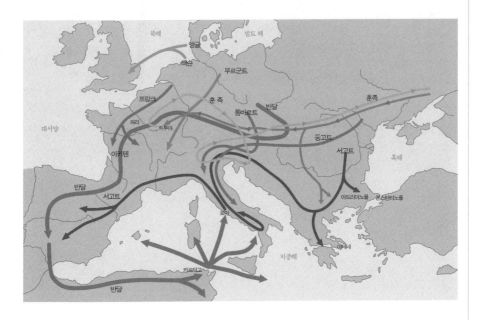

북해, 발트 해, 앵글, 색슨, 부르군트, 프랑크, 훈 족, 롬바르트, 반달, 훈족, 파리, 투루아, 대서양, 동고드, 서고트, 흑해, 아키텐, 반달, 서고트, 로마, 아드리아노플, 콘스탄티노플, 카르타고, 지중해, 아테네, 반달

었다. 훈 족은 중앙아시아로부터 목초지를 구하기 위해 말을 타고 서쪽으로 진출했다. 이윽고 흑해 북쪽에 있는 고트 족의 주거 지역을 침략하자, 훈 족에 쫓긴 고트 족 일부는 375년 로마 제국의 영토로 진입했다. 훈 족의 진출에 위협을 느낀 게르만 족도 로마 제국의 영토로 이동했다.

　게르만 족은 남쪽으로 이동을 계속했다. 서고트 족은 갈리아 지방의 남쪽을 지나 오늘날의 스페인 지역인 이베리아 반도에 국가를 건설했다. 동고트 족은 이탈리아 지역에 부르군트 왕국을 건설했다. 과거 로마의 아프리카 영토에는 반달 왕국이 건설되었다. 유럽 중앙에 메로빙거 프랑크 왕국이 건설되었고, 이탈리아 지역에는 서기 568년 최후의 게르만 국가인 랑고바르드 왕국이 건설되었다. 앵글 족과 색슨 족은 서기 444년 이후 도버 해협을 건너 영국에 국가를 건설했다.

**게르만 족의 이동 경로** 게르만 족은 북쪽에서 남쪽으로, 동쪽에서 서쪽으로 이동하였다.

게르만 족은 로마 제국의 영토를 분할하여 진출했지만, 로마의 경제 제도를 변화시키지는 못했다. 그 결과 로마의 대농장 제도는 그대로 유지되었으며, 소규모 농토만 분할되었다.

# 2
# 중세

## 중세

로마 제국이 붕괴되고 힘의 공백 상태에 빠진 유럽의 중세 초기는 암흑과 혼란의 시기였다. 그러나 프랑크 왕국이 가톨릭을 수용하여 로마의 정신 문화를 계승하고 발전시켜 정치 체제를 갖추어 나가기 시작하였다. 고대 로마 중심의 유럽 남부 정치 질서가 알프스 산맥을 넘어 유럽 북부 지역으로 확대되면서, 라인 강 주변 지역이 유럽의 중심지로 자리 잡게 되었다.

프랑크 왕국이 해체되면서 루트비히 2세가 차지한 동부 지역이 오늘날 독일의 영토로, 게르만의 특성을 지닌 국가로 성장하게 된다. 인구가 증가하자 식량자원을 확보하기 위해 신개간지 개척이 이루어졌고, 게르만 족의 생활 근거지는 라인 강과 엘베 강 사이와 남쪽으로는 도나우 강 유역까지 이르게 된다.

중세 인구의 대부분은 농촌에서 생활하는 농민으로 귀족 계급의 지배를 받았다. 귀족들은 집단의 우수성을 유지하기 위해 하층 계급과 결혼을 하지 않았고, 그들의 신분은 자식들에게까지 세습되었다. 자유인들은 전쟁을 수행했고 전쟁에 필요한 무기나 말을 구하는 경비를 부담해야 했다. 영주에 예속된 농민들은 지대를 지불했을 뿐만 아니라 보호와 통제를 받았다.

중세 독일 인구는 7세기 이후부터 서서히 증가하였고, 10세기 이후에는 빠른 속도로 증가하여 중기에 많은 도시들이 탄생하였다. 도시는 농촌에서 생산하는 농산물을 교환하는 역할을 맡았고, 농산물이 활발히 거래되면서 농업 생산력에 활기를 불어넣었다.

그러나 도시와 농촌에 흑사병이 유행하면서 전체 인구의 절반 가량이 목숨을 잃고 유럽은 암흑 속에 빠진다.

# 프랑크 왕국

## 메로빙거 왕조 시대

중세 중반까지 프랑켄 지방에는 여러 부족이 공존하고 있었는데 대표적인 부족은 투르나이, 캄브라이 등이었다. 이들은 로마의 통치를 받았으나 로마의 세력이 약해지자 세력권에서 벗어나기 시작했다.

메로빙거 왕조의 투르나이 왕은 북갈리아 지역에 상주하고 있는 로마 장군과 협력하여 세력을 확장했고, 안정적인 기반을 구축한 후 로마 장군과 결별을 선언했다. 메로빙거의 클로비스는 북갈리아를 정복하고 서고트 족을 공격했다. 그는 498년 같은 게르만 족인 알레마니 족을 물리치고 크리스트교로 개종했다. 가톨릭 신자였던 부인의 간곡한 부탁을 수용했던 것이다.

클로비스의 개종은 로마의 정신 문화를 계승하여 정치 세력을 확대하는 결과를 가져왔다. 그리고 프랑크 왕국이 동고트 족이나 서고트 족에 비해 문명이 미개한 것을 극복하고 서유럽에서 지배적인 국가로 성장하는 계기를 마련했다. 클로비스가 점령했던 북갈리아에는 게르만 인과 로마 인이 절반씩 살고 있었다. 게르만 족은 로마 시대 후기부터 그곳에 정착하여 생활 터전을 마련했다. 북갈리아 인은 게르만 문화와 로마 문화가 혼합된 문화를 수용했고, 클로비스가 진출했을 때 정치적인 큰 변화를 겪지 않고 생활을 유지할 수 있었다.

프랑크 왕국은 남으로 진출하여 506년에 알레마니 족을 정복했고, 507년에는 서고트 족을 공략했다. 프랑크 왕국의 토이데리히Theuderic는 고트 족을 갈리아 남부 지방으로 추방했다. 동고트 족은 프랑크 왕국의 팽창을 저지하기 위해 동로마 제국, 서고트 족, 부르군트, 튀링겐 왕국 등과 방어 동맹을 조직했지만 팽창하는 프랑크 왕국을 쉽게 물리칠 수는 없었다.

프랑크 왕국의 2차 영토 확장은 메로빙거 왕조의 토이데베르트Theudebert에 의해 이루어졌다. 그는 가장 먼저 부르군트를 항복시키고, 동쪽의 튀링겐 왕조를 해체시켰다. 프랑크 왕국은 이탈리아 정복을 계획했으나 토이데베르트가 447년에 죽자 실패로 끝났고, 랑고바르드 족이 이탈리아 북부를 점령함으로써 2차 민족 이동이 시작되었다.

클로비스가 메로빙거 왕조를 소국가에서 대국가로 만들 수 있었던 것은 로마의 군대 조직과 행정 조직, 조세 제도, 로마 황제들이 소유했던 왕유지와 로마 귀족들의 토지를 그대로 수용했기 때문이다. 이 밖에도 프랑크 왕국의 경쟁자가 될 수 있었던 부르

**프랑크푸르트 근교에 있는 바실리카** 이곳은 로마 시대 정치와 종교의 회합 장소로 이용되었다.

군트, 알레마니, 튀링겐, 바이에른을 일찍 예속시켜 게르만 세력을 통합했던 것도 한몫했다. 클로비스는 왕국을 네 아들에게 분할하여 운영하도록 했다. 하지만 영토의 세습권을 인정하지 않았고, 완전한 통치권도 부여하지 않아 공동으로 관리하는 형식이었다.

메로빙거 왕조 후반에 내분이 일어나면서 왕권은 빠른 속도로 약화되었고, 638년 다고베르트 1세를 마지막으로 통치는 완전히 끝났다.

메로빙거 왕조의 내분으로 통치력이 약화되자 프랑크 왕국의 동부와 서부에서는 세력 확보를 위한 전쟁이 계속되었다. 동부 지역의 마스 강과 모젤 강 지역에 기반을 둔 귀족들은 그들의 통치 지역을 카롤링거 왕조라고 하고, 세력을 확보해 나가기 시작했다. 궁재 카를 마르텔의 아들 피핀은 메로빙거 왕조를 종식시키고 카롤링거 왕조를 탄생시켰다. 동부에 기반을 둔 카롤링거 왕조가 전쟁을 승리로 이끈 것은 경제적으로 부유했고, 정치적으로 안정되어 국방력이 강화되었으며, 귀족과 장군들 간의 신뢰가 유지되어 귀족들이 군대를 지원했기 때문이다.

카롤링거 왕조는 7세기 중반부터 국가 체제를 정비하여 왕조 국가를 탄생시키려고 했지만 순조롭게 진행되지 않았다. 687년부터 751년까지 궁재들이 통치했으며, 메로빙거 왕조의 전통을 계속 답습하고 있었다.


## 카롤링거 왕조 시대

카롤링거 왕조는 노이슬트리엔과 작센, 프리젠과 전쟁을 하여 완전히 무찌른 후 알레마니를 귀속시켰다. 또 양면 정책으로 외부의

적을 제거하기 위해 영토를 확장했고, 내부 질서 수립을 위해 통치 체제를 정비했다. 통치 체제가 갖춰지자 국내 정치도 안정되고, 왕가의 권위도 회복되어 궁재 대신 왕이라는 칭호를 사용하게 되었다.

피핀은 국내 질서를 회복하여 교황으로부터 권위를 인정받았고, 751년 왕으로 선출되었다. 이로써 피핀은 정치적인 권한뿐 아니라 종교적인 권한도 갖게 되었다. 교황과 카롤링거 왕가의 유대는 미개한 지역인 서북부 유럽의 기독교화와 문명화에 기여했다.

랑고바르드의 아이스툴프Aistulf가 754년 비잔틴 제국의 해외 통치 지역인 라벤나를 정복하고 로마를 위협하자 교황 스테파노 2세는 프랑크 왕국에게 도움을 요청했다. 프랑크 왕국의 피핀은 로마의 요청을 수락하고 랑고바르드의 아이스툴프를 압박하였다. 결국 비잔틴 제국의 영토를 반환받아 로마 교황청에 기증했다. 이에 대한 보답으로 로마 교황은 756년에 피핀을 로마 교회의 보호자라고 칭했으며, 피핀이 로마 교황청에 선물했던 영토는 교황령의 시초가 되었다.

카롤링거 왕조와 로마 교황청의 교류는 751년 이전에 앵글로색슨 족의 빈프리드 보니파치우스 신부의 주선으로 이루어졌다. 보니파치우스 신부는 719년 이래 프랑크 왕국의 동부 지역에 대한 전권을 교황에게 위임받고 선교활동을 해왔다. 즉 이는 피핀이 로마 교황청의 승인을 받아 왕이 되기 위한 절차였던 것이다.

피핀의 아들 카를 대제는 프랑크 왕국을 완성하여 유럽에 민족 국가를 탄생시키는 등 유럽 역사를 형성하는 데 크게 기여했다. 프랑크 왕국은 카를의 통치기간(768~814) 동안 최대의 영토를 확보하고 독자적인 통치 기반을 마련했다. 그의 팽창 정책은

800년까지 계속되었다. 프랑크 왕국은 오랫동안 작센과 전쟁을 했고, 이 밖에도 유럽의 비기독교 국가들과 전쟁을 계속했다. 카를은 교황의 요청으로 774년에 랑고바르드의 도시 파비아를 점령하고 프랑크 왕국의 관리들을 행정담당관으로 파견했다. 그래서 카를은 프랑크 왕국은 물론 랑고바르드의 통치자인 왕이 되었다.

랑고바르드 왕국이 멸망하자 바이에른 공작령도 자치 통치 시대가 끝났다. 카를은 바이에른 귀족들을 회유하여 그의 편에 예속시켰고, 바이에른의 공작이었던 타실로 3세를 수도원에 감금했다. 카를은 바이에른을 합병한 후 바이에른 동쪽 국경선에 사는 아바르 국과 전쟁을 벌여 승리했다. 이로써 '아바르'라는 이름은 역사에서 사라졌지만, 프랑크 왕국은 아바르 국에서 많은 전리품을 획득할 수 있었다.

프랑크 왕국의 남동부 지역 영주들은 슬라브 문화 영향권에서 해방되었고, 프랑크 왕국이 이 지역에 세력을 확보하기 위해 인구를 이동시켜 정착시킨 결과 그들의 세력 기반을 알프스 지방까지 확대할 수 있었다. 프랑크 왕국은 바이에른의 기독교화를 위해 파사우와 잘츠부르크, 아퀼레이아를 종교의 중심 도시로 육성하고, 동유럽으로 진출하기 위한 전진기지로 삼았다.

아바르 세력 격파함으로써 카를은 슬라브 족에게 군사 지도자가 아닌 정치 지도자로서의 왕의 이미지를 심어 주었고, 프랑크 왕국의 군대는 슬라브 지역까지 점령하여 예전 영토를 회복했다.

6세기부터 게르만 족이 중부 유럽에서 이동하자 이 지역의 슬라브 족은 남하하여 엘베 강과 잘레 강 유역, 보헤미아 숲 지대, 알프스 동북부까지 진출했다. 카를은 여러 번의 원정을 통해 동남부 지역 국경선에 사는 슬라브 족을 프랑크 왕국의 세력권에 편입

**카롤링거 왕조 기병대** 750년 무렵 카롤링거 왕조는 말로 무장한 기병대를 갖추었다. 중무장한 기병대는 프랑크 족 군대의 핵심 부대로 자리 잡았다.

이야기 독일사

시켰으며, 이 지역에서 분쟁을 해결하는 해결사 역할을 했다. 그 결과 그는 왕으로서 권위를 인정받았다.

　프랑크 왕국의 남서부를 자주 공격했던 사라센 제국은 경계의 대상이었다. 프랑크 왕국의 군대가 스페인에 살고 있는 모슬렘 족을 물리치기 위해 피레네 산맥을 넘어 공격했으나 기병으로 잘 훈련된 사라센 기병에게 고전했다.

　초창기 프랑크 왕국의 기마 부대는 소규모 부대였으나, 프랑크 왕국은 기마 부대의 중요성을 인지하고 2천 명에서 3천 명으로 보강했다. 또한 보병 부대도 증강했다. 카를 마르텔 시대는 프랑크 왕국의 주력 부대를 보병에서 기마 부대로 전환했다. 그 결과 병력 이동이 신속하게 이루어졌고, 전투력도 향상되어 상대방을 공격하는 데 우위를 확보하게 되었다.

　군대제도를 정비하고 병력을 증강한 프랑크 왕국은 기병 부대의 눈부신 활약으로 사라센 제국을 격퇴했다. 이로써 프랑크 왕국은 이 지역을 예속시켜 위협의 요소를 완전히 제거했다.

　카를 대제는 아스투리아스, 이어랜드, 앵글로 색슨을 제외한 유럽의 크리스트교 전 지역을 합병했다. 카를 대제 통치 후반기에 프랑크 왕국도 서서히 명성을 잃어가고 있었다. 이 틈을 타서 덴마크와 노르만 족, 브레토넨, 베네치아는 왕국을 건설했고, 노르만 공화국, 슬라브 족, 사라센 제국은 서서히 프랑크 왕국 외부의 적으로 대두되었다.


## 프랑크 왕국의 분할

카를 대제의 아들로 왕위를 이어받은 루트비히 1세는 840년 사망하기 직전 왕위를 큰아들인 로타르에게 물려 주었다. 로타르는 황제에 취임하고 독자적으로 영토 확장을 위해 노력했으나, 다른 형제들이 843년 베르됭 조약을 체결하여 영토를 각각 분할했다. 그 결과 큰아들 로타르는 제국의 중부와 북이탈리아*를, 둘째 루트비히 2세는 라인 강을 경계로 제국의 동부*를, 막내 카를은 영토의 서쪽*을 차지했다. 오늘날 국민 국가가 태동할 수 있는 기반이 이때 시작된 것이다.

* 북이탈리아 : 오늘날의 이탈리아 지역.
* 동부 : 오늘날의 독일 지역.
* 서쪽 : 오늘날의 프랑스 지역.

855년 로타르가 죽고 루트비히 2세가 황제에 취임했다. 루트비히 2세는 막강한 권력을 소유하고 그리스와 사라센, 해적 등을 물리쳤다. 한편 카를은 형 루트비히가 살아 있는데도 황제 직위를 욕심내어 세력을 이탈리아까지 확대했고, 루트비히가 875년에 프랑크푸르트에서 죽자 라인 강 지역까지 진출하려 했다. 이때 루트비히의 둘째 아들이 작은 아버지인 카를과 담판을 지어 프랑켄과 작센에서 군대소집권을 주는 조건으로 전쟁을 종결했다. 이 전쟁의 승리로 카를은 전쟁 노획물과 많은 선물을 받아 프랑스로 귀환했고, 독일은 로트링겐을 계속 지배하게 되었다.

843년부터 오늘날의 프랑스와 독일은 분리되어 각각의 길을 가게 되었다. 843년부터 876년까지 동프랑크의 루트비히 왕은 북쪽의 노르만 족, 체코 지역의 메렌 족 등이 침입한 것을 막아냈다. 817년 이후 바이에른은 프랑크 왕국에서 가장 중요한 지역이 되었고, 843년부터 동프랑크 왕국의 중심으로 등장했다.

루트비히는 죽기 전에 동프랑크 왕국을 세 아들에게 나누어 주었다. 세 개로 나누어진 국가는 882년 막내아들에 의해 다시 통일되었고, 카를이 887년 폐위당한 후 조카 아르눌프가 887년부터 899년까지 독일 지역을 통치했다. 북쪽의 노르만 족이 네덜란드

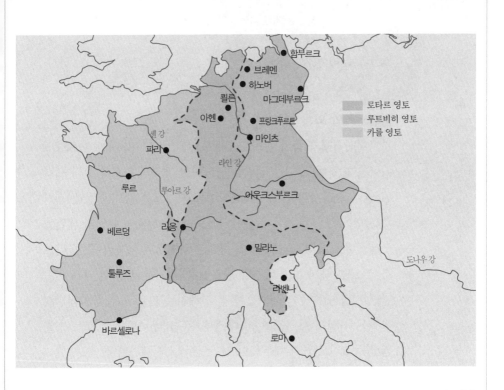

로타르 영토
루트비히 영토
카를 영토

함부르크
브레멘
하노버
쾰른
마그데부르크
아헨
프랑크푸르트
마인츠
센 강
파리
라인 강
루르
루아르 강
어욱스부르크
베르덩
리옹
밀라노
툴루즈
도나우 강
바르셀로나
라벤나
로마

로 진출하려고 해안에 자주 침입했으나, 아르눌프는 이들을 물리 쳤다.

프랑크 왕국을 분할한 베르덩 조약

　　외부의 적이 없어지자 아르눌프는 896년에 로마까지 진격하 여 교황으로부터 황제 칭호를 받았다. 카롤링거 왕조의 왕으로는 마지막으로 교황으로부터 황제 칭호를 받은 것이다. 그는 이탈리 아에서 귀국하여 899년 레겐스부르크에서 사망했다. 아르눌프의 사망은 그의 제국에 큰 손실이었다. 아르눌프의 아들 루트비히 3 세가 6세로 왕위에 즉위했으나 나이가 너무 어려서 마인츠 주교 가 대신 통치했다. 루트비히 3세는 자손이 없이 911년 사망했고, 이로써 카롤링거 왕조에서 독일계 왕조는 완전히 끝나게 되었다.

# 독일 역사의 시작

## 중앙권력의 와해

루트비히 3세가 죽자 콘라트 1세가 911년부터 918년까지 프랑크 왕국을 통치했다. 그는 권력을 장악하고 제국의 영토를 그의 세력권 안에 편입시켰다. 그 후 백작령을 없애고자 했으나 반대 세력의 저항에 부딪쳐 계획은 무산되었고, 왕국 전체의 분열과 혼란을 초래했다. 그러자 오래전부터 독일을 위협하던 헝가리 족, 슬라브 족, 노르만 족이 자주 국경을 침입했고, 왕권은 점점 더 약해졌다. 반면 지방 귀족들의 세력은 점점 강해져 콘라트 사후 중앙집권적 왕권은 완전히 무너졌고, 바이에른과 슈바벤, 프랑켄, 로트링겐, 작센 등 5개 지역의 제후들의 영향력이 더욱 증가했다.

콘라트 1세가 왕위에 즉위함으로써 카롤링거 왕조는 제국의 동부 지역을 더는 통치할 수 없게 되었다. 콘라트는 912년에 엘자스(알자스) 지방을 침입하여 그의 영토에 예속시켰다. 이리하여 엘사스는 더 이상 서프랑크 왕국의 지배를 받지 않고 콘라트의 손아귀에 들어갔다. 콘라트는 죽기 전에 유언으로 동생 에베르하르트에게 왕위를 계승하지 말라고 당부했다. 에베르하르트는 형과의 약속을 지켜 왕위에 오르지 않았고 작센 출신 하인리히가 왕이 되었다. 작센 공국과 좋은 관계는 아니었지만, 당시 작센이 독일 영토 내에서 강력한 국가였으며 군사력과 통치력이 뛰어났기에 어쩔 수 없는 선택이었다. 작센과 프랑켄은 911년, 콘라트 1세가 왕으로 선출될 때 크게 기여했다. 또한 7년의 통치기간 동안 이들의 원조가 독일 지역을 통치하는 데 많은 도움이 되었다.

하인리히 1세는 876년에 작센의 오토의 아들로 태어났다. 위로 형이 있었지만 일찍 죽어 달레멘지어와의 전쟁을 직접 지휘했다. 부친 오토가 죽자 하인리히는 912년에 작센 공국의 최고통치자가 되었다. 그는 두 번 결혼했는데, 첫 번째 부인은 메르제부르크 가의 딸 하테부르크였다. 그녀는 하인리히 1세와의 결혼 전에 남편과 사별한 과부로 수녀원에서 생활하고 있었다. 두 번째 부인은 디트리히 백작의 딸 마틸다였다.

43세에 왕으로 선출된 하인리히 1세는 작센과 프랑켄을 제외한 다른 지역에서 그를 왕으로 인정하지 않아 많은 갈등을 겪기도 했지만, 콘라트가 완성하지 못한 제국의 정비사업을 강화하여 국가 체제를 정비했다. 하인리히는 먼저 슈바벤을 공격하여 굴복시킨 후 다음 해인 921년에는 바이에른을 공격하여 아르눌프를 굴복시켰다. 925년에는 로트링겐에게 충성을 서약받았다. 하인리히 1세는 독일에서 패권을 장악한 후 가장 큰 적대국이었던 헝가리에 침입했다. 그는 전쟁 포로들을 독일로 데려와 매년 조금씩 석방했고, 그 대가로 헝가리로부터 공물을 상납받았다.

또한 그는 926년, 928년, 929년에 각각 군사를 동원하여 언제나 위협적인 존재였던 슬라브 족을 정벌하는 데 성공했다. 슬라브 족 성인들은 모두 죽이고 어린이들은 독일로 끌고와 노예로 삼았다. 또한 슬라브 족의 침입을 막기 위해 엘베 강 건너편에 성을 쌓기도 했다. 작센의 하인리히 1세는 921년에 프랑스의 샤를 3세와 조약을 체결하여 양국을 동등한 국가로 인정했으며, 서로 내정을 간섭하지 않는 완전한 국가가 되었다.

이 결과 프랑스와 독일은 완전히 균등한 국민 국가로 분리되었으며, 843년부터 시작되었던 양 국가의 패권 장악을 위한 전쟁

은 921년에 완전히 끝났다.

글릭슈타트  시청사
슐레스비히-홀슈타인
주에 있는 작은 도시.
근대 후반까지 덴마크
가 식민 통치했다.

## 오토 1세

하인리히 1세는 죽기 전 929년 귀족으로부터 아들 오토 1세의 왕
위 계승을 승낙받았다. 하인리히 1세가 사망하자 오토 1세는 프랑
크 공국과 작센의 왕위를 계승했다. 오토의 왕위 계승식은 프랑크
왕국의 영토인 아헨에서 거행되었다.

　대관식 무렵 왕과 귀족들의 평화적인 관계가 유지되었지만
오래가지 못했다. 938년, 모든 백작들이 오토에게 적대적 입장을
취하면서 대립이 시작되었다. 937년, 바이에른 공국의 아르하르
크 백작이 왕에의 충성을 거절했다. 오토 1세는 투쟁을 통해 위치
를 확고히 다졌고 통치 기반을 강화했으나, 백작들의 반대로 937
년부터 941년까지 국내 정치는 곤경에 처했다.

　오토의 아버지 하인리히 1세는 본처와의 사이에서 탕크마르
라는 아들이 있었다. 그는 하인리히 1세에게 죽은 어머니 몫으로
제국 영토 일부를 상속해 줄 것을 요구했다. 오토의 위기는 곧바
로 프랑켄 왕국과 작센 왕국의 위기를 의미하는 것이었다. 그러나
그는 왕권 강화를 위해 힘쓰는 한편 부친의 통치행위를 그대로 세
습했다.

　955년 헝가리는 대규모 군대를 이끌고 독일의 바이에른 공국
을 공격하여 전 지역을 초토화했다. 울리히 주교가 이끄는 바이에
른 군은 헝가리 군대에 대항하여 용감하게 싸웠다. 그러나 계속 패
하자 아우크스부르크 근교의 레히펠트에서 독일의 여러 공국들*의
군대가 연합전선을 펼쳐 헝가리 군을 물리쳤다. 그 후 헝가리는

* 공국들 : 작센, 프랑
켄, 슈바벤, 바이에른,
보헤미아.

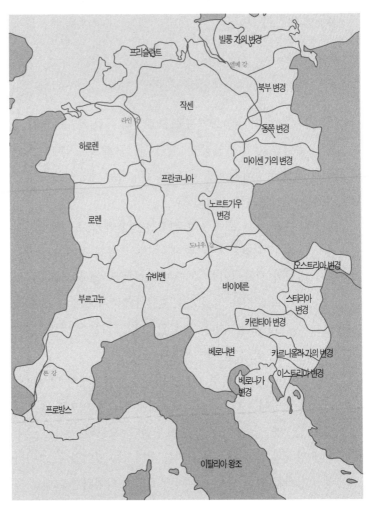

**11세기 잘리에르 왕조**
1024~1125년까지 독일에서 주도적인 역할을 했다.

빌룽 가의 변경

프리슬란트

작센

엘베 강

북부 변경

라인 강

동쪽 변경

하로렌

마이센 가의 변경

프랑코니아

노르트가우 변경

로렌

도나우 강

오스트리아 변경

슈바벤

바이에른

스티리아 변경

부르고뉴

카린티아 변경

카르니올라 가의 변경

베로나변

이스트리아변경

론 강

베로나가 변경

프로방스

이탈리아 왕조

더 이상 독일을 침입하지 않았으며 서부 국경선에도 평화가 유지되었다.

레히펠트 전투에서 독일군이 승리한 후 오토 1세는 위상을 강화하기 위해 왕에서 황제로 자신의 지위를 격상시키고자 했다. 오토 1세는 962년 2월 2일 교황 요한 12세로부터 황제 칭호를 수여받고 대관식을 거행했다. 오토 1세는 황제에 즉위하여 독일 내에서 세력을 강화했고 이탈리아까지 영향력을 확장했다. 오토 1세가 황제에 즉위한 후 제국은 1806년까지 존재하였다. 오토 왕조는 1024년까지, 잘리에르 왕조는 1125년까지, 호엔슈타우펜 왕조는 1250년까지 독일 제국의 영토를 지배했다.


## 오토 2세

오토 2세(973~983)는 남부 이탈리아까지 통치 영역을 확보하기 위해 시칠리아를 지배하고 있는 사라센과 전쟁을 했다. 그는 982년 이탈리아 남부 지역에 있는 칼라브리아에서 대패하고 큰 부상을 입어 바로 이듬해에 죽었다. 오토 2세는 사라센 군에게 당한 피해를 극복하기 위해 군비 확장에 전념했지만, 983년에 서거하여 계획은 수포로 돌아갔다.

이탈리아에서 사라센 제국에게 패한 후 국력이 약해진 사이 북쪽의 덴마크 지역에 살고 있던 슬라브 족이 반란을 일으키고 위협했다. 오토 제국은 결국 983년에 엘베 강과 오데르 강 지역의 통치권을 상실했다. 독일에 저항해서 전쟁을 일으켰던 슬라브 족의 리우티젠 연합은 12세기까지 독일의 영방 형태로 있다가 독일의 크리스트교 통치에 반대하여 나중에 폴란드와 덴마크로 독립했다.


## 오토 3세

오토 2세가 죽었을 때 그의 아들 오토 3세는 3살이었다. 아들이 너무 어려 통치 능력이 없자 오토 3세의 어머니 테오파누<sup>Theophanu</sup>

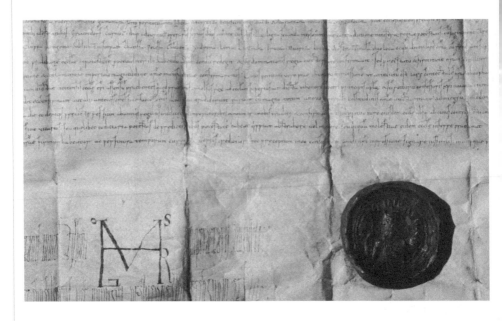

오토 3세의 서명과 인장 오토 3세는 3살에 독일의 왕이 되었고 996년 황제에 즉위했다. 고대 로마 제국의 부흥을 꿈꾸었으나, 일찍 세상을 떠나 실현하지 못했다.

가 섭정을 하여 국가 질서를 안전하게 유지했으며, 아들이 성장하고서 통치권을 물려 주었다. 오토 3세의 통치 스타일은 다른 독일 왕들처럼 신중했는데, 이는 높은 교육열과 어머니의 정성어린 보살핌을 받은 결과였다.

오토 3세는 로마 제국을 부활시킨다는 야심으로 카롤링거 왕조와 오토 왕조의 전통을 로마 제국의 통치 제도와 융합하려고 했다. 그래서 로마를 그가 상주하고 있는 아헨처럼 오토 제국의 중요한 도시로 간주했다. 그는 통치하는 제국을 왕조라고 하지 않고 기독교 황제 국가라 칭하고, 스스로 예수 그리스도를 위해 봉사하는 통치자라고 했다. 또 자신이 통치하는 국가를 교회 국가(신의 국가)라고 했다.

그는 996년에 종형제 부른 폰 케른텐Brun von kärnten이란 독일인을 교황에 임명하여 최초로 독일 출신 교황 그레고리오 5세가 탄생했다. 그리고 그의 친구이자 스승인 게르베르트를 교황에 임명하여 실베스테르 2세라고 칭했다. 하지만 로마 시민과 귀족들은 오토 3세의 영향력을 인정하지 않았고, 황제와 교황은 1001년 로마 시민들의 반대에 부딪쳐 로마를 떠날 수밖에 없었다. 이 무렵 알프스 북부 지방에서는 황제가 독일 지역 통치에 무관심하다는 비판이 일었다.

오토 3세는 정치적 조치를 통해 폴란드와 헝가리를 그의 영향권 안에 두었고, 1000년에 폴란드 순례여행을 떠났다. 그리고 폴란드에 주교청을 신설하여 폴란드 교회를 제국의 교회에서 분리하게 했다. 헝가리에서는 그란*에 주교 통치 지역을 건설하여 스테판을 왕으로 추대했다. 오토 3세는 크리스트교에 입각하여 대제국을 건설했고 교황과 상호협력하게 되었다. 이로써 크리스트교적 서양 문화를 건설할 수 있는 기틀을 마련했지만, 오토 3세는 꿈을 실현하지 못한 채 22세의 젊은 나이에 사망했다. 또다시 왕국은 어려움에 처했다.

* 그란 : 헝가리 북부에 있는 도시 에스테르곰을 말한다.

## 하인리히 2세

오토 3세의 뒤를 이어 하인리히 2세가 취임했다. 그는 바이에른 가문 출신이었다. 그가 취임할 무렵 바이에른은 프랑켄, 작센과 함께 독일 제국의 영방 국가 중에서 강대국으로 성장했다. 그리하여 아헨과 마그데부르크에 이어 바이에른의 도시였던 레겐스부르크가 행정 도시로, 밤베르크가 종교 도시로 성장했다.

폴란드는 하인리히 2세가 통치한 동안 독일을 집요하게 괴롭힌 국가였다. 폴란드의 볼레슬라프 크로브리는 보헤미아와 뫼렌

을 공격하여 정복한 지역을 폴란드 영향권에 편입시켰다. 하인리히 2세는 동부 지역에서 폴란드 세력의 확장을 인정할 수 없어 여러 번 폴란드와 전쟁을 수행했다. 폴란드와 휴전 협정을 통해 라우지즈와 마이센 지역을 되돌려 받았다.

하인리히 2세는 전임 왕처럼 이탈리아 정책을 계속 추진하여 이탈리아에서 세력을 확보했고 황제의 권위를 인정받았다. 하인리히 2세가 아들 없이 죽자 그의 왕위는 잘리에르 왕가 출신의 콘라트 2세(1024~1039)와 하인리히 3세(1039~1056)가 계승했다.

하인리히 2세와 그의 아내 쿠니군데 밤베르크 성당 입구에 조각되어 있는 하인리히 2세와 그의 아내 쿠니군데. 하인리히 2세는 밤베르크에 거대한 성당을 세웠으며 그곳에 묻혔다.

## 잘리에르 왕가

잘리에르 왕가도 선조가 추진했던 정책을 유지했다. 콘라트 2세는 부르군트를 독일 제국의 세력하에 영입시켰다. 그리하여 1033년부터 제국에 독일 외에 이탈리아와 부르군트가 편입되었다. 콘라트 2세는 부르군트를 통치하면서 독일의 행정 제도를 강요하기보다는 자체적인 제도를 그대로 유지하도록 했다.

황제 하인리히 3세가 통치한 1039년부터 1056년까지 황제의 권위가 최고에 달했으나 황제의 죽음 후 곧 주교 임명에 관한 분쟁 등 여러 분야에서 위기의 징후들이 나타나기 시작했다. 1056

년, 하인리히 3세가 죽었을 때 그의 아들 하인리히 4세는 불과 6세로 너무 어려 통치할 수가 없었다. 그래서 그의 어머니 아그네스가 정치에 간섭했는데, 이때부터 왕의 권위도 서서히 하락했다. 황제권이 약해지자 세력 확장에 관심이 많았던 쾰른의 대주교 안노 2세가 어린 황제를 납치했으며, 함부르크와 브레멘 대주교 아달베르트가 섭정에 영향을 미쳤다.

그 후 하인리히 4세는 1065년 15세에 통치권을 인수하여 황제로서 권위를 되찾고 정적들을 제거했다. 외부의 적들을 방어하기 위해 성을 축조했고, 통치권을 강화하기 위해 최고의 재판권과 행정권을 장악했다. 하인리히 4세는 평화령Landfriede을 공포하여 치안과 질서 유지에 힘썼으며, 사유 재산의 보호에 노력했다.

그 후 하인리히 5세가 1106년부터 1125년까지 통치했다. 그는 교황으로부터 통치권을 인정받기 위해 교황을 군사적으로 위협했으나 성공하지는 못했다. 하인리히 5세는 후손 없이 1125년에 서거했으나 그 뒤를 이어 1125년에 작센 공 출신의 로타르 3세가 즉위하여 1137년까지 통치했다.

〈서광의 그리스도〉 하인리히 2세에 의하여 설치된 밤베르크 교구는 제국에서 이름난 종교 도시가 되었다.

**카노사의 굴욕** 하인리히 4세가 카노사 성 앞에서 무릎꿇고 육촌 누나인 토스카나 대백 작녀 마틸다에게 청원 하고 있다. 당시 하인 리히 4세는 교황 그레 고리오 7세와 대립 중 이었으며, 이 사건으 로 성직자 임명권이 교황에게 귀속되었다.

로타르 3세는 왕권 획득을 위해 호엔슈타우펜 왕조의 프리드 리히 2세와 경쟁을 했으나 바이에른 공국 벨펜 가의 하인리히 지 시 아래 선거에서 승리했다. 후에 작센의 하인리히의 아들은 로타 르의 딸과 결혼했다.

로타르 3세는 호엔슈타우펜 왕조의 저항에 대비하여 친정 체제를 구축했고, 독일 제국 내에서 위치를 확고히 했다. 그리고 작센의 변방 지역인 동북쪽을 병합했으며, 이 지역에 백작령을 설치하여 통치권을 이임했다. 그 결과 엘베 강 동쪽으로 독일인들의 이주가 시작되었다. 그리고 로마를 방문하여 교황으로부터 황제 직위를 수여받았다. 그는 아들이 없고 외동딸만 있었기 때문에 사위인 바이에른의 벨펜 가에게 권좌를 물려 주었다. 또 그의 왕국이었던 작센 공국의 통치권도 사위에게 양도했다.

　　로타르 3세가 죽자 호엔슈타우펜 왕조의 콘라트 3세는 독일 왕 선거에서 이전에 로타르에게 패배했던 것을 설욕하기 위해 외교적 수단을 발휘했다. 영향력이 약한 제후들을 자기 편으로 만들고, 교황 사절의 도움으로 왕에 선출되면서 호엔슈타우펜 왕조 시대가 열리게 되었다.

　　콘라트 3세는 1138년부터 1152년까지 통치했는데 제일 먼저 그들의 경쟁자인 벨펜 왕조의 세력을 무력화시키는 데 주력했고, 작센과 바이에른의 통치 기반을 약화시켰다. 콘라트 3세는 잘리에르 왕조와 유대하여 중앙집권주의적 통치 기반을 강화했다. 1147년에서 1149년까지는 군대를 직접 인솔하여 제2차 십자군 원정의 길에 올랐으나 실패했고, 독일 군대는 대부분 도중에 귀국했다.

　　콘라트 3세의 뒤를 이어 프리드리히 바르바로사가 1152년부터 1190년까지 통치했다. 그는 혈연 중심의 통치 체제를 지역 중심으로 전환하여 귀족 세력을 약화시켰다. 프리드리히는 이탈리아 지배에 집중하여 여섯 번이나 이탈리아를 방문했고, 통치 기간 38년 중 16년을 이탈리아에 상주했다. 이탈리아 정책의 목표는 신성 로마 제국의 법이 이탈리아에서도 효력을 발휘하여 황제의 통치권이 이탈리아까지 미치게 하는 것이었다. 그러나 롬바르디아와 로마 교황청의 방해 및 선진화된 이탈리아의 경제력과 정치 때문에 이탈리아 정복은 그리 쉽지 않았다.

프리드리히는 현물 교환을 활성화하여 상업에 활기를 가져왔고, 재산의 소유권을 확대하여 생산 활동을 촉진했다. 그 밖에도 통치권을 확대하여 여러 지역에 많은 도시를 건설했고, 동전 주조 공장을 건립하여 국민 생활을 향상시켰다. 프리드리히 1세는 1189년 3차 십자군 원정에 참여하여 소아시아에서 큰 승리를 거두었다. 그러나 1190년에 갑자기 사망하면서 지도자가 사라지자 독일군은 자연히 해산되었다.

프리드리히의 뒤를 이어 하인리히 6세가 1197년까지 통치했다. 그는 노르만 공국의 젊은 왕 빌헬름 2세가 1189년 자식이 없이 갑자기 죽자, 노르만 공국의 왕위 계승권을 빼앗아 1194년 팔레르모에서 왕위에 올랐다. 노르만 공국은 호엔슈타우펜 왕조의 통치 제도를 수용했다. 하인리히 6세는 시칠리아도 합병하려 했으나 제후들과 교황의 반대에 부딪쳐 실패하고 말았다. 하인리히 6세는 결국 뜻을 실현하지 못하고 1197년에 젊은 나이에 세상을 떠났다.

이후 독일은 불행의 연속이었다. 패권 장악을 위해 호엔슈타우펜 왕가와 벨펜 왕가의 투쟁은 불가피하게 되었다. 정치적으로 혼란한 사이 제후들은 왕의 세력으로부터 벗어나 영토를 확장하는 데 전념했다.

프리드리히 2세(1194~1250)는 훌륭한 인품의 소유자로, 편견에 사로잡히지 않고 자유분방했다. 또 강한 이미지를 풍겼으며

힐데스하임의 성 미샤엘 교회 1010년 베른바르트 주교에 의해 건축되기 시작한 로마네스크 양식의 건물이다. 오토 왕조와 잘리에르 왕조 시기의 대표적인 건축물로 제2차 세계대전 때 많은 부분이 파괴되었다.

합리적이며 자연과학과 철학에도 깊은 관심을 가지고 있었다. 그는 왕의 직책에 관계없이 사람들과 어울리고 즐거움을 나누었다. 프리드리히 2세는 왕권을 강화하기 위해 지방 백작의 권한과 지방 성주들의 권력을 통제했고 귀족들의 특권을 제한했다. 또 왕의 수입을 증대하기 위해 해외 무역을 국유화했고, 함선을 제조하여 해군력을 강화시켰다. 나폴리 대학을 설립하여 귀족 자녀들의 교육에도 힘을 기울였다.

그는 1200년에 아들 하인리히 7세를 독일 왕으로 선출시켰다. 그러나 하인리히 7세의 정책은 순탄하게 진행되지 못했다. 부친의 정책들을 대부분 세습해서 제후들과 빈번하게 충돌했다. 그는 유대 인들에게 특별한 옷을 입게 했고, '게토'라는 유대 인의

**호엔슈타우펜 왕조 (1125~1254)** 콘라트 3세는 독일에서 주도권을 장악하는 데 큰 역할을 하였다.

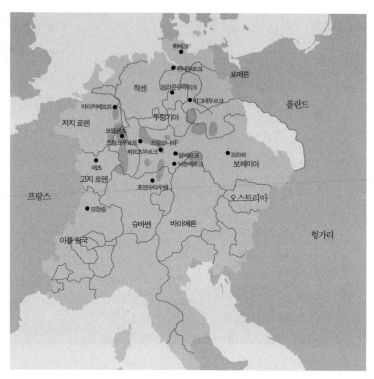

집단주거 지역을 만들어 그곳에서만 생활하게 했다. 유대 인들은 왕의 하녀로서 궁중에서 잡일을 수행했다.

프리드리히 2세의 통치가 끝난 1254년부터 합스부르크의 루돌프가 즉위한 1273년까지 왕위 공백 기간이 계속되었다. 이때 왕은 존재했으나 실제적 통치 행위는 전혀 없었고, 지방에서 제후들이 통치 영역을 확장했다. 중앙집권주의는 쇠퇴하고, 지방 분권적인 국가 형태들이 등장했다.

제후들은 왕으로부터 토지를 부여받았고, 이 토지는 후손에게 상속할 수 있었다. 제후들은 여러 가지 수익권에도 참여하여 동전 주조와 세금을 징수했다. 지방에서 재판권을 소유했으며, 그

밖에도 상속권, 거래권, 허가권을 가졌다. 또한 전쟁을 벌이거나 개간지를 새로 개척하여 영토를 확장했다. 제후들은 성을 축조하여 외부의 침입에 대비했고, 국내 정치에서는 통치권을 강화했다.

지방 제후들은 법을 제정할 수 있는 권한과 군대를 소유할 수 있는 모병권을 소유했으며, 왕은 제후들에게 토지를 주는 조건으로 용병을 모집했다. 그 후 행정권도 점점 확대했으며 특히 지방 영주들은 세금징수권에 깊은 관심을 갖게 되었다. 제후들은 그들의 통치 지역

**프리드리히 2세** 호엔슈타우펜 왕조 최후의 신성 로마 제국 황제이다.

곳곳을 순회하면서 상주했으나, 15세기 이후부터는 한곳에 정착했다.

14세기 중반 독일에는 7개의 선제후국이 있었고, 70명의 종교제후와 25명의 세속제후가 있었다. 하지만 13세기 후반에는 마인츠 대주교, 쾰른 대주교, 트리어 대주교 등 3명의 선제후와 라인의 팔츠, 작센 공국, 브란덴부르크, 보헤미아 등 4명의 세속제후가 중요한 권력을 행사했다. 이들은 1373년 루돌프가 왕에 선출될 때 중요한 역할을 했다.

## 합스부르크 왕가

합스부르크 최초의 왕인 루돌프(1273~1291)는 남서부 지방 대부호의 후손이었다. 그는 왕이 된 후 왕권 강화를 위해 주변의 국가들을 병합했으며, 그러던 중 보헤미아가 큰 희생국이 되었다. 보헤미아는 금과 은이 풍부하여 광산업을 통해 부를 축적하는 등 빠르게 성장하고 있었다. 루돌프는 경쟁국인 보헤미아의 세력이 팽창하는 것을 원하지 않았다. 때문에 보헤미아를 고립시키고, 1278년에는 루돌프 1세가 보헤미아의 오토카르를 퇴치하고 왕위에 올랐다. 이로써 합스부르크 왕조가 시작됐으며, 동남부 지역에서 가장 강한 국가로 성장하였다.

카를 4세(1347~1378)는 중세 후기의 독일 왕 중에서 가장 뛰어난 인물이었다. 그는 룩셈부르크가 점령하고 있는 티롤 지역과 롬바르디아를 획득하기 위해 직접 군사를 지휘했으며, 독일에서 바이에른의 루트비히 세력이 커지는 것을 막기 위해 교황과 제휴하여 공동 전선을 펼치기도 했다.

카를 4세의 통치 기반은 룩셈부르크가 점령했던 지역으로 룩셈부르크 외에 보헤미아, 뫼렌, 슐레지엔 등이었다. 남쪽의 보헤미아에 확실한 통치 지역을 확보한 카를 4세는 서쪽으로도 영토를 확장해 잘츠부르크를, 북쪽으로는 마르크브란덴부르크까지 점유했다.

카를 4세는 독일의 여러 지역에 영향력을 확보했다. 카를의 영향력이 미치는 지역은 프랑켄의 뉘른베르크, 중부 라인 지방의 마인츠와 프랑크푸르트, 슈바벤의 아우크스부르크, 튀링겐 등이었다. 카를 4세는 방대한 지역을 효과적으로 통치하기 위해 국토 순례를 자주 했고, 군사적으로 중요한 지역인 프라하와 뉘른베르

1278

크에는 오래 머무르며 이 두 도시를 정보와 재정의 중심 도시로 성장시켰다.

또한 프라하를 정신적 도시로 격상시키기 위해 1348년 프라하 대학을 설립했다. 신성 로마 제국의 영토 중에서 알프스 북부에 생긴 최초의 대학이었다. 프라하 대학을 모델로 하여 1365년 합스부르크의 빈 대학, 1386년에는 바덴뷔르템베르크에 하이델베르크 대학이 설립되었다. 중세 독일의 대학들은 주로 지방 영주에 의해 설립되었으며, 대표적인 학과는 신학, 법학, 의학 등이었다. 카를 4세가 죽은 후 막내아들 지기스문트가 1411년 왕위를 세습했다.

**신성 로마 제국 황제 지기스문트** 룩셈부르크 가의 지기스문트는 1414년에 콘스탄츠 종교회의를 소집하고, 휘스를 이단자로 단정하여 화형에 처했다.

●
## 중세의 생활

### 중세의 과학

중세의 사람들은 자연이 중요하다는 것을 간과했다. 계절은 지구가 태양의 주위를 회전하면서 생기는 현상이며, 낮과 밤이 바뀌는 현상은 지구의 자전현상이고, 달이 바뀌는 것은 달이 지구의 주위를 회전하는 것 때문이라는 사실도 알지 못했다.

　오늘날처럼 정확한 시간 개념을 갖고 있지 않았고, 날짜에 대해서만 알고 있었다. 정치와 법률 분야의 지식인을 제외하고는 시간 개념의 필요성에 대해 전혀 자각하지 못했다. 당시에는 어둠을 밝힐 수단으로 등불과 밀초 정도밖에 존재하지 않았다. 따라서 햇빛이 많은 여름과 달리 어둠이 긴 밤과 겨울철에는 사람들의 활동이 줄었고, 이웃과의 교류도 없었다. 산악 지대와 평야 지대, 해안 지대에 따라 하루 시간은 각각 달랐다.


## 가족 관계

당시 가족 관계는 혈연 중심으로 부모와 자녀들로 구성되었으며 한집에서 생활하는 생활 공동체였다. 소가족은 한집에서 부모와 자식이 같이 생활하는 것이고, 대가족은 한집에서 여러 세대가 같이 생활하는 것으로 할아버지, 부모, 손자가 함께 살았다. 성장한 자식들은 결혼 후에도 그 집에서 그대로 생활했다. 아버지는 집에서 가부장적 권위를 유지했고, 아버지가 죽으면 자동적으로 장남이 가부장적 권위를 계승했다. 그 집에 예속된 노예나 하인들도 집주인의 권위에 절대로 복종해야만 했다.

　중세에 모든 사람이 결혼을 할 수 있는 것은 아니었다. 가정을 꾸릴 능력이 없는 경우 영주로부터 결혼 허가를 받지 못했다. 중세 도시의 시민 중에서 가족을 구성할 수 있는 사람은 시 행정 위원과 장인, 농장의 소유주 등이었다. 당시에는 결혼을 하면 자녀를 낳아 구성원을 늘려야 할 의무가 있었으며, 남아선호 사상이 강하게 자리 잡고 있었다.

## 신분 사회

중세의 신분은 크게 자유인과 부자유인으로 나누어졌다. 자유인보다 상층의 신분으로 귀족이 있었지만 그 수는 많지 않았다. 귀족들은 게르만 족의 이동 때 통솔자로서 능력을 발휘했다. 그 과정에서 세력을 확장하고 명성을 얻어 불완전한 신분을 완전한 신분으로 만들었다. 독일 역사에서 귀족이라는 계층은

**마리엔부르크 성 독일**
기사단이 1309년 이래 정주했던 곳이다. 지금은 폴란드 영토에 소속되어 있다.

중세 중기 이후 그 형태를 서서히 갖추기 시작했다.

프랑크 왕국의 메로빙거 왕조 당시 귀족들은 자신들의 지위를 강화시켰다. 귀족 신분은 부친의 가계를 통해서 유지되었는데, 이들은 집단의 우수성을 유지하기 위해 하층 계급과 결혼하지 않았고, 세습을 통해 신분을 계속 유지했다.

막강한 권력을 가진 귀족은 세력이 약한 지방 귀족에게 정치적으로 영향을 미쳤다. 귀족은 공작Herzog, dux, 변방 귀족Markgraf, marchio, 백작Graf, commes으로 구분되었다. 공작은 정치적 · 군사적 지도자를 의미하며, 변방 귀족은 왕의 세력이 미치지 않은 변방 지역에서 왕의 권한을 대신하는 귀족을 의미한다. 백작은 왕의 직속 영지에서 모든 행정권을 왕으로부터 이양받아 행정 업무를 보는 직위였다.

## 농민들의 생활

토지를 쉬지 않고 경작하면 토양의 양분이 떨어진다. 때문에 중세 초기 사람들은 새로운 토지를 확보하기 위해 노력한 결과 많은 농지가 새로 개간되었다. 중세 중기부터 농업에서 변화가 일어나 10세기에는 가축 사육보다는 경작농업을 선호하게 되었다. 중기 이후부터 땅을 파고 흙을 부수는 쟁기가 개발되어 토지를 집중적으로 이용하고 토양의 양분을 적절하게 교체하여 농업 수확량을 늘릴 수 있었다.

경작농업을 하는 사람은 전쟁의 임무를 수행하는 대신 세금을 다른 사람에 비해 적게 납부했다. 남자들이 전쟁에 참가하면 농촌에 일손이 부족했는데, 이를 극복하기 위해 8세기 이후부터는 말을 이용하여 농사를 지었다.

자유인은 전쟁을 수행하고 전쟁에 필요한 무기나 말을 구할 경비를 부담할 의무가 있었다. 경제적으로 이를 감당하기 어려운 자유인들은 신분상의 자유를 포기하고 귀족이나 교회, 수도원, 주교의 영지에서 일을 했다. 새로운 계약 관계에 따라 경작지를 받은 대가로 지대와 부역을 정기적으로 지불해야만 했다. 하지만 이들의 신분은 노예나 부자유인이 아닌 엄격한 자유농이었다.

11세기 이후 영주의 농지에 예속되어 농업에 종사하는 사람들이 농업 인구의 대부분이었다. 영주에 예속된 농민들의 역할은 중세 초기와 달랐다. 중세 초기에는 가축 사육이 주로 이루어져 노동력이 그다지 필요하지 않았지만, 중기에는 경작농업이 중심을 이루면서 많은 노동력이 필요했다. 특히 종자의 파종기와 곡물의 수확기에는 노동력이 집약적으로 필요했다. 모자라는 일손을 충당하기 위해 다른 마을과 유대 관계를 유지했다. 또한 이때 많은 농기구가 필요했는데 소규모 영세농업을 하는 농민들은 값비싼 농기구를 구매할 능력이 없어 대규모 농업을 하는 영주의 집에서 빌려서 사용하기도 했다.

영주에 예속된 농민들은 영주에게 지대와 세금을 지불하고, 영지에 부역을 제공해야만 했다. 영주는 농민들로부터 세금과 부역을 받는 대신 영지 내에서 생활하는 농민들의 안전을 보장해야 했다. 따라서 당시 영주는 토지만 지배했던 경제적 의미가 아니라 토지와 사람을 지배했던 통치자의 개념을 가지고 있다.

## 중세의 도시

중세의 특징 중 도시의 발달이 특히 눈에 띈다. 중세 도시의 유형은 세 가지로 나눌 수 있는데, 종교적으로 중요한 역할을 했던 주교청 도시, 군사적으로 중요한 성곽 도시, 상업과 교통의 중심지

**키일 근교에 있는 농촌 박물관** 마을 전체가 하나의 박물관으로 중세 농촌의 모습을 최대한 살렸다.

가 되었던 상업 도시와 교통 도시가 바로 그것들이다. 주교청이 상주하는 도시는 쾰른 · 트리어 · 마인츠 · 보름스 · 아우크스부르크 · 스트라스부르크 · 레겐스부르크 · 잘츠부르크 등이었다. 군사 도시는 빙엔 · 보파르트 · 코블렌츠 · 레마겐이었으며, 교통의 요새는 아헨과 노이스 등이었다.

독일 인구는 7세기 이후부터 서서히 증가했고, 10세기 이후에는 빠른 속도로 증가했다. 농업 생산의 증가는 농기계 소비를 촉진시켜 수공업의 발달을 불러왔다. 농업의 발달과 수공업의 성장으로 소비 생활이 활성화되고, 상업 활동이 활발하게 진행되면서 농촌 인구가 대거 도시로 옮겨왔다. 농업과 겸업했던 수공업자들은 점점 수공업에만 주력하고 상품 생산에 전념했으며, 이들이 생산한 물건을 도시의 상인들이 시장에 내다 팔았다.

독일 상인들은 베네치아와 아라비아 상인들처럼 원거리 무역을 하지 않고 농촌이나 도시 주변에서 생산된 물건들을 도시에서 열리는 시장에 판매했다. 도시의 활발한 상업 활동으로 농촌에서 생산된 물건이 원활하게 거래되었기 때문에 농업 생산에도 활력이 넘쳐났다.

중세 도시는 물건의 교환뿐 아니라 정치 · 문화 · 종교 · 상업 기능을 가지고 있었다. 도시에는 인구가 많아 대량의 소비 생활이 이루어졌는데, 가장 큰 이익을 얻는 사람들은 단연 상인과 수공업자들이었다. 중세 도시가 발달하기 위해서는 무엇보다 교통이 편리해야만 했고, 이를 위해 배와 수레나 마차가 어려움 없이 왕래할 수 있게 교통망이 잘 연결되어 있어야 했다. 또한 도시 근교에서 생산한 농산물과 수공예품을 판매할 수 있는 넓은 광장, 주화를 제조할 수 있는 시설, 대상인들의 지점망, 이들의 자유로운 활

동을 위해 외부의 침입으로부터 도시를 보호할 성곽을 잘 갖추어야 했다. 그 밖에도 수공업자들을 교육시킬 수 있는 교육 기관과 교회가 많이 있어야 했다.

메츠의 성문 '독일의 문'이라고 불린 메츠는 로렌 지방의 제국 도시로 상업이 번성하였다.

　11~12세기가 되자 도시에서는 부자유인들이 자유를 획득하기 위해 통치자와 투쟁했는데, 이때 돈 많은 상인들은 귀족의 편에 가담하지 않고 부자유인들의 편에서 그들의 신분 향상에 도움을 주었다. 도시민들은 법적으로 모두 평등권을 소유했다. 도시민들은 농민들보다 신분적으로 자유로웠고, 또 경제적으로 세금 부

**12세기의 독일 주화**
프리드리히 1세 시대
에 주조된 주화이다.

담도 많지 않았다. 그래서 중세에는 '도시의 공기가 자유를 만든다'라는 표현이 등장했다.

그러나 도시에 거주하는 사람이라도 시민권을 소유하지 못한 사람은 도시민이 될 수 없었다. 또한 도시에 토지를 가지지 못한 가난한 사람도 시민권을 소유하지 못했다. 시민권은 도시에 토지를 소유하고 있을 경우에만 획득할 수 있었다. 도시 행정에 관여하는 것은 특수한 단체, 가족 또는 선거권에 의해서 자격을 인정받은 사람으로 제한되었다. 즉 행정에 참가하는 사람은 귀족과 부유한 상인, 상인조합과 수공업자조합 등이었다.

도시의 성직자와 수도원 소속의 수도승들은 신분적 특권을 요구한 결과 신앙 생활에 전념할 수 있도록 세금을 면제받을 수 있었고, 자체적으로 집단 사회를 형성해서 생활했다. 그러나 성직자와 수도원에 베푼 '세금의 자유'라는 특권은 후에 도시에서 마찰과 부정의 원인이 되었다. 당시 수도원에서는 맥주를 제조했는데 수도원 맥주는 세금을 내지 않고 판매할 수 있었기 때문에 다른 맥주와 비교하여 상품성이 높았다. 이에 불만을 품은 세력이 종교개혁 이후 수도원과 성직자들이 가졌던 특권을 모두 폐지했다.

유대 인들도 성직자들처럼 도시민들과 동화되지 않고 집단 사회를 형성하여 생활했다. 그래서 이들은 자체적으로 법률을 만들고 법관을 임명했다. 유대 인들도 성직자들과 마찬가지로 세금을 면제받았다. 유대 인들은 십자군 전쟁 때는 박해를 받았으며, 12~13세기 이후부터는 세금을 내야만 했다. 도시들이 유대 인이 세금 면제 혜택을 통해 부당하게 재산을 축적하고 있다며 세금징수권을 만들었기 때문이다.

14~15세기에 유대 인은 도시인이 아니라는 이유로 도시에서 추방당했고, 많은 유대 인이 학살당했다. 이때부터 독일 역사에서 유대 인 학살이 자행되었다. 특히 남부 독일에서 유대 인 학살이 많이 이루어져 뉘른베르크, 뷔르츠부르크, 베르트하임 등에는 당시 희생된 유대 인을 기리는 희생탑이 남아 있다.


## 중세의 인구

4세기부터 6세기 사이 토지의 황폐화와 경작지의 감소, 페스트의 확산으로 인구가 감소하기 시작했다. 이후 9세기가 되어서야 서서히 증가하기 시작했는데, 특히 9세기부터 10세기까지 약 100여 년 사이 급속도로 증가했다. 14세기 초반 독일의 인구는 6세기 인구의 두 배나 되었지만, 이렇게 증가한 인구는 1347년 페스트의 전염으로 절반이나 줄었다.

갑작스러운 인구 감소는 노동력 부족으로 이어졌다. 경작지가 황폐화되어 농경지와 주거 지역도 점차 감소하게 되었다. 중세 초기에는 인구가 많지 않았기 때문에 사람이 살지 않은 지역이 많았으며, 인간이 접근할 수 없는 삼림 지대는 자연적인 울타리로 주거 지역과 경작 지역을 구분했다.

인구가 증가하면 생활 공간을 필요로 한다. 프랑스는 8세기 후반부터 새로운 주거지를 찾아 나섰는데, 이는 다른 나라들보다 1세기나 빨리 시작한 것이다. 프랑스는 늪지대를 경작하고, 북해의 해안 지역에 제방을 쌓아 간척지를 개척하고, 원시림을 개간했으며, 고산 지역의 평탄한 면과 교통망을 확장시켜 연락을 취할 수 있게 함으로써 새로운 거주지를 확보하였다.

초기에는 기존의 촌락을 확장하는 작업부터 했으나 서서히 새로운 주거 지역과 마을을 만들기 시작했다. 이 새로운 거주지는 위성 도시의 성격을 띠지 않았을 뿐만 아니라 오래된 도시 근교에는 생기지 않았다. 예를 들어 도시 이름 뒤에 하겐-hagen, 홀츠-holz, 발트-wald, 로데-rode, 라트-rath, 리트-ried, 로이트-reuth가 들어간 지명이 대표적인 도시들이다.

인구 증가로 12~13세기 동부 지역에 신개간지를 개척하면서 많은 인구가 그 지역으로 이주했다. 독일인이 동유럽으로 이주하면서 루마니아 북쪽에 있는 지벤뷔르겐까지 독일인이 정착했다. 이때 동유럽으로의 이주로 많은 촌락들이 탄생했으며, 촌락 간의 접촉과 교류가 활발해졌다. 그러나 이렇게 계속 증가하던 인구도 결국 중세 후기에 다시 감소하였고, 농촌에서 경작할 노동력도 감소하여 농촌의 토지는 황폐화되었고 숲은 증가하여 농경지를 잠식하였다.

한편 중세의 인구 증가가 삶의 질 향상에는 기여하지 못했다. 당시 일반인들은 그들의 생활에 공간적 제한을 받았다. 반면 영주와 성직자들은 여러 지역에 산재해 있는 그들의 농토를 관리하기 위해 자주 여행했으며, 영지에서 왕처럼 대우받았다. 물론 당시에는 교통의 불편함 때문에 여행에 고통이 뒤따랐다. 짐을 운반하는 말이 장거리 여행으로 생기는 스트레스와 피로 때문에 급사하는 경우도 있었고, 산길이나 한적한 곳에서 산적들이 나타나 여행자들을 위협하고 금품을 갈취하기도 했다.

11~12세기에 들어서면서 사람들의 이동과 여행이 점점 빈번해졌다. 순례자, 유랑인, 학생들의 왕래가 활발해져서 새로운 길이 개척되고, 길의 조건도 조금씩 좋아졌기 때문이었다. 여행자를 위해 나그네 병원이 건립되었고 숙박업이 등장했다. 이런 변화는 수도원이나 개인 민박업자들이 상업적으로 전환하는 계기를 만들었다. 하지만 전반적으로 중세 일반인의 활동 범위는 교통수단의 미발달 등 여러 가지 제한 때문에 활발하지 못했다.

## 종사 제도

종사 제도란 군사 공동체에서 자유인들이 지배자에게 복종하는 관계를 말한다. 지휘자는 부하들의 생활을 보호해 주고, 무기와 말, 보석 등을 조달해 주며, 전쟁 노획품을 나누어 주었다. 부하들은 지배자를 위해 전쟁을 수행했으며, 그의 지배자에게 죽을 때까지 신의를 지킬 것을 서약했다. 종사 단체에 가입하는 것은 자유였으며, 신뢰 관계의 기반 위에서 지배자의 명령에 복종해야 했다. 복종 관계에 있는 신하들은 영주의 집에서 생활했으며 서로 동지애로 다져진 동맹체였다.

게르만 족의 복종 관계는 전쟁이 아니라 종족들의 보호 차원에서, 즉 자유인의 생활을 외부로부터 보호하기 위해 시작되었다. 전쟁에는 일반 백성이 아닌 왕과 엘리트, 군인들이 참가했는데, 왕은 최고 지휘관으로서 전쟁을 직접 지휘했다. 왕이 전쟁에 참가하는 것은 다른 전쟁 수행자들에게 용기와 힘이 되었다. 지휘관들은 군대에 무기를 공급해 주고 전쟁에서 노획한 전리품을 나누어 주었다. 또한 참전하기 전에 엄숙한 종교적 의식을 여는 등의 방법으로 부하들에게 정신적, 물질적으로 자극을 주었다.


## 부역 제도

중세의 영주들은 가계에 필요한 공산품을 직접 생산했다. 당시 주로 생산했던 것은 의자와 침대였다. 의자는 단지 앉아 있을 수 있노록 네 개의 다리 위에 판자만 덮여 있었을 뿐 등받이나 팔을 걸칠 수 있는 보조 기능은 전혀 없었다. 침대는 판판한 판자 위에 짚이나 이불을 깔아 만들었다. 이불은 일반적으로 깃털을 많이 사용했다. 조명을 위해서 아궁이의 불빛을 사용했고, 밤에 멀리 이동할 때는 관솔을 손등불처럼 이용했다. 또 짐승이나 식물에서 채취한 지방질을 등불로 사용했는데, 이 기름을 작은 그릇에 담아서 불을 피워 빛을 냈다. 교회나 수도원에서는 램프를 사용했다.

한편 농노들이나 자유인이 영주지에 제공하는 부역으로 맥주와 포도주를 제조하거나 의류와 신발, 가구를 제작하는 것도 있었다. 국가적 차원에서는 철 수선, 금 세공업, 은 세공업, 구두 수선, 대장간 조련, 무기 제조, 비누 제조, 제빵 등이 있었다.

교회나 수도원은 필요한 제품 제작을 위해 자체적으로 작업장을 가지고 있었을 뿐만 아니라 수도사들을 교육하기도 했다. 수도원에서 제작한 제품은 외부에 판매하지 않고 수도원이나 교회에서 소비했다. 수도원에서 일반적으로 만드는 것으로는 봉헌잔, 십자가, 성찬잔, 성당에서 사용하는 램프, 향로, 성유물함, 금은으로 장식한 문과 기둥, 벽, 주춧돌, 아치형 천정, 유리로 만든 램프와 유리창 등이 있었다.


## 인구와 흑사병

14세 후반 흑사병이 유럽에 퍼지면서 인구가 서서히 감소했다. 흑사병은 1348년부터 유행하기 시작해 1353년까지 유럽 전역으로 확산되었다. 확산 원인으로는 무역로를 따라 사람의 이동이 잦아진 점, 중세 후반에 자연 재해로 수확량이 줄어들어 인구의 대부분이 식량난으로 충분한 영양을 섭취하지 못했다는 점 등을 들 수 있다.

유럽 도시 대부분에서 인구의 30퍼센트가 흑사병으로 목숨을

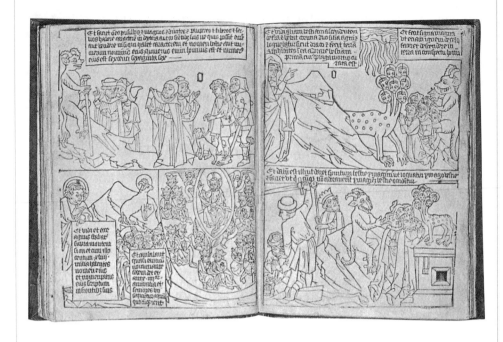

《묵시록》 15세기 독일의 대표적인 목판화집으로, 수공업에 의해 작성되었다.

잃었다. 흑사병의 전염은 단 한 번의 유행으로 끝나지 않고 수세기 동안 계속되어 18세기 중반까지 이어졌다. 인구 감소는 농촌에서 노동력 부족 현상을 가져왔고, 농기구 가격 상승과 농산물 가격 하락 등과 겹쳐져 농업의 위기로까지 치달았다.

14세기 후반 영국과 프랑스에서는 농민 폭동이 일어났으며, 물론 독일도 예외는 아니었다. 곡물 가격의 하락과 농민들의 도주, 농업 생산량의 감소는 결국 귀족들의 수입에 치명적인 타격을 가져왔다. 수입이 감소한 귀족은 농민을 착취하여 경제적 손실을 극복하려 했기 때문에 농민들의 생활은 점점 더 어려워졌다.

그러나 치료약이 없던 당시 사람들은 페스트를 신이 내린 형벌이라고 여겼다. 예수가 3일 동안 당했던 고통을 스스로 체험하기 위해 자기 신체에 채찍을 가하며 고행의 길을 선택하거나 공동

으로 참회하며 페스트의 공포에서 벗어나려고 했다. 그러나 이런
의식에 많은 사람들이 참가해 흑사병을 더욱 확산시키는 결과를
초래했다.

# 3
# 근대 초기

## 근대 초기

독일의 인구는 지속적으로 증가하여 1500년대 유럽에서 대국의 수준으로 성장하였다. 정치적으로는 오스트리아가 독일 연방에서 주도적인 역할을 하였으며, 후반에 접어들면서 프로이센이 강자로 등장했지만 오스트리아의 명성을 능가하지는 못했다. 오스트리아의 합스부르크 가는 스페인 왕실, 이탈리아 왕실과 결혼 정책을 통해서 국력을 신장하였고, 수도 빈이 유럽의 중심 도시 중에서 하나가 되었다.

16세기 교회는 도덕적, 정신적으로 새로운 시대에 적응하지 못하고 신앙심과 교회 본연의 임무를 점점 잃어갔다. 결국 마르틴 루터의 등장에 의해서 종교개혁이 이루어졌다.

30년 전쟁은 독일 역사상 가장 큰 피해를 가져왔다. 베스트팔렌 평화조약은 17세기 유럽 질서에서 정치적, 신앙적 위기를 가셔나 수었으며, 로마의 가톨릭 교회와 독일 제국의 지배적 역할이 끝나게 되었다. 제국 내외에서 새로운 국가이념이 등장해 정치·외교 분야를 지배하는 동안, 로마 제국의 전통적인 이념은 희미한 존재로만 남아 있었다. 북동부 지역 선제후국 프로이센은 1700년대 이후 독일에서 강대국으로 부상한다. 새로이 부상한 브란덴부르크-프로이센은 호엔촐레른 가의 강력한 통치 의지와 조직에 힘입어 북유럽에서 스웨덴과 폴란드가 약해진 자리를 메우게 되었다.

유럽의 중심부에 위치한 프로이센은 지정학적으로 주변의 강대국에 노출되어 있는 국경선을 보호할 수 있는 제도적인 해결 방법을 찾게 된다. 프로이센은 철저히 국가를 조직화하고 강한 군대를 양성한다. 또한 서로 멀리 떨어져 있는 국경선에 어떠한 나라가 침입해 오더라도 신속하게 대처할 수 있는 방이망을 구축하여 강력한 국가경쟁력을 갖추게 된다.

# 독일의 정치적 변화

## 제국의 상황

독일의 인구는 꾸준히 증가하여 1500년대가 되었을 무렵 인구와 영토면에서 보면 유럽에서 대국의 수준으로 성장했다. 특히 급속히 인구가 증가한 라인 강 연안의 라인란트 지역과 바이에른 등 남부 지방에서는 토지의 분할과 개편이 상당히 이루어졌다.

증가한 인구는 도시로 유입되었는데, 도시는 완전히 산업화가 이루어지지 않아 농촌 인구를 전부 흡수할 수 없었다. 이때 알자스 지방과 바이에른에서 용병 제도가 새로이 도입되어 인구 증가에 따른 사회 문제를 부분적으로나마 해결했다.

이 무렵 독일 전역에는 약 3천여 개의 도시가 있었으나, 이 중에서 2,800개의 도시는 인구 1천 명을 넘지 않는 소도시(小都市)였다. 150여 개의 도시는 1천~2천 명 정도의 인구로, 도시의 조건을 충분히 가지고 있었다. 도심지에는 나름대로 도시 문화가 형성되었고, 외지인들이 볼 수 있는 관광거리도 생겨났다.

당시 독일 영토에는 2,500개의 자치권을 소유한 정치 단체들이 있었다. 약 2천 명의 제국 기사가 있었으며, 이들은 황제 외에 그 누구의 간섭도 받지 않았다. 그러나 모두 제국의회에 참가하지는 못했다. 제국의회에 참가할 수 있는 제후는 일정한 세금을 내야만 했으며 성직자, 제후, 백작, 자유 도시들의 대표들에게만 참여가 허락되었다. 제국의회 내에서 세금을 많이 내는 국가의 영향력이 그만큼 강하다는 것을 보여 준다.

제국의회는 황제가 제후들의 동의를 얻어 소집했다. 제국 헌법은 제후들의 세력 확보를 위한 도구에 가까웠다. 선제후들의 기득권은 보장되었으나 하급귀족이나 평민들의 권익은 거의 보장되지 않았다. 제후들은 하급귀족이 제국의회에 참가하는 것을 방해하여 중요한 결정을 할 때 귀족들이 영향력을 행사하는 것을 반대했다. 따라서 귀족들의 불만이 쌓였고 공평한 대우를 해 줄 것을 끊임없이 요구했다.

## 막시밀리안 황제의 등장과 오스트리아의 도약

북부 독일에서 프로이센이 정치적으로 급성장하고 있을 때 동남부에서는 오스트리아가 빠른 속도로 정치적 영역을 확대하고 있었다. 그 결과 독일 영토에서 프로이센과 오스트리아가 강대국으로 자리를 잡았다. 합스부르크 가는 16세기 중엽부터 정치적으로 입지를 강화해 나가기 시작했으나, 17세기 중엽까지만 해도 동남부 지역에서 막강한 영향력을 발휘하지는 못했다.

이 시대에는 각 영방 국가마다 고유의 행정 제도와 관청이 있었다. 오스트리아의 합스부르크 가는 스페인의 왕실과 결혼 정책을 통해 국력을 신장하고 있었으며, 이로 인해 오스트리아 수도 빈이 유럽의 중심 도시 중 하나가 되었다. 오스트리아는 지리적으로 유럽의 중심에 있는 장점을 살려 외국의 문화를 적극 받아들였으며, 자국의 문화와 혼합하여 문화의 전성기를 구가했다. 특히 오스트리아의 바로크 문화는 남쪽의 이탈리아 문화와 북부의 독일 문화 요소가 합쳐져 탄생한 예술이었다. 이러한 이유로 오스트리아 문화는 독자성이 결여된 경향이 있기도 했다.

1452년에 로마에서 신성 로마 제국의 황제로 대관식을 치른 오스트리아의 프리드리히 3세에게는 막시밀리안이란 총명한 아들이 있었다. 막시밀리안은 1493년 황제로 취임했는데, 부르군트의 마리아와 결혼하여 정치·군사적으로 제국의 세력을 강화했으며, 그의 통치력은 네덜란드까지 미쳤다.

막시밀리안은 다른 사람을 끌어들이는 매력이 있는데다 귀족적인 외모와 친절한 성품으로 남들의 신뢰를 받았다. 군인으로서 유능하고 용감한 장군이었고, 종교적으로도 경건한 자세를 취했으며, 새로운 르네상스의 이상과 명예를 존중했다. 그는 강한 군주 국가를 이루기 위해 국가가 강력한 힘을 소유해야 한다는 정치적 원칙을 가지고 합스부르크 왕조의 번영과 발전을 이룩하고자 했다. 그는 손자 카를이 보헤미아와 헝가리의 왕위 세습권을 인정받아 후대에도 그의 혈통이 제국 내에서 강력한 권력을 장악하기를 원했다.

**프히드리히 3세** 빌헬름 1세의 아들로 군적에 들어가 사령관으로서 프로이센–오스트리아 전쟁에서 전공을 세웠다.

그러나 막시밀리안의 합스부르크 우선 정책은 독일 제후들의 반발을 초래했다. 제후들은 막시밀리안의 협력자가 되기를 완강하게 거부했다. 특히 지역적으로 남부와 서부 독일 제후들의 반발이 워낙 거세었던 탓에 더는 개혁을 방관할 수 없었다.

이러한 개혁의 중심에는 마인츠 대주교였던 베르톨트 폰 한네베르크가 있었다. 그는 진지하고 인내심이 있는 백작이자 보수적인 종교정치가였다. 독일 제국이 국

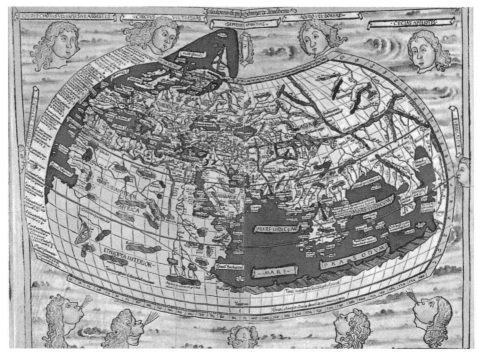

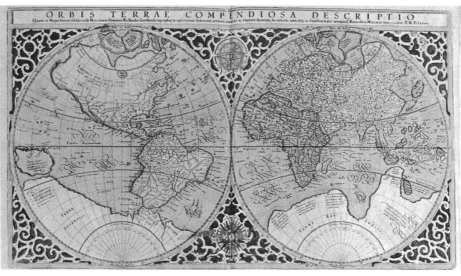

**프톨레마이오스의 지도** 1482년 독일 남부의 도시, 울름에서 출판되었다. 그 당시까지 확인된 세계의 전체가 그려져 있다. (위)
**메르카토르 도법으로 만들어진 지도** 1585년부터 1589년에 걸쳐 뒤스부르크에서 출판되었다. (아래)

이야기 독일사

내 정치에서 안정을 찾지 못할 때 대외 정책으로 관심을 돌려 독일의 국제적 입지를 강화했다. 또한 독일의 영향력을 국내로 끌어들여 국내 정치에서 평화와 질서를 잡으려고 했다. 그 결과 영방주의 원칙에 따라 제국 조직의 토대를 구축했다.

이러한 취지에서 시작된 제국의회의 개혁은 영방주의 원칙에 의한 첫 번째 성공작이다. 제국과 영방 간의 충돌을 금지하고, 평화를 정착시키기 위해 제후들은 불화와 알력 대신 평화적인 방법으로 문제를 해결할 것을 다짐했다.

이를 위해 제국의 대심원(대법원)을 황제의 법정하에 두지 않고 제국의 법정하에 두었다. 따라서 법원에서 황제의 권한은 약화되고 제후들의 영향력이 두드러지게 되었다. 제후들은 법원의 재정을 담당했고, 법원의 작업을 통제했으며, 관할 재판장을 상시로 시찰했다. 로마 제국의 법 체제를 적극 수용해 긴급하고 중요한 사안에 관해서는 귀족 계급 간의 대립을 최소화했다는 데 의의가 있다.


## 근대 국가 형성의 움직임

황제의 권한이 강해지는 것을 반대하며 국내외 정치에서 자신들의 영향력을 강화하고자 한 제후들은 1495년 보름스에서 열린 제국의회에서 제국의 통치에 대해 언급하기 시작했다. 그리고 1500년에 아우크스부르크에서 열린 의회에서는 영방주의에 입각한 위원회를 구성했다. 제후들로 구성된 이 위원회는 영방정부의 역할을 했다. 이로써 독일 근대 국가는 중앙집권적인 권위 국가가 아닌 영방을 토대로 성립되었다.

제국 행정의 모든 권한을 위임받은 제국 통치기구는 황제의 권한까지도 일부 위임받았다. 제국 통치기구를 만들 때는 황제와 제후들이 협력하여 합의된 통일을 이루리라 기대했지만, 제후들의 사리사욕 때문에 결국 실현되지 못했다. 제국 통치기구는 재정과 지휘나 명령 체계도 갖추지 못했다. 외교에서도 황제에게 의존하지 않고서는 불가능했다.

막시밀리안은 제국 통치기구를 효과적으로 운영하기 위해 제국을 4개의 지역으로 분할하여 균등한 대표자를 선출할 것을 제의했으나 그의 생전에 실현되지 못했다. 막시밀리안과 마인츠 대주교 베르톨트가 죽고 난 후 정치 및 통치 개혁 운동은 잠시 주춤했다.

# 근대 초기 문화와 교육

### 독일의 인문주의

중세 후반부터 이탈리아 북부에서 르네상스 운동이 일어나기 시작하여 유럽 전역으로 확산되었다. 이탈리아에서 르네상스 운동이 시작된 이유는 역사적으로 로마 제국의 문화를 수용했으며, 지리적으로 동쪽에 비잔틴 제국이 있어 지중해 해안에 있는 이탈리아의 항구 도시들이 비잔틴 제국과 교류를 통해 선진문물을 수용했기 때문이다.

독일에서 인문주의는 이탈리아처럼 인간이 신을 떠나 자유롭게 생각하거나 활동할 수 있는 공간을 확보하지 못했다. 그러나 독일에서는 교회의 신비주의자와 경건주의자들이 증가하여 개별적인 종교주의자들이 계속 확산되고 있었다. 북부 독일에서는 수사들이 학교를 만들어 공동생활을 하였고, 공동생활에서 수작업을 할 때도 까다롭게 물어보고 따지는 습관을 가지고 있었다. 초기 독일의 인문주의자들은 명문가의 귀족이거나 도시의 귀족들로, 법학자나 외교관 등 많은 교육을 받은 사람이었다.

자유로운 정신활동을 강조했던 이탈리아 인문주의자들과 달리 독일 인문주의자들은 고대 그리스 어나 히브리 어로 되어 있던 성경을 읽고 주석을 다는 것에 주력했다. 이처럼 독일에서의 인문주의는 주로 언어학적인 분야에서 이루어지면서 교육기관을 중심으로 교회의 부패와 불합리를 비판하는 형태로 나타났다.


## 1500년대의 교육

당시 유럽의 교육기관은 교회의 영향권 아래 있었다. 학교의 종류는 국민학교, 독일어 학교, 라틴 어 학교, 김나지움, 연구기관, 대학 등이었다. 이들은 모두 교회와 국가의 교육목표에 부응하고 있었다. 당시 유럽 전역에서는 학교와 전문 교육기관이 교회의 포괄적인 영향을 받고 있었다.

교육의 기회가 점차 확대되어 많은 사람들이 문자를 읽고 쓰면서 신앙생활에 더욱 더 심취하게 되었다. 시간이 지나면서 학교는 점점 증가했고, 교육 수준도 높아졌다. 그러나 강의 교재와 교사는 양적, 질적으로 매우 열악한 상황이었다. 교사는 충분한 급료를 받지 못해 부업으로 교회의 종지기, 성의 성지기, 교회 반주자 등으로 일하기도 했다.

16세기부터 17세기 사이 학생 수가 급속도로 증가하여 17세기에는 각 지역마다 학교가 설립되었고 교육 조건도 향상되었다. 학교 수업은 주로 독일어로 진행되었다. 상급학교에서는 중세 교육제도를 대폭 수용하여 라틴 어를 필수과목으로 채택했다. 당시 교육의 목적은 신앙적으로 경건하고 학문적으로 박식하며 고급스러운 라틴 어를 구사하게 하는 것이었다. 그 밖의 중요한 교과 과정은 예술 · 성경 · 설문식 문제 · 종교 · 라틴 어 · 그리스 어 · 지리 · 역사학 · 공개토론 · 체육 · 연극 · 예배 등이었다.

교회에 봉사하며 교회의 시녀 역할을 했던 대학은 점점 학문에만 몰두하기 시작했다. 대학은 서서히 종교적 색채를 벗고 학자를 배출하는 데 전념했다. 당시 독일의 대학은 지방 영주들에 의해 설립되어 인문학적 소양과 수사학 · 문학 · 역사 · 철학 등을 주로 강의했다. 이 시기에 신학은 중요한 교과과목으로 자리 잡았다.


# 종교개혁

### 종교개혁 전의 독일

15세기로 접어들면서 종교가 나아가야 할 방향에 대해 많은 의견이 표출되었다. 교회는 세속의 권력에 관여하지 말고, 외적으로 화려한 행사를 지양하고 정신적 세계에만 전념하기를 원했다. 절대주의 국가를 확립한 영국 · 프랑스 · 스페인은 왕의 주도 아래 국가가 모든 권력을 통제했으나, 독일은 황제가 통치기반을 강화하기 위해 교회의 도움을 필요로 했다. 때문에 교회와 국가의 결

속 관계가 다른 나라에 비해 강화되었다.

당시 교회는 인간이 지닌 마음의 병을 치유한다는 명목으로 국가의 여러 행사에 관여했다. 이로써 경제적 이익을 챙겨 각 지역에 많은 토지를 소유했는데, 이 토지는 교회의 녹을 받는 재산 관리인, 또는 보좌신부가 관리했다. 이때 교회와 수도원은 영리 수단을 동원하여 재산의 축적에 심혈을 기울였다. 와인과 맥주를 제조해서 판매했으며, 심지어는 곡물 거래와 같은 상거래에도 관여했다. 당시 교회는 도덕적·정신적인 세계에서 새 시대에 맞게 적응하지 못했고, 신앙심과 교회 본연의 임무를 점점 잃어가고 있었다.

**보름스 국회** 독일 보름스에서 열린 신성 로마 제국의 국회. 루터의 종교개혁 운동을 탄압할 목적으로 1521년 1월 27일 개회되었는데, 독일 황제 카를 5세 즉위 후 최초로 열린 국회이다.

## 마르틴 루터의 등장

루터는 비교적 여유 있는 가정에서 태어나 부모의 지극한 정성과 보호 아래 성장했다. 어린 시절부터 신앙심이 깊었던 그는 고향 만스펠트에서 국민학교 교육을 마치고 마그데부르크로 가서 교육을 받은 후 1501년에 에르푸르트 대학에 진학했다. 루터의 아버지는 루터가 법학을 공부해 출세하기를 바랐다. 아버지의 기대를 저버릴 용기는 없었던 루터는 법학보다 논리학과 언어학, 철학에 관심을 가졌고, 아리스토텔레스의 학문 세계에 깊이 빠졌다. 아버지가 돌아가신 후 엄한 어머니에게 자주 꾸지람을 들을 때마다 루터는 수도원으로 도망갔다. 루터는 그곳에서 수도사들과 인생과 도덕에 대해 많은 이야기를 나누었고, 이는 그의 앞날에 지대한 영향을 주었다.

**종교개혁자 마르틴 루터** 루터가 면죄부 판매에 이의를 제기하면서 종교개혁이 시작되었다.

루터가 대학 시절 고향집을 방문하고 에르푸르트로 돌아가는 도중에 스토테른하임이라는 동네에서 벼락이 치는 것을 목격했는데, 낙뢰가 바로 그의 옆에 떨어졌다. 죽음의 공포를 경험한 루터는 곧바로 성직자가 되기로 결심했고, 1506년 성직에 입단하게 되는 가입선포식을 갖고 1507년에 성직자가 되었다.

그 이후 신학 공부에 몰두하여 다음 해에는 비텐베르크

대학교 예술학부에서 도덕과 철학을 강의했다. 그는 아리스토텔레스의 윤리학을 가르쳤으며 나중에는 신학부에서 성경을 강의하였다. 1512년, 루터는 신학박사 학위를 취득하고 신학부에서 성경 전담교수가 되었다. 1514년 아우구스티누스 교단의 설교 담당을 거쳐 1515년 작센에 있는 수도원의 보좌신부가 되면서 11개 수도원을 총괄하게 되었다. 수도원 생활은 그를 종교적으로나 학문적으로 성숙하게 했다. 루터는 성직자의 고행과 성스러운 삶을 몸소 실천해 최후의 심판에 대한 두려움으로부터 해방되고자 했다.

## 종교개혁

14세기 이후 중앙 권력이 거의 존재하지 않았던 독일에서 교황의 사치스러운 생활 및 교회의 비리는 점점 극에 치달았다. 자연스럽게 교회에 대한 사람들의 불만도 점점 쌓여갔다. 이 와중에 교황 레오 10세가 성베드로 교회를 증축하면서 교회의 비리는 절정에 다다랐다.

라이프치히 출신의 수도사인 테첼이 교회의 수락하에 일정한 금액을 주고 면죄부를 구입하면 지금까지 지은 죄와 미래의 죄까지 사면받을 수 있다고 선전하며 공공연히 면죄부를 판매했다.

중세 교회의 강제적인 면죄부 판매는 루터의 신앙 양심을 근본적으로 흔들었다. 그는 돈으로 구원을 살 수 있다는 교회의 가르침에 순응할 수 없었고, 침묵할 수도 없었다. 루터는 목회적 양심과 책임에 따라 면죄부 판매를 비난하기 시작했다. 1517년 10월 31일, 비텐베르크 성 교회의 문 앞에 〈95개 논제〉를 내걸고 기존 교회와 본격적인 논쟁에 들어갔다. 이것이 종교개혁의 시작이다.

학자들 간의 토론을 위해 내걸었던 〈95개 논제〉는 대량으로 인쇄되어 '마치 천사들이 전령이 된 것처럼' 순식간에 전 유럽에 퍼져 나갔다. 인쇄술은 루터의 종교개혁 정신이 전파되는 것에 엄청난 공헌을 했다. 이 기술로 개혁 정신이 대학의 울타리를 벗어나 온 지역으로 퍼질 수 있었던 것이다. 구텐베르크가 1450년경에 발명한 인쇄술로 처음 찍어낸 것은 면죄부였는데, 똑같은 인쇄술이 면죄부의 존재 가치를 흔드는 데 크게 공헌한 것이다.

이 라이프치히 논쟁은 사람들에게서 루터에 대한 존경과 함께 교회의 공격도 동시에 불러냈다. 1520년 6월 24일에 발표된 교서에서 교황 레오 10세는 60일간의 말미를 주면서 이 기간 안에 루터가 자신의 주장을 철회하지 않으면 그와 동료들을 모두 파문할 것이라 했다. 교서에서 루터의 작품 중 41개 발언들을 열거하고 '이단적이고 위법적이며 거짓'이라고 정죄하며 루터의 모든 저서를 불태웠다.

**구텐베르크의 인쇄소**
구텐베르크는 화약, 나침반과 더불어 르네상스의 3대 발명으로 일컬어지는 활판 인쇄술의 창시자다. 새로운 지식이나 사상을 정확하고도 신속하게 전달하는 데에 공헌하였다.

루터는 자신의 책들이 불타고 이후 파문 위협을 담은 교서가 아직 비텐베르크에 도착하기 전인, 12월 10일, 성(城)의 엘스터 문 앞에서 학생들과 함께 교황의 교서뿐만 아니라 로마 교회 법전을 불태웠다. 이로써 루터와 로마 사이의 연결고리가 모두 불에 탔다.

루터를 최종적으로 파면하는 교황의 교서가 1521

년 1월 3일 로마에서 공포되었고, 이는 루터의 영혼 깊숙이 상처를 내었다. 사실 루터는 면죄부 논쟁이 한창 진행 중일 때에도 교황에게 전적으로 충성했다. 그는 면죄부의 오용들로부터 로마 교황을 보호하는 일이 바로 그 권위를 세워 주는 것이라고 믿었다.

그러나 로마 교황청으로부터 철저히 외면을 당하고 세 번이나 출교를 당한 후, 루터는 교황에 대한 태도를 급격히 바꾸었다.

교황이 파면 교서를 발표했음에도 프레데릭 현자를 선두로 한 독일 영주들은 보름스 국회에서 루터가 자신을 위해 변호할 기회를 주는 데 성공했다. 그리하여 황제 카를 5세는 루터에게 신변의 안전을 약속하면서 초청장을 보냈다.

루터는 단호한 마음으로 보름스로 갔다. 그러나 황제의 안전 보장은 믿을 바가 못 되었다. 결국 루터는 '보호'라는 명목하에 바르트부르크 성에서 유배나 다름없는 생활을 하며 신들린 듯 성서를 독일어로 번역하는 작업에 매달렸다.

**루터의 독일어판 성서**
라틴 어로 된 성경을 독일어로 번역되면서 일반인들도 쉽게 성경을 이해할 수 있었다.

**작센 선제후 프리드리 히의 바르트부르크 성** 루터는 이곳에서 보호 받으면서 성경을 번역 하였다. 이 성은 중세 기독교의 전통을 상징 하는 국가적 기념물이 되었다.

비텐베르크는 작센 선제후국에 속한 도시로, 선제후 프리드 리히는 로마 교황청이 주관하는 면죄부 판매 서약식에 서명하지 않았다. 그렇다고 해서 작센이 루터의 교리를 제일 먼저 수용한 제후 국가도 아니었다. 오히려 프리드리히의 종교관은 전통적이 었으며, 작센은 예수의 유물이나 종교적 기념품들을 많이 가지고 있어 순례자들이 자주 방문하였다.

한편 루터와 그의 종교개혁으로 일어난 소요들은 루터가 바 르트부르크에서 돌아온 뒤 진정되었지만, 그 여파는 농민 전쟁으 로 발전하였다. 이 무렵부터 개혁 운동은 제2단계로 들어가 루터 는 로마 가톨릭 교회와 싸우면서 한편으로는 재세례파와 싸우는 양면작전을 취하지 않을 수 없었다. 또한 그는 에라스무스와의 '자유 의지론'을 둘러싼 논쟁으로 인문주의와도 결별해야만 했다.

# 16세기 독일 농민 전쟁

## 농민 전쟁의 배경과 경과

1525년에 일어난 농민 전쟁은 독일의 근대를 알리는 의미 있는 사건이다. 농민 봉기의 직접적인 원인은 단연 가난이었다. 농민들은 과거의 보수적인 사고방식에서 서서히 탈피하고 있었지만 지방 제후들의 착취는 여전했다. 제후들은 계속해서 농민들의 자치권을 억제했고 공유지를 빼앗았으며, 귀족과 결탁하여 농민들을 조직적으로 억압하고 있었다.

루터의 사상에 완전히 심취했던 슈바벤 지역의 농민 전쟁 지도자 울리히 슈미트 폰 슐밍켄은 뜻이 맞는 이들과 의기투합하여 농민들의 12가지 불만을 공개적으로 제시했다. 이것이 독일 전역으로 확산되었으며, 기존의 개별적인 운동이 농민 운동으로 발전했다.

농민 전쟁은 종교개혁과 함께 근대의 여명을 알리는 중요한 역사적 사건으로, 근대 초기까지 잔존했던 봉건적·중세적인 종속 관계에서 벗어나고자 하는 운동이었다. 과거 농민은 예속인이자 하층민으로서 귀족과 제후들의 요구에 무조건 순종했으나, 이제는 농민도 국가 구성원이며 정치적 일원임을 만천하에 일깨워 주었다.

농민들은 루터에게 농민 운동을 지지해 줄 것을 요청했으나 루터는 이를 지속적으로 거절했다. 이때 루터는 농민들을 폭도로 간주하고 영주의 편에 가담했다. 법학을 공부하여 국가의 질서와 사회적 안정을 중요하게 여긴 그는 농민 전쟁을 신의 의지와 복음서에 어긋나는 것이라고 주장했다.

## 토마스 뮌처의 농민 전쟁

농민 전쟁 당시 토마스 뮌처는 혁명적인 선동가로 농민 전쟁을 이끌었다. 어릴 적 아버지가 귀족들에 의해 분명한 이유도 없이 사형당했던 뮌처는 귀족에 대한 적대심이 컸다. 뮌처의 분개심은 종교개혁의 물결이 사회적으로 확산될 때 서서히 표출되기 시작했다.

교회가 독일 사회에 군림하는 것에 대해 못마땅하게 생각한 그는 1515년에 수도원의 신부가 되었으나 로마 가톨릭의 전통을 잇따라 거부하여 1521년 교회에서 추방당했다. 그 후 프라하를 거쳐 튀링겐에 있는 알슈테트에 도착하여 소농민과 하인들을 주축으로 귀족 사회로부터의 해방을 목표로 하는 정신개혁 단체를 조직했다. 그의 공동체는 인간은 모두가 평등하며 재산의 공동 소

**독일의 농민 전쟁** 독일 각지에서는 1524년부터 1525년에 거쳐서 대규모의 농민 전쟁이 벌어졌다.

유를 주장하는 등 혁명적인 이념을 제시했다. 농민 운동의 확산과 함께 뮌처는 많은 농민들의 지지를 받았고, 정치적·사회적 혁명가로 급부상했다. 그리고 1525년에는 중부 독일의 농민 전쟁의 주도권을 장악했다.

그러나 지방 영주들은 반란군을 진압하여 농민 봉기군의 목을 잘라 성문 위에 걸어 놓고 항복을 요구하는 등 억압은 날이 갈수록 커졌다. 결국 영주군은 무력으로 농민군을 진압하고 뮌처를 사형에 처했다. 그 결과 독일 남부 전역으로 급속히 확산되었던 농민 전쟁은 1525년에 제후들에 의해 완전히 진압되었다. 새로운 사회를 요구하는 농민들의 요구사항은 받아들여지지 않았고, 산업혁명이 일어나기 전까지 농촌 사회에는 여전히 봉건적 요소들이 존재했다.


## 종교전쟁 후의 변화

루터파 농민 반란(1523~1525)과 스파이어speyer 종교회의(1544) 이후 독일 연방의 제후들은 양대 진영으로 나뉘어 루터파와 가톨릭파 동맹에 가담했다.

황제 카를 5세는 1521년 보름스 국회가 끝난 후 독일 문제에 치중하기보다는 해외에서 세력을 확보하는 데 주력했다. 그는 이탈리아가 약해진 틈을 타서 이탈리아에서 계속적인 영향력을 확보하려는 프랑스를 파비아 전투에서 격퇴했다. 이탈리아에서 프랑스 세력이 약해지자 독일 황제는 이탈리아의 중요한 지역을 차지했다.

황제가 대외 전쟁에 몰두해 있는 사이에 제국에서는 종교개

**카를 5세** 스페인의 카를로스 1세로 스페인과 오스트리아의 결혼 정책에 의해 황제로 선출되어 카를 5세가 되었다. 종교개혁 때 교황 편에서 마르틴 루터에게 압력을 가했다.

혁이 일어났다. 루터의 사상이 독일 전체로 확산되었고, 가톨릭 교회와 교황의 영향력이 서서히 약화되기 시작했다. 프로테스탄트를 지지하는 제후와 도시들은 1530년 슈말칼덴에서 동맹을 결성하여 어떤 경우라도 프로테스탄트 교회를 지지하기로 했다.

그러나 카를 5세는 대외전쟁을 통해 그의 세력을 과시했고, 독일에서도 작센의 제후 모리스가 그의 편에 가담하여 반대편인 슈말칼덴 동맹에 비해 막강한 세력을 과시했다.

1529년 개최된 스파이어 국회에서는 황제가 출석하지 않는 가운데 가톨릭 교회의 제후들과 주교들은 어떤 군주도 루터의 사상을 수용해서는 안 된다고 결정했다. 반면 프로테스탄트 주교와 도시들은 스파이어 국회의 결정을 반대했다. 이로써 독일 제국 내에 종교전쟁의 위험이 도사리게 되었다. 그러나 남부 유럽에 진출한 터키의 술탄이 강력한 군대로 빈을 위협하고 있는 상황이었으므로 카를 5세는 가톨릭을 강요하며 종교적 통일에 전념할 여력이 없었다.

북쪽은 브란덴부르크를 중심으로 프로테스탄트를 선택했으

**파비아의 싸움** 프랑수아 1세와 신성 로마 제국 카를 5세의 전투이다.

나 남쪽은 합스부르크 가와 바이에른을 중심으로 가톨릭을 계속 신봉하였다. 지중해에서 활동하는 터키 해적들은 크리스트교도들이 항해하는 것을 방해하고 있었는데, 카를 5세는 나폴리, 스페인과 협력하여 지중해에서 활동하는 터키 해적들을 축출했다. 그리고 프랑스와 전쟁을 계속했다. 해외에서 대외전쟁에 시달린 카를 5세는 독일 제국을 가톨릭 교회로 되돌릴 시간적 여유를 갖지 못했다.

1546년, 마르틴 루터는 그의 고향 아이슬레벤에서 사망했다. 그의 사망 후 프로테스탄트의 운명에 대해서 아무도 희망적인 기대를 할 수가 없었다. 루터의 주장을 신봉하는 제후들도 의견의 일치를 보지 못한 채 양분되었고, 또한 조직된 힘도 구심점이 없었다. 게다가 루터가 주장하는 교회들도 모두 새로운 체계나 학설

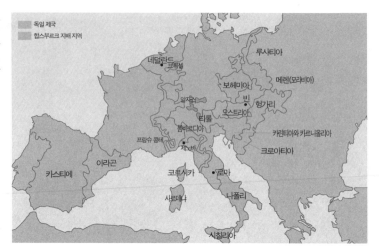

**카를 5세의 합스부르크 제국** 전쟁으로 잃어버린 합스부르크 가의 영토는 자손들의 결혼을 통하여 만회할 수 있었을 뿐만 아니라 더욱 광대해졌다.

독일 제국
합스부르크 지배 지역

루사티아
네덜란드
브뤼셀
메렌(모라비아)
보헤미아
바젤
빈
헝가리
티롤
오스트리아
롬바르디아
프랑슈 콩테
제노바
카린티아와 카르니올리아
크로아티아
이라곤
카스티에
코르시카
로마
사르데냐
나폴리
시칠리아

을 정립하지 못했고, 독일 연방의 대부분 지역에서 아직까지도 가톨릭 교회를 믿고 있었다. 황제는 제국과 로마 교회의 정신적·정치적 통일을 목표로 신교 세력을 탄압했지만, 저항도 결코 만만치 않았다.

한편 가톨릭 교회만 참가하는 장기적인 트리엔트Trient 종교회의(1545~1963)가 진행되었다. 그들의 목표는 프로테스탄트 세력의 확대를 저지하기 위한 가톨릭 자체의 개혁이었다. 그러나 복음주의에서 탈피한 의미가 있었을 뿐이고, 가협정으로는 부분적으로 프로테스탄트를 인정한 것이 전부였다. 당시 유럽 세계에서 막강한 세력을 확보한 합스부르크 가는 가톨릭을 믿고 있어, 어느 면으로 보아도 프로테스탄트들은 열세를 면치 못하고 있었다.

독일 제후, 특히 가톨릭 제후들은 황제의 비대해진 권력과 세력을 누려워했다. 황제의 권력이 강해지면 지방 제후들의 자치권을 침해하여 존립이 위태로울 수밖에 없었다. 제후들은 프랑스와 협력하여 황제의 막강한 기세를 꺾으려 했고, 황제는 세력을 다시

되찾기 위해 노력했다. 황제는 오랜 대외 전쟁과 국내에서의 세력 다툼으로 지쳐서 독일의 제후들과 더 이상 싸울 힘이 없어 결국 아우크스부르크 국회에서 종교회의를 체결했다. 이 회의의 결과로 제후는 자신이 다스리는 지역의 종교를 선택할 수가 있게 되었다. 그러나 종교는 가톨릭과 프로테스탄트로만 제한되었다.

**아우크스부르크 제국 회의** 카를 5세가 아우크스부르크에서 제국이 당면한 문제를 해결하기 위해 소집한 국회이다.

그러나 아우크스부르크 종교회의(1555)는 역사적으로 중요한 의미를 갖는, 신·구교의 종교회의를 통한 일종의 평화조약이다. 주요 내용은 독일 제후와 모든 자유 도시는 그 통치하에 있는 주민이 가톨릭과 루터파 중에 하나를 택일할 권리를 가짐을 인정했다. 즉 '지배자의 신앙이 지배지의 신앙이다' 라는 원칙에 입각하여 주민은 제후가 선택한 종교를 믿어야만 했다.

따라서 진정한 의미에서 종교의 자유를 허용한 것은 아니었다. 이 결정은 제후의 권리가 강화되면서 독일 국민 국가의 형성에 절대적인 저해 요인이 되었다. 이후 독일 제국은 300여 개의 크고 작은 분열된 영방 국가로 자리매김하게 된다.

종교회의 이후 1570년까지 3차에 걸친 종교전쟁은 독일, 프랑스, 스위스 등 지역 제후들의 권력싸움으로 발전했다. 결과적으

**아우크스부르크를 방문한 루터** 종교적 압박을 받았던 그의 소신은 변함이 없었고, 제국의 정치와 종교는 큰 변화를 겪게 된다.

로 독일의 중북부 지역은 루터파, 중남부 지역은 가톨릭이 우세하게 되었다.

### 종교개혁 및 농민 전쟁 시대의 오스트리아

앞에서도 언급한 바 있는 신성 로마 제국의 황제 막시밀리안 2세 1564~1576는 보헤미아, 헝가리, 오스트리아(도나우 공국)의 지배자가 되었을 때, 트리엔트 공의회 결정을 거부했다. 당시 오스트리아에서는 신교 세력이 크게 확산되었고, 독일 제국에서도 루터파 신교가 전체 인구의 70퍼센트나 차지했다. 그는 1572년 이후 교황 그레고리 13세와 함께 가톨릭의 반종교 개혁을 수행하여 오스트리아 지역에서 신교 세력을 제거하기 시작했다.

1543년과 1554년의 합스부르크 가문령에 따라, 티롤을 포함한 상부 오스트리아는 페르디난트가, 오스트리아 내륙 지방인 슈타이

어마르크와 케른텐은 카를
이 지배하게 되었다. 이러
한 분할 상속은 1665년까
지 계속되면서 오스트리아
내부에 문화적, 지역적으로
분열을 야기시켰다. 즉 지
방 분권주의에 입각한 오스
트리아의 지방색이 두드러
지는 계기가 되었다.

한편 페르디난트와 카
를 대공은 강력한 지역 제
후의 역할을 수행했는데,
그들은 자신의 영역에 가
톨릭 개혁을 단행하여 수
많은 학교를 건설하고 티

**오스트리아 페르디난
트 대공** 지방 영주의
도움으로 가톨릭 세력
을 확장했다.

롤 지역의 교육 · 예술 분야의 장인Meister들을 다수 초청했다. 이로
써 그들의 통치 기간 동안 괄목할 만한 경제적 성장이 이루어졌지
만, 종교적 갈등은 완전히 해소되지 못했다.

1590년, 카를 대공이 그라츠에서 사망했다. 그의 무덤은 이탈
리아 건축가에 의해 르네상스 식으로 꾸며졌다. 그는 가톨릭 교회
를 보전할 것을 12세의 아들 페르디난트에게 유언으로 남겼다. 후
계자 페르디난트는 잉골슈타트의 예수회로부터 가톨릭 교육을 철
저히 받았으며, 1596년 섭정이 끝나고 대공이 되었다.

그는 루터파의 강력한 공세를 물리쳐야 하는 어려움에 처하
자, 지방 영주들과 합세하여 가톨릭 세력을 강화시키는 정치적 역

량을 발휘했다. 이에 따라 1598년 체계적인 가톨릭 복고화 계획이 수립되면서, 1605년경 500여 개의 가톨릭계 학교가 설립되어 점차 신교 지역이 가톨릭으로 수복되었다.

막시밀리안의 후계자 루돌프Rudolf 2세(1576~1612)는 스페인에서 유년기를 보냈기 때문에 정치와 종교 문제에 관심이 없었다. 그는 주로 과학자들과 어울렸으며, 새로운 자연과학에 대해 조예가 깊었다. 그와 친분이 있었던 과학자 중에는 태양계 행성의 운동주기에 관한 법칙을 발견한 케플러Kepler도 있었다.

루돌프 2세는 오랫동안 재위했지만, 전쟁과 종교개혁에 따른 제국의 정치적 문제들은 쉽사리 해결할 수가 없었다. 특히 그는 처음부터 오스트리아의 종교 문제에 전혀 신경을 쓰지 않았으며, 부친처럼 빈에 머무르지 않고 보헤미아의 수도 프라하에서 정무를 보았다. 재위 초기부터 기존의 종교적 유화 정책도 포기함으로써 신구교의 갈등은 더욱 심화되었다.

그러나 오랫동안 지속되던 가톨릭의 반종교개혁의 성과가 나타나자, 루돌프 2세는 1604년 프레스부르크 제국의회에서 오스트리아와 보헤미아의 가톨릭 복고작업이 성공적이었다고 평가했다. 터키 세력이 사실상 약화된 헝가리의 대부분은 독일 제국의 영향을 받았다. 하지만 국가적·종교적·경제적으로 현저한 차이 때문에 독일 도시들과는 쉽게 동화될 수 없었다. 다만 왕국의 합스부르크 지배로 인한 가톨릭적인 특징은 형식상 유지되었다. 이러한 현상은 오스트리아 가문이 강대국으로 성장하기 위해 극복해야 할 중요한 과제 중 하나였다.

1606년 6월 23일, 15년간 계속된 터키와의 전쟁에서 오스트리아는 승리를 거두었다. 수도 빈이 두 겹으로 포위되어 극심한 식량난에 시달리다가 극적으로 회생했으며, 제국에는 나름대로 자신감이 넘쳐났다. 전쟁에 승리한 합스부르크 가는 헝가리와의 빈 평화조약을 체결하였다. 이 협정은 75년간 합스부르크 가에 의한 헝가리 통일(1687)까지 종교적·정치적 관계를 규정하는 중요한 문서로 남았으며 의회주의적·민족주의적 사상의 승리를 의미했다.

의회와 왕 사이의 조정을 위한 선거가 보장되고, 헝가리 인의 재정 자율권과 신앙의 자유 역시 보장되었다. 특히 중부 유럽에서의 오스트리아의 패권은 신교제후들의 슈말칼덴 동맹 이후 전체적으로 비관적으로 나타났는데, 루돌프 2세는 영방 국가의 형식적인 군주에 불과한 듯 보였다.

황제가 강력한 정신적 통일을 원할수록 제후들의 반발은 더 커져 갔다. 1608년 남부 독일의 신교제후들은 동맹을 맺고 합스부르크에 대항할 것을 약속했다. 급기야 황제는 1608년 헝가리, 모라비아, 오스트리아, 보헤미아의 지배권을 포기했다. 이로써 합스부르크의 영향력은 크게 약화되기 시작했고, 오스트리아의 내분으로 합스부르크 가는 위기에 직면하게 되었다.

1609년 바이에른 공 막시밀리안과 남부 독일 주교 사이에서 가톨릭 동맹이 체결되고 3명의 대주교 선제후도 이에 가담했다. 그러나 같은 해 보헤미아에서의 반란으로 황제는 신앙의 자유를 일시적으로 허용해야만 했다. 그러나 보헤미아에서의 종교 문제와 합스부르크 내부에서의 미온적이고 일관성 없는 대응은 유럽 역사에 있어서 찾아보기 어려울 정도의 비극을 초래한 30년 전쟁의 도화선이 되었다.

# 30년 전쟁

## 전쟁 발발

아우크스부르크 종교회의 후 독일 지역에서는 약 60년 동안 평화가 유지되었지만 오래 가지 않았다.

북부 독일에서는 종교개혁이 성공적으로 진행되어 프로테스탄트교가 확대되었다. 그러나 오스트리아의 합스부르크 황제는 전 독일을 다시 가톨릭화 해야 한다는 희망을 버리지 않았다. 바이에른 공국도 자유의사에 의해서 다시 가톨릭으로 복귀하였다. 바이에른 공국이 가톨릭을 선택한 것은 오스트리아의 카를 5세처럼 황제로서 막강한 권력을 소유하지는 못하더라도 제국의 제후로서 자유와 자치권을 다시 소유하기 위해서였다.

프로테스탄트 제후들은 위협의 요소가 있음에도 17세기 초 동맹을 결성하여 세력을 확장하고 가톨릭 제후들과 경쟁하고 있었다. 이 동맹의 지도자로 칼뱅 교회 출신인 팔츠의 선제후가 선출되었다. 이에 대항하여 가톨릭 제후들은 동맹으로 리가Ligar를 결성하였다.

보헤미아는 합스부르크에 예속되어 오스트리아 황제의 명령을 받는 지역이었지만, 프로테스탄트들도 교회를 건립할 수가 있었다. 프로테스탄트들이 예배당에 집기를 설치하고 있을 때 가톨릭 교도들은 황제의 칙허장 내용에 위반되는 사항이라고 항의하며 교회 집기들을 내던지고 문을 닫았다. 이에 격분한 프로테스탄트들은 황제에게 항의하며 황제를 밖으로 퇴장시켰다.

1618년에는 독일과 체코의 귀족들이 프라하 황제궁에 모였

다. 체코의 귀족들이 흥분한 나머지 심한 욕설을 주고 받은 세 명의 독일 귀족들을 왕궁의 창문에서 던지는 사태가 발생했다. 이 사건은 보헤미아의 소요 사태로 비화되었고, 30년 전쟁의 시초가 되었다.

**레히펠트 전투** 1632년 4월 틸리가 이끄는 황제군은 구스타프 아돌프의 프로테스탄트 군대와 남부 독일의 레히펠트에서 대결했다. 이 전투에서 틸리는 중상을 입고 사망했다.

## 전쟁 초기의 상황

**합스부르크 제국 내 국지전** | 프리드리히 5세를 왕으로 옹립한 프로테스탄트들은 1620년 11월 황제가 이끄는 가톨릭 연맹군에 대항하여 빌라호라 전투에서 숙명의 결전을 벌였으나 가톨릭 연맹군의 압도적인 승리로 끝나고 말았다. 이로써 프로테스탄트 측은 치명적인 타격을 받았다. 신교주의의 대표적인 인물이었던 프리드리히 5세는 네덜란드로 피신해야 했으며, 그가 차지하고 있던 선제후 지위와 오버팔츠 지역은 바이에른에 이양되었다.

이렇게 30년 전쟁의 서막은 구교 측의 압도적인 승리로 끝났고, 외국 세력의 개입이 없었다면 독일은 가톨릭의 땅으로 완전히 되돌아갔을 것이다. 그리고 황제에 의한 중앙집권도 이루어져 다음 단계인 절대왕정에 합류했을지도 모른다. 그러나 독일의 프로테스탄트가 완전히 패배하자 이번에는 여러 나라가 움직이기 시작했다. 이렇게 해서 독일의 내전으로 시작된 30년 전쟁은 영국, 덴마크, 스웨덴, 스페인, 프랑스 등이 개입하면서 국제전으로 확대되었다.

**국지전에서 국제전으로** | 그 후 프로테스탄트 진영에서 덴마크가 전쟁에 가세했으나 황제군의 용병대장 발렌슈타인과 틸리에게 패배하면서 독일의 내전에 다시는 개입하지 않겠다는 맹세와 함께 전쟁에서 손을 뗐다.

이렇게 덴마크와 화약을 맺자 황제의 체면이 살아났다. 이 기회를 놓치지 않기 위해 황제 페르디난트 2세는 다른 제후들과는 아무런 상의도 없이 복구령을 발표했다. 이 복구령은 "구교파의 제후들은 각자의 영내에서 신교도를 추방해도 좋다. 또 신교도의 손에 들어가 있던 교회령은 구교 측에 반환되어야 한다."라는 내용으로 아우크스부르크 화약 이전의 상태로 환원함을 의미한다.

그러나 페르디난트 2세의 복구령에는 단순히 가톨릭에 의한 제국의 재건이 아니라 황제를 정점으로 통일 국가를 이루려는 의도가 내포되어 있었다. 때문에 구교파 제후들까지 황제의 계획에 제동을 걸기 시작했다. 만약 이때 페르디난트 2세의 뜻대로 통일이 이루어졌다면 독일은 오랜 분열 시대를 종식시키고 절대왕정에 합류할 수 있었을 것이다. 그러나 독일은 반란을 진압하고 가까스로 이룰 뻔했던 통일을 이번에도 잡지 못했다.


## 전쟁의 확대

**스웨덴의 참전** | 스웨덴의 참전으로 이제 전쟁은 3막으로 넘어가게 된다. 1630년, 궁지에 몰린 프로테스탄트를 구하기 위해 스웨덴의 구스타브 2세가 출전했다. 같은 해 브라이텐펠트 전투에서 틸리의 군대를 격파하고 바이에른까지 진출한 구스타브 2세는 1632년에 바이에른의 수도인 뮌헨을 점령하기에 이르렀다.

그러나 1632년에 구스타브 2세가 뤼첸 전투에서 사망하면서 프로테스탄트 군은 기울기 시작했다. 구교파 또한 지도자 발렌슈타인이 황제 자리를 찬탈하고자 하는 의혹을 받고 황제에 의해 처형당하면서 기세가 약해졌다. 그러나 스페인 군의 지원으로 스웨덴 군을 노르들링겐 전투에서 크게 무찔렀다. 프로테스탄트의 이탈이 서서히 시작되자 프로테스탄트 측의 작센 선제후는 어쩔 수

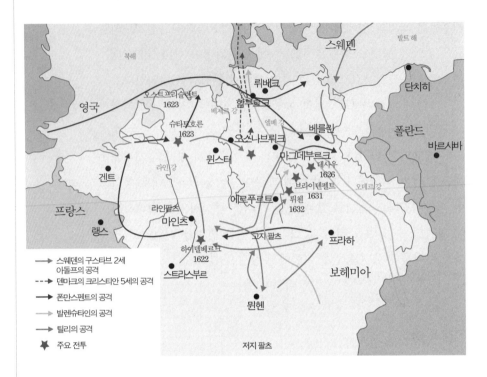

**30년 전쟁** 독일에서 일어난 전쟁이지만 유럽 전체가 참가한 대 유럽 전쟁의 성격이 상하다.

없이 황제 측의 요구대로 1635년 프라하 휴전조약에 서명했다. 스페인의 지원으로 스웨덴을 격파한 황제는 국내의 제후와 도시들에 대한 지배 형식을 옛날로 환원시켰다. 따라서 이 프라하 조약에 대해 신·구 양파 모두가 반발했다.

**프랑스의 개입** | 프라하 조약에서 스웨덴의 철수가 확정되었으나 전쟁은 끝나지 않았다. 조약 직후인 1635년, 비밀리에 신교파를 지원했던 프랑스가 전면에 나서서 독일에 출병했다. 프랑스는 스페인에 선전 포고하고 스웨덴과 연합전선을 폈다.

구교의 종주국이라고 할 수 있는 프랑스가 독일의 신교도를 돕기 위해 참전한 데는 다른 목적이 있었다. 스페인과 오스트리아를 지배하고 있던 합스부르크 가에 포위된 지정학적 불리함을 극복하기 위해 가톨릭 국가임에도 프로테스탄트를 지원한 것이다.

전쟁은 일진일퇴를 반복하다가 1637년 독일 페르디난트 2세가 가톨릭의 복귀와 독일 통일의 꿈을 접은 채 사망한다. 제위를 계승한 페르디난트 3세는 전세가 불리한 상황에다 오랜 전쟁으로 지친 국내 제후들의 평화 요구를 수용해 1641년 종전을 제의했다. 이로써 지루하게 이어진 30년 전쟁은 끝이 났다.

## 종전의 결과

### 베스트팔렌 평화조약과 주요 내용

1641년부터 열린 강화회의는 독일 베스트팔렌의 두 도시, 뮌스터와 오스나브뤼크에서 독일 황제가 프랑스와 스웨덴을 상대로 각각 협상을 하면서 시작됐다.

문제의 회의가 개막된 것은 1644년 봄이었다. 독일 측에서 황제를 비롯한 66개의 영방 대표가 참가했고, 프랑스 · 스웨덴 · 스페인 · 네덜란드와 전쟁에 직접 참여하지 않았던 나라의 대표 수백 명이 모여 협상을 거듭했다. 각국의 이해관계가 워낙 다양해 회의는 난항의 연속이었고, 시간이 흐르면서 음주와 무도회에 주력하였다.

그 이면에서는 크고 작은 전투가 계속되었다. 물론 전투 상황에 따라 회의의 양상도 바뀌긴 했으나, 무질서하고 흥청망청한 분위기는 바뀌지 않았다. 1648년 봄, 30년 전쟁의 진원지 프라하가

**베스트팔렌 평화조약**
1648년 5월 뮌스터 시청에서 베스트팔렌 평화조약을 매듭짓기 위해 선서하고 있다.

스웨덴에게 점령되었고, 프랑스 군은 독일 황제군과 스페인 군과의 전투에서 승리했다. 이런 전세의 변화로 인해 회의의 속도가 빨라져 그해 11월에 6년간 끌어오던 화의가 오스나브뤼크에서 조인되었다. 이것이 베스트팔렌 조약이다.

베스트팔렌 조약으로 프랑스는 알자스 대부분과 메츠 · 베르덩을, 스웨덴은 서포메른 등을, 브란덴부르크는 동포메른을 얻고 바이에른과 작센도 약간의 영토를 획득했다. 한편 스위스와 네덜란드는 독립을 승인받았으며, 1555년 아우크스부르크 종교회의가 정식으로 승인되고 독일의 모든 제후들에게 영토에 대한 완전한 주권과 외교권, 조약 체결권이 인정되었다. 베스트팔렌 조약은 독일 황제에게 커다란 타격이었다. 황제의 권한은 약화되었고, 이런 조치들은 독일 연방 제후들에게는 승리의 사령장이 되었다.

## 30년 전쟁의 영향

**전후 인구의 변동 양상** | 30년 전쟁은 독일 역사상 가장 큰 상흔을 남긴 사건이었다. 전쟁이 종식되었을 때 독일의 인구는 2천만 명에서 1천 200만 명 정도로 줄어 있었으며, 빈곤층이 증가하고 민심이 흉악해져 도적들이 급증했다. 인적이 드문 지역에 사는 사람들은 산적이나 짐승의 습격에서 벗어나기 위해 인구가 많은 마을이나 도시로 이주하여 빈민층이 되었고, 산간 지역에 있는 농토는 황폐해졌다.

그러나 그 후 1세기 동안 출생률 증가, 유아 사망률 감소, 외부로부터의 인구 유입 등으로 인구가 꾸준히 증가해 다시 전쟁 이전의 상태가 되었고, 유럽에서 프랑스에 이어 두 번째로 인구가 많은 나라가 되었다.

한편 아메리카에서 유입된 감자, 옥수수, 땅콩을 재배에 성공하면서 유럽은 기근에서 해방되었다. 특히 감자는 독일의 토양에서 잘 성장하여 중부와 남부의 산간 지방에서는 대량 생산이 가능하게 되었다. 그 결과 감자는 독일인의 주식으로 자리 잡았다. 영양분이 충분한 감자를 독일인들이 쉽게 재배하고 구할 수 있게 된 결과 전염병에 대한 저항력이 강화되었고, 사망률도 현저히 감소했다.

**사회 · 문화적 변화** | 30년 전쟁의 피해를 극복하려는 노력이 독일 전역에서 경제, 문화 등 여러 분야에 걸쳐 일어났다. 독일 전통에 뿌리를 두고 새로운 사상을 첨가시킨 문화 운동은 외국 문화의 유입 앞에 독일 문화가 새롭게 탄생하는 계기가 되었다. 이러한 문

화 운동을 '중기 바로크 문화' 라 한다.

한편 전쟁 이후 황제보다는 국가의 중요성에 대한 인식이 커졌다. 그 결과 정치적 사건에 대한 여러 인쇄물들이 출판되어 독일 식자 계층의 정치에 관한 관심을 촉발했고, 제국에 대한 논의가 공론화되기 시작했다. 제국의 명성을 되찾기 위해서 황제와 제국의회*, 제국수상, 제국의 법원과 각 지방의 행정 조직들이 자기 역할을 충실히 이행하려는 의식이 고취되었다.

* 제국의회 : 선제후, 제후, 도시의 대표로 구성된 기관.

## 30년 전쟁 이후의 독일

**정치적 상황** | 베스트팔렌 평화조약은 17세기 유럽 국가들에게 정치와 신앙의 위기를 가져다 주었으며, 이로써 로마의 가톨릭 교회와 독일 제국의 지배적 역할이 끝나게 되었다. 제국의 새로운 국가 이념이 정치와 외교 분야를 지배하는 동안 로마 제국의 전통적인 이념은 희미한 존재로 남아 있었다. 베스트팔렌 평화 체제는 제국의 헌법에 새롭고, 결정적인 동기를 부여하지 못했다. 또한 공통적인 정치, 행정 조직을 만들어내지도 못했다.

베스트팔렌 체제는 제국의 귀족과 성직자들이 제국에게 의존하지 않고 자기 영역의 통치권을 스스로 확보하는 것을 허용했다. 그 결과 여러 국가들이 황제나 제국에 반대하여 동맹을 결성하거나 법을 제정할 수 있었다. 이에 반해서 황제는 영방 국가의 결정 사항에 제국의회 협력을 구하고 있었다. 헌법 제정과 외교 정책에 중 전쟁과 평화 체제 수립에 관한 문제, 조세 정책과 국방 문제에 관련된 것은 제국의회의 협력이 필요하게 됐다. 제국의회는 여러 가지 문제를 해결해야 했지만 황제의 권한이 약화되어 별 효력을 갖지 못했다.

제국의회에서 해결해야 할 주요 사항은 황제 선출과 지방법 제정(군 단위), 제국 조세 제도, 제국 재판 제도 등이었다. 제국의회가 여러 번 개최되었지만, 이 문제들을 해결하지 못했다. 세력이 약해진 제국의 귀족들은 최고재판권 장악에 실패했다. 1590년부터 미해결 상태에 놓인 황제의 재판권은 확실한 해결책을 찾지 못한 가운데 독일 제국의 대법원과 함께 동등한 위치에 있는 것으로 인정됐다.

베스트팔렌 조약은 아우크스부르크 종교회의가 독일에서 가톨릭과 루터교에만 종교 자유를 허용했던 것을 칼뱅 교회까지 확대했다. 여기에 종파 결정 문제뿐만 아니라 종교재단의 소유권으로 교회와 수도원, 교단의 재산권 문제도 확립했다. 프로테스탄트 교회에 대해서는 1555년부터 획득한 교회 재산은 모두 합법적인 것으로 인정했다. 동시에 농촌에 사는 농노나 예속인들은 영주와 종교가 다를 경우 사적으로나 또는 공적으로 종교적 행사에 참가할 수 있는 자격을 획득했다. 영주들은 영지에 사는 농민들이 종교가 다르다는 이유로 추방하거나 불이익을 주지 못하게 됐다. 그리고 제국의회에서 종교와 관련된 행사를 하게 될 경우 가톨릭 교회와 기독교가

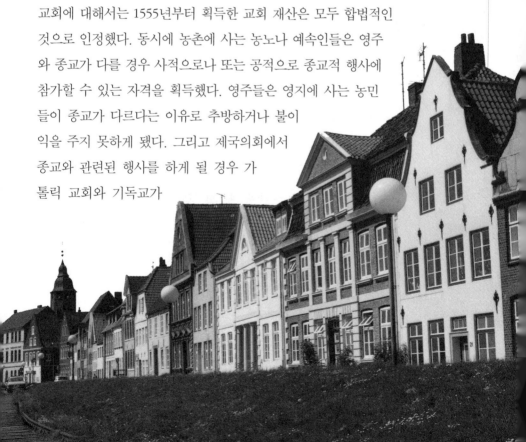

엘베 강 하류 글릭슈타트에 있는 근대 초기의 건축 북해 연안에 있는 도시의 건물로 근대 후반까지 덴마크가 지배했던 곳이다.

동시에 참가하도록 허용했다. 그러나 두 종파가 합의한 문제에 대해서는 제국의회도 존중하기로 했다. 또한 제국의 도시도 제국의회와 똑같이 동등한 권리를 가지게 되었다.

베스트팔렌 조약 이후 새로 제정된 기본법은 종교 정책, 국내 정책, 외교 정책에서 제국과 황제에 대항한 의무 조항을 규정하지 않은 채 귀족들의 자유만 보장하고 있다는 점에서 문제가 있었다. 1654년에 개최된 제국의회에서 제국법과 재판절차법에 대해 공포했지만, 미해결된 제안들은 해결하지 못했다.

국제적인 측면에서 독일의 주변국들은 독일이 하나의 국가로 통일되는 것을 원하지 않고, 다수의 군소 영방들로 분산시켜 독일 내에 있는 국가와 외교 관계를 통해 영향력을 확보하려 했다. 서북쪽의 국경선에 접하는 네덜란드, 프랑스, 영국은 독일 문제에 깊이 관여하여 독일이 성장하고 발전하는 것을 저지하려 했다.

반면 북쪽에 있는 스웨덴은 유럽 대륙에서 고립되는 것을 두려워하여 유럽 본토와 연결장치를 만들려고 했다. 이러한 이유에서 30년 전쟁에 적극 참여하여 독일의 북부 해안에 진출했다.

남동쪽에서는 이슬람 국가인 터키가 크리스트교 문화와 적대적인 관계로 헝가리를 위협했다. 주변 강대국들이 독일 문제에 깊이 관여하고 있었기 때문에 영방 국가 간의 분열은 더욱 조장될 수밖에 없었고, 통일은 요원했다.

제국의 힘이 약화되자 제국의 자유 도시들과 소규모의 영방 군주들은 외부의 침입에 노출되었다. 이에 국가 안보와 제국 내의 질서를 위해서 과거의 강한 제국에 대한 향수를 느끼기 시작했다. 규모가 큰 영방 국가는 제국에 상관없이 자립적으로 국가를 통치하고 외국과 교섭할 수 있는 외교적 자주권을 소유했다. 독일 영토 내에서 힘이 있는 국가들은 국내 정치가 안정되면 될수록 제국 내에 국내 문제와 국제 문제에 관여하여 그들의 영향력을 발휘하고 입지를 강화했다.

오스트리아는 독일이 유럽의 강대국과 힘의 외교를 하는데 있어 중요한 역할을 했지만, 30년 전쟁 후 외교적 위상이 많이 약해졌다. 베스트팔렌 조약은 합스부르크 가가 가지고 있는 제국에서의 우월성을 인정하지 않았고, 오스트리아 출신 황제가 독일 영토에서 절대적인 지위를 확보하는 것을 허용하지 않았다. 오스트리아는 스페인 왕가와 밀접한 유대 관계를 계속 유지하는 것을 포기해야 했고, 알자스 로렌 지방의 영토를 포기해야 했다.

오스트리아와 보헤미아에서 가톨릭 교회가 부활하면서 국가의 사상과 정신세계를 하나로 통일시키는 데 커다란 역할을 했다. 제국 내에서 큰 영토를 소유한 작센은 라우지즈 지역을 획득했지만 종교개혁의 명예를 누리지 못했다. 요한 게오르그 1세와 그의 아들 요한 게오르그 2세도 잃어버린 전통을 회복하기 위해 노력하지는 않았다.

브란덴부르크의 프리드리히 빌헬름은 베스트팔렌 조약 체결을 위한 협상에서 최대한 영향력을 행사하여 권력을 강화했다. 그는 서쪽으로 팔츠-노이부르크에서 새로 획득한 율리히-클레베 영토 일부의 반환을 요구하리라고 믿었다. 또한 동부에서는 프로이센이 폴란드의 세습 봉토권에 의존하는 것을 중단하기를 희망했다. 프리드리히 빌헬름은 바이에른의 막시밀리안 1세처럼 제국 내에서 그의 역량을 발휘하려고 했다.

비텔스바흐 왕조는 오버팔츠의 획득과 함께 남부 독일의 영방 국가에서 오스트리아처럼 강력한 국가로 탄생했다.

라인란트 팔츠에서는 추방되었던 제후 카를 루트비히가 귀국하여 전쟁 동안 황폐해진 토지를 재정비하여 큰 공적을 이룩했다.

1648년 이후 독일은 주변 강대국의 격전장이 되었다. 주변 국가들은 독일 내의 여러 가지 사건에 개입하여 독일이 평화조약의 의무를 성실히 수행하도록 했다. 스웨덴은 독일에 교두보를 구축했고, 프랑스는 제국의회에 깊이 간섭했다.

열국의 간섭에도 독일은 다시 태어나기 위해서 희망을 버리지 않았다. 새로운 법 질서를 확립하여 국민의 의무사항을 새로 규정했다. 제국 내의 영방 국가들은 국가를 부강하게 하기 위해 서로 경쟁심을 불러일으켰으며, 문화와 사상에서 새로운 기운이 일어났다. 독일 제국 내에 여러 가지 불리한 점과 장애요소들이 있었지만 독일의 힘은 서서히 성장하고 있었다.

30년 전쟁 동안 이어진 대량학살은 국토의 파괴를 가져왔고, 독일 역사에 존재하는 여러 가지 숙제들을 해결하지 못했다. 페르디난트 2세의 군대가 1627년 북부 독일의 해안까지 진출하자 독일을 거의 장악한 것 같았다. 그러니 제국의 제후들이 모두 독립하여 전쟁에서 승리했음에도 실속이 없었다. 페르디난트 2세는 종교적 통일을 이룩하고 보편적 통일 왕조를 건국하는 것이 희망이었지만, 이 계획은 실현되지 못하고 서유럽과 북유럽에서 민족주의적 군주 국가들이 성장하여 종교적 통일을 저해했다.

유럽에서 군주 국가의 성장은 과거 가톨릭 중심의 유럽 질서를 벗어나 새로운 힘의 균형 관계를 형성했다. 군주들은 종교적 통일이 아닌 국가 간의 세력 균형 유지가 평화를 가져온다고 믿었다. 베스트팔렌 평화조약은 종교에 의하지 않고 현존하는 국가 간에 세력 균형을 통해 국제 질서를 유지하는 기틀을 마련하여 개별 국가의 주권을 최대한 존중했다.

**농촌 사회의 변화** | 앞에서 언급한 바와 같이, 30년 전쟁 동안 토지가 황폐화되어 독일 전역에서 식량 부족 현상을 겪게 되었다. 제후들은 전쟁 때 황폐화된 농가를 다시 복원하고 새로운 경작지를 개간했다. 그러나 황폐해진 토지를 다시 옥토로 전환하는 데는 어려움이 많았다. 많은 마차가 전쟁에 동원되어 대부분 부서졌고, 농기구도 충분하지가 않았으며, 많은 가축이 도살되어 농촌에서 동력을 구하기도 쉽지 않았다. 그럼에도 제후들이 노력한 결과, 토지가 새로 복원되어 경작이 가능하게 되었다. 또한 마을에는 다시 인구가 증가함에 따라 노동력이 충분히 확보되어 인적이 드문 곳에 버려진 토지들도 다시 농토로 활용하게 되었다.

하지만 대부분의 지방에서는 농민들의 법적 지위가 과거에 머물러 있었다. 농민들이 농토를 복구하거나 경작하면서 많은 비용을 부담한 결과 부채의 부담을 안게 되어 경제적으로 대지주에게 의존하게 되었다. 농민 대부분의 생활은 전쟁 전과 별다른 차이점이 없었다.

귀족들은 농민의 생활에 귀를 기울이지 않았다. 전쟁 후 남부 독일에서 농산물 가격이 하락하여 농민들은 경작에 대한 의욕을 상실하였고, 농촌 사회에 존재하는 모순점을 극복하려는 노력도 별로 없었다. 황제 또한 귀족의 입장에서 귀족에게 유리한 법령을 만들고 농민들의 요구사항을 전혀 고려하지 않았다.

그러나 북부 지방의 농민들은 남부 독일보다 많은 자유를 누릴 수 있었다. 그중에서도 니더작센은 인신의 자유가 어느 지방보다도 많이 보장되었다. 브라운슈바이크 공국은 귀족들이 전쟁 동

**근대 초기 북부 독일의 농가 모습** 독일 북부는 비가 많은 지역이어서 지붕의 경사가 심한 편이다.

안 비합법적으로 소유한 토지를 환수받아 빼앗긴 농민들에게 되돌려 주었다. 북부 독일의 농민들은 사회적 위치를 더욱 더 확고히 하기 위해 법적인 제도를 강화했다. 니더작센은 농민들의 사회적 지위를 재확인했고, 법적으로 제도화했다. 브란덴부르크, 포메른, 프로이센, 메클렌부르크, 홀슈타인의 제후들은 남서부 지역의 제후보다 세력이 약한 편이었다. 귀족들은 농민의 희생을 대가로 토지 소유를 확대했다.

전쟁이 끝날 무렵 농산물 가격이 갑자기 하락하여 농산물 시장이 위축되었고, 농촌의 생활도 어렵게 되었다. 도시와 농촌에는 빈곤층이 점점 더 많아졌다. 농산물 가격이 떨어진 것은 농산물 생산량이 늘어났지만 외국으로 수출할 수 있는 판로가 막혔기 때문이다. 이에 국내 시장에서의 가격이 급락했다. 융커들은 농업 생산 증대를 위해 농촌의 노동력을 무자비하게 이용했으며, 농민들의 생활은 점점 어려워졌고 귀족들에 대한 불만은 쌓여만 갔다.

**도시와 상업의 변화** | 전쟁을 겪고 난 후 도시의 생활도 어렵기는 마찬가지였으나 농촌만큼 심각하지는 않았다. 그러나 도시 생활 전체의 수준이 저하되어 자본의 축적은 이루어지지 않았다.

다른 유럽 국가 중에서 프랑스, 네덜란드, 영국은 근대 국가 경제 체제로 접어들어 서유럽의 시장을 개척하고 있었지만, 독일은 확실한 시장을 확보하지 못했다. 스웨덴과 러시아가 국제무역에 적극 진출함으로써 북해와 동해에서 독일 시장을 위협했기 때문이다. 그러나 영국과 네덜란드는 워낙 강한 무역 국가였기 때문에 러시아와 스웨덴의 진출에도 별 어려움을 겪지 않고 북해 무역의 강자로 군림할 수 있었다.

1700년대 북해 해상무역에서 독일이 서서히 성장하여 확고한 위치를 다지기 시작했다. 그 후로부터 약 150년 동안 해상무역과 식민지 확보가 치열하게 전개되어 유럽에서는 근대화가 빠른 속도로 진행되었다. 그러나 독일은 다른 유럽 국가들처럼 많은 식민지를 확보하지 못했다. 프랑스와 영국이 중동 무역을 장악하고 있어 독일이나 오스트리아는 이 지역 진출을 위한 교두보를 마련하기 힘들었다. 또한 식민지를 확보하려면 충분한 자본 축적을 바탕으로 투자와 산업 생산물의 경쟁력을 확보해야 하지만, 독일은 해외 무역보다는 내수경제 발전에 비중을 두고 있었다.

독일은 18세기 산업혁명이 활발하게 진행되지 않아 산업생산품에 대해서는 국제적 경쟁력을 확보하지 못했다. 반면 농업 생산물이 다른 나라에 비해 우위를 점하고 있었으므로 도시가 빠른 속도로 발전하지 않았다. 그러나 도시의 생산 시설들은 서서히 발전하기 시작했다. 남부 독일의 도시는 완제품을 이탈리아의 베네치아와 프랑스 리옹까지 수출하는 경우도 있었다. 그리고 오스트리아에서 추방된 신교도들이 남부 독일로 이주하면서 많은 자본을 가져오자 도시의 상업이 활기를 띠기도 했다.

**교회와 황제의 권위 약화** | 30년 전쟁 후 서부 독일과 북부 독일에서 일어난 민족주의적 군주 국가의 발흥은 크리스트교의 보편주의와 종교적 열기를 많이 약화시켰다.

베스트팔렌 평화 체제는 황제를 유럽의 여러 통치자 중 하나로 취급함으로써 그에 대한 대우와 권위를 약화시켰다. 뿐만 아니라 교황권의 쇠퇴를 가져와 교황은 유럽의 정치질서에서 중요한 역할을 못하게 되었고, 그의 의견 또한 중세처럼 절대적이지 않았다. 황제와 교황의 권위가 약화된 그 자리에 국가 단위의 그룹은 힘에 의한 유럽 질서를 형성하는 데 있어 새로운 권력으로 부상하게 되었다.

개별 국가의 통치자들은 종교가 아닌 국가 간 세력 균형이 유럽의 질서 안정에 기여한다고 보았다. 국제 관계에서 종교의 역할과 위력은 약해졌고, 국내 통합 문제에서만 영향력을 가지고 있었다. 이 과정에서 종교는 보편적인 성격을 많이 상실했고, 프로테스탄트가 확대되면서 그 자리에 개인의 특성을 인정하는 개성이 서서히 자리했다.

황제는 특권을 소유하여 고유의 권한과 활동 영역을 강화했다. 또한 모든 영주를 장악하는 최고의 영주권자였고, 세습이 가능한 관직 임명권과 귀족의 작위를 임명할 수 있는 권한, 이 밖에

슈바르츠발트 흑림성에 있는 성 베드로 교회 내부 전경 중세와 근대 초기 이 지역 귀족들이 주로 이용했다.

도 여러 가지 우선권을 가지고 있었다.

그러나 1648년 이후 황제는 과거의 명성과는 달리 작은 제후 국의 보호자로 세력이 극도로 약화되었다. 그러나 가톨릭 신분제 에 의존하는 주교 출신의 제후들과 수도원장은 황제를 전통적인 로마 가톨릭 교회의 보호자로 여기고 있었다.

황제는 베스트팔렌 평화조약 이후에도 정신 세계에 영향을 미쳐 주교 선출 문제에 관여했다. 그리고 제국의 도시와 작은 제후들은 이웃의 침략으로부터 안전을 확보하기 위해 황제의 도움을 필요로 하고 있었다.

그러나 국가 규모가 큰 바이에른, 작센, 브란덴부르크도 독일 내에서 다른 영토를 확보하거나 유럽의 중요한 문제에 관여할 때에는 황제의 도움이나 보호가 필요했다. 황제가 큰 국가의 통치자로서 관직을 차지하면서 법적인 특권을 상실하더라도 막강한 권력을 소유하게 된 것이다.

오스트리아는 독일에 있는 영토를 효과적으로 통제하고 관리하는 것이 주요 관심사였다. 베를린의 동남쪽에 위치한 슐레지엔의 확보는 오스트리아 황제가 멀리 떨어진 오데르 강 계곡까지 관리한다는 자부심을 가질 수 있게 했다. 베스트팔렌 체제는 오스트리아에게 알자스 지역을 포기할 것을 강요했다. 그러나 오스트리아는 슈바르츠발트 남부에서부터 티롤까지 연결되는 독일 남부 지방의 소유권을 확보하게 되었다.

독일 헌법은 황제에게 권한을 부여하지 않았지만, 오스트리아는 황제에게 권력을 부여했다. 독일 황제는 군주적 상징성을 가지고 있었으나, 독일 문제에 관해서는 언제나 조심스럽게 관심을 표명한 가운데 영향력을 확보하려고 노력했다.

# 강자로 등장한 프로이센

## 프로이센의 성장

북쪽 지역의 선제후국이었던 프로이센은 1700년대 이후 독일에서 강대국으로 부상한다. 새로이 부상한 브란덴부르크-프로이센은 호엔촐레른 가의 강력한 통치 의지와 조직에 힘입어 북유럽에서 스웨덴과 폴란드가 약해진 자리를 메우게 되었다.

프로이센의 통치 영역은 브란덴부르크, 라인 강 하류의 클레브, 마르크, 라벤스부르크, 동프로이센 등으로 영토가 모여 있지 않고 여러 곳에 산재해 있어 통치하는 데 어려움이 있었다. 그러나 프리드리히 1세는 영토의 분산에서 오는 불리한 점을 극복하고 하나의 강력한 통치 기반을 마련했다. 유럽의 중심부에 위치한 프로이센은 지정학적으로 주변 강대국에 노출되어 있는 국경선을 보호할 수 있는 제도적인 방법을 찾았다.

프로이센은 철저히 국가를 조직화하고 강한 군대를 양성하여 멀리 떨어져 있는 국경선에 어떠한 나라가 침입해 오더라도 신속하게 대처할 수 있는 강력한 방어망을 구축했다.

18세기 프로이센은 전통적인 유럽의 강대국에 비해 국력이 뒤지는 편이었다. 경제적인 면에서 다른 국가들처럼 식민지를 개척하지 않고, 대서양 중심의 상업에도 주도적이지 못해 부를 축적할 수 없었다. 또한 부존자원이 풍부하지도 않았고, 인구도 적어 국내 내수 시장이 활성화되지 못했다. 프로이센은 여러 가지 불리한 조건을 안고 있어 치열한 경쟁에서 국가를 보호하기 위해서는 철저하게 관료적으로 운영할 수밖에 없었다.

이러한 상황 때문에 프로이센 국민들은 원리 원칙과 성실함을 가지게 되었으나, 반면에 실제 생활에서는 즐거움이나 여유로움을 찾지 못한 채 경직되는 결과를 초래했다. 이러한 생활 습관은 프로이센이 독일 내에서 강자로 등장하는 데 유리하게 작용했으며, 프로이센 주도로 독일을 통일했을 때 독일 국민성으로 자리잡았다.

## 프로이센-오스트리아 전쟁

합스부르크 출신의 신성 로마 제국 황제 카를 6세가 대를 이을 아들 없이 1740년 8월에 죽고, 왕위를 그의 딸 마리아 테레지아가 물려받았다. 이에 프로이센의 프리드리히 2세는 왕으로 즉위한 직후 오스트리아 보호령인 슐레지엔을 공격했다. 이 전쟁은 1742년까지 지속되었다.

당시 유럽의 강대국이었던 프랑스, 스페인, 작센과 바이에른은 합스부르크 왕국의 영토 분할에 깊은 관심을 가지고 있었다. 그러나 선제후국인 프로이센이 유럽의 강대국으로 등장하기 위해서는 독일 내에서 강력한 힘을 확보해야 했다. 그 첫 번째 시도로 프로이센은 잘 훈련된 군대를 바탕으로 오스트리아 영토인 슐레지엔을 기습 공격하여 대부분을 차지했다. 당시 국제적인 상황도 프리드리히 왕에게 유리하게 작용했다. 스페인, 프랑스, 작센, 바이에른이 오스트리아 세력이 확대되는 것을 저지하기 위한 수단으로 프로이센을 지지한 것이다.

그 후 오스트리아의 반격을 미리 차단하기 위해 프로이센이 다시 슐레지엔을 선제 공격하면서 두 번째 전쟁이 시작되었다. 오

**1618년 프로이센의 영
토** 이때는 독일 연방
에서 강자로 등극하지
못했다.

스트리아는 영국, 작센과 함께 연합군을 구성하여 일전을 벌였지
만, 전쟁은 어느 쪽에도 승리를 안겨 주지 않았다. 이 전쟁의 결과
오스트리아는 슐레지엔의 대부분을 포기했고, 그 대신 마리아 테
레지아는 합스부르크 가의 상속자로, 그녀의 남편 로트링겐-토스
카나의 프란츠 슈테판 공은 제국의 황제로 인정받았다.

이 전쟁의 결과, 독일 내부는 물론 중부 유럽에서도 큰 변화가
일어났다. 중부 유럽에서 주도적인 역할을 해왔던 가톨릭에 기반
을 둔 오스트리아 외에 북쪽에서 프로테스탄트에 기반을 둔 강력
한 반황제 국가가 등장한 것이다. 이로써 독일의 신교 지역은 강력
한 프로테스탄트 국가를 가졌기 때문에 30년 전쟁 때처럼 외국의
보호를 받을 필요없이 자체적으로 문제를 해결할 수가 있었다.

프로이센이 슐레지엔을 확보함으로써 제국에서 오스트리아
의 영향력을 약화시키는 데 크게 기여하게 되었다. 오스트리아는
슐레지엔을 상실함으로써 국가 세수입의 18퍼센트를 잃었고, 북

동쪽으로 진출하는 데 중요한 요충지를 상실했다. 그 후 슐레지엔에서 패권을 확보하기 위한 전쟁이 일어났는데, 바로 그것이 7년 전쟁(1756~1763)이다.

## 7년 전쟁

오스트리아와 경쟁하는 프로이센은 전쟁의 원리를 앞세워 군대 전투력과 장교 교육을 강화하여 다가올 국가적 위험에 항상 대비하고 있었다. 또한 오스트리아의 마리아 테레지아는 새로운 강자로 등장한 프로이센과 해외에서 프랑스 세력을 견제하기 위해 사령관 다운에게 군 조직을 새로 구성하는 것과 빈에 사관학교를 건립하여 장교 교육을 체계화하는 일에 전권을 부여했다. 프리드리히 2세는 오스트리아가 프로이센을 견제하기 위해 주변 강대국과 동맹 관계를 강화하자 폴란드와 스웨덴, 작센과 관계를 새로 정리하여 주변국과 협조 체제를 구축했다. 프리드리히는 영토를 확장하거나 헤게모니를 장악하는 정책에 집중하지 않고, 다가올 위협에 대비하기 위해 영토의 안전 보장에 더 많은 관심을 가지고 이를 보호하는 일에 치중했다.

그러나 마리아 테레지아 여제는 영토 확대에 대한 관심보다는 변화하는 국제관계에서 오스트리아가 영향력을 행사하는 데 관심을 갖고 있었다. 이를 위해 그녀는 프로이센을 유럽의 정치 세계에서 고립시키기 위해 프랑스와 회해하여 공동전선을 폈다.

30년 전쟁에서 유럽의 강대국들은 오스트리아의 힘이 강해지는 것을 저지하기 위한 수단으로 프로이센을 지원했지만, 이번 전쟁에서는 힘이 강해진 프로이센이 유럽의 평화 체제를 위협하는 것을 경계하여 오스트리아, 프랑스, 러시아가 반프로이센 연합전선을 펼쳤다. 테레지아 여왕은 아헨의 백작 카우니츠를 통해 프랑스와 러시아가 오스트리아를 도와 프로이센을 고립시키는 데 협력하겠다는 약속을 받아냈다. 1757년 5월 1일 오스트리아와 프랑스는 베르사유에서 군사방어 조약을 체결하여 프로이센을 공동의 적으로 규정하고 프로이센의 팽창을 공동으로 저지하는 데 합의했다.

오스트리아 또한 독일 연방에서 가톨릭을 믿는 국가와 동맹은 물론 루터교를 믿는 남부 독일의 국가들도 동맹으로 끌어들였다. 오스트리아는 해외에서는 프랑스와 러시아, 독일에서는 바이에른, 팔츠, 쾰른 등 가톨릭 국가와 뷔르템베르크와 메클렌부르크-슈베린과 같은 루터교 국가와 동맹 관계를 조성하여 프로이센에 대항했다. 프로이센은 영국과 동맹 관계를 결성했다. 이 밖에도 독일에서 하노버, 헤센-카셀, 브라운슈바이크와 고타를 지원국으로 끌어들였다.

전쟁은 1756년 프로이센이 작센을 공격하면서 시작되었고, 유럽에서 덴마크, 네덜란드, 남유럽 국가와 터키만 제외된 가운데 독일은 지난 30년 전쟁처럼 또 다시 유럽의 각축장이 되었다.

전쟁 초반 오스트리아 동맹군은 프로이센을 동ㆍ서 양면작전으로 제압하여 승기를 잡았다. 그러나 프로이센 군의 용맹성과 끈질긴 투쟁, 영국의 군사적ㆍ재정적 도움으로 전쟁이 장기전에 접어들자 수호의 여신은 프로이센 편에 서게 되었다. 전쟁에 지친 영국과 프랑스가 휴전에 동의하여 1763년 2월 라이프치히 근교에 있는 후베르투스부르크 성에서 평화조약이 체결되었다. 프로이센은 독일을 대표하여 이 조약에 서명함으로써 실질적 승자가 되었

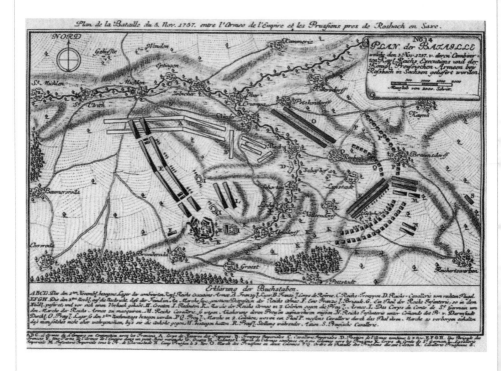

Plan de la Bataille du 5. Nov. 1757. entre l'Armée de l'Empire et les Prussiens pres de Rosbach en Saxe.

**7년 전쟁** 프리드리히 2세가 대승을 거둔 로스바흐 전투에 대한 전술표이다. 프로이센은 이 전쟁에서 승리하여 영방 내에서 강자로 등장하게 된다.

다. 조약에는 영토 변경에 대한 내용이 없었으므로 이전에 프로이센이 획득한 슐레지엔은 계속 프로이센의 영토에 속하게 되었다. 오스트리아 황태자의 제국 황제 선출에 관한 문제는 프로이센 왕의 동의를 받게 되었다.

이로써 프로이센은 강력한 국가로 등장했고, 프로이센의 프리드리히는 모든 조건이 불리한 상황에서 전쟁을 승리로 이끈 공을 인정받아 대왕이라는 칭호를 얻었다. 프로이센이 승리할 수 있었던 것은 대외적인 관점에서 영국의 재정적 지원도 컸지만, 러시아의 엘리자베타 여제가 갑작스럽게 서거하면서 오스트리아 연합전선에 균열이 생기게 된 점도 무시할 수 없다. 또한 프리드리히 대왕이 야전사령관으로서 천부적인 기질과 전략적 재능을 발휘하여 프로이센 군대의 사기를 충전시켜 전투력을 강화시킨 것도 있다.

7년 전쟁에서 독일의 연합국인 영국이 승리함에 따라 프랑스는 해외 식민지, 일부를 영국에게 양도해야만 했다. 영국은 해외 식민지 특히 캐나다와 인도에서 절대적인 우선권을 장악하였다. 또한 7년 전쟁으로 유럽에서 새로운 강자로 등장한 러시아의 군사적, 정치적 실체가 드러났다. 그리고 두 번의 슐레지엔 전쟁을 통해 독일의 국력을 전 유럽에 완전히 증명하는 계기가 되었다.


## 전쟁 후 프로이센의 경제

산업혁명이 일어나기 전의 프로이센은 직조 공업과 수공업이 생산의 대부분을 차지했다. 농업 국가였지만 자유농이 발달하지 않아 왕조지* 경작 비중이 높았으며, 산업화가 진행되지 않아 제철 분야에 종사하는 노동자의 기술력은 미비한 수준이었다.

프리드리히 빌헬름 1세가 군비 확장에 주력한 결과 초기에 비해 군수 산업이 두 배로 강화되었다. 왕은 군 장비의 성능 강화를 위해 베를린과 주변에 왕의 직속 공장을 건립했다. 군수 산업의 약한 기술력을 보완하기 위해 철저한 관리와 상업적 경영방식을 도입했다.

군수 산업의 성장은 제철과 광산업 발달에도 영향을 미쳤다. 1753년에 말라판네와 1755년 크로이츠부르크에 제철소를 건설하여 철강제품을 수출했다. 그러나 철강 공업은 1777년과 1779년 오버슐레지엔에 영국과 네덜란드의 선진 제철방식을 도입한 제철소를 건설하면서 급속한 성장을 기록했다. 두 번의 슐레지엔 전쟁과 7년 전쟁을 치르고도 프로이센이 많은 재원이 들어가는 제철

* 왕조지 : 개인 소유가 아닌 국가 소유의 땅.

공장을 건설했던 것은 전쟁에서 피해가 그다지 크지 않았기 때문이기도 하겠지만, 국력이 강해진 위상에 맞추어 국가 방위력도 강화해야 할 필요가 있었기 때문이다.

전쟁의 최대 수혜자는 생산자와 상인이었다. 프로이센에서는 창고업자들이 군수물자 보급과 음식물 배급으로 많은 수익을 창출했고, 이들 못지않게 곡물상들이 이익을 보았다.

전쟁의 후유증은 국민들의 경제 생활을 어렵게 했다. 전쟁을 치르는 동안 재산 손실이 커졌고, 국가는 전쟁 부담금을 줄이기 위해 세금을 많이 거두면서 국민들에게 커다란 짐이 되었다. 특히 수입품 통관세가 높아지면서 사치품과 기호품 시장이 입은 타격이 대단히 컸는데, 농촌보다는 도시가 더 심했다. 건설시장 마비, 주택 부족 현상, 노동력 창출을 위한 국가의 보조금 지원, 전쟁 기간 동안 대출이 중단되면서 농촌에 소규모 은행이 설립되었다. 이에 따라 귀족들의 생활은 더욱 어렵게 되었고, 그들의 사회적 위치도 낮아졌다. 사회가 변화함에 따라 귀족의 위상에 변화가 생겼으며, 공무원과 퇴직연금자, 사업가, 경제적으로 여유 있었던 유대 인들의 경제적 입지도 점점 어려워졌다.

프로이센의 프리드리히 2세 7년 전쟁을 승리로 장식하여 독일 연방은 물론 유럽에서 강자로 등장하는 데 크게 기여했다.

프리드리히 2세는 금융업 활성화 계획을 세웠으나 전쟁이 끝났을 때 공무원과 경제인들의 협조를 얻지 못해 계획에 차질을 빚었다.

그럼에도 1764년 이탈리아의 모델에 의해 은행

을 설립하여 금융 분야는 물론 보험과 무역 영역에서 경쟁력을 강화했다. 이탈리아 인에 이어 네덜란드의 필립 클레멘트는 왕실의 재정적 지원으로 라반테Lavante 회사를 설립하여 은행업에 진출했다. 그러나 그는 공장주와 기업인들의 불신과 적대심을 사서 회사와 은행 운영에 막대한 차질을 초래했다. 은행은 엄청난 손실을 입고 문을 닫았으며, 회사는 부도처리되었다. 또한 경영주였던 그는 구속되는 불행을 겪게 되었다.

프로이센은 7년 전쟁에서 프랑스와 적대적인 관계에서 전쟁을 치루었으나 프랑스의 선진문물 수용은 불가피했다. 라반테 회사가 망하고 은행까지 파산하자 베를린에서 프랑스 인의 활동이 더욱 활발해졌다. 프로이센은 프랑스의 영향에 의해 우편제도를

**마리아 테레지아** 합스부르크 공국의 여제. 카를 6세의 장녀이며, 토스카나 대공 프란츠 슈테판과 결혼하였다. 합스부르크 가의 모든 영토를 상속받았다.

수용했고, 프랑스의 선진문물이 프로이센에 수용되자 많은 프랑스 인이 베를린에 거주하기 시작했다.

프리드리히 2세는 외국인의 도움으로 국가 체제와 경제를 강하게 구축하는 데는 한계가 있다고 보고 자국 내에서 인력을 양성하기 시작했다. 프로이센은 능력 있는 젊은이를 뽑아 외국의 문물과 제도를 체계적으로 수용했고, 새로운 이념을 수용하여 국가 행정과 경제 제도에 적용시켜 절대주의 체제 국가를 갖추기 시작했다. 국제적으로는 해외의 발달된 문화와 자본을 끊임없이 수용하여 국내의 산업을 활성화시켰다. 국내적으로는 효율적인 국가제도의 정비와 미래를 내다보고 체계적인 인력 양성을 준비했다.

19세기 중반 이후 프로이센이 독일을 통일하고 유럽의 강대국인 프랑스와 영국에 경쟁할 강력한 국가 체제를 갖출 기반을 구축했던 것이다.

# 4
# 혁명의 시기와 독일의 변화

## 혁명의 시기와 독일의 변화

나폴레옹의 침입 결과, 1806년 8월 6일 신성 로마 제국은 그 존재를 감추게 되었다. 제국의 마지막 황제인 프란츠 2세는 스스로 로마의 황제관을 내려놓았으며 단지 오스트리아 황제 타이틀만을 갖게 되었다. 그 결과 더 이상 독일 제국은 존재하지 않았다.

프랑스 대혁명의 결과 18세기 후반 이후 농민들의 속박 상태를 폐지하기 위한 여러 가지 법적 조치들이 취해졌다. 농민들은 봉건적인 속박 관계에서의 부역과 조세로부터 자유로워졌고 개인의 자유를 구속하는 농노제가 폐지되었고, 영주의 재판권이 사라졌다. 농노 해방은 봉건적 제도에서 벗어나고 시민 계급의 성장과 함께 자본주의 체제로 전환하는 데 절대적인 기여를 하게 된다.

비록 나폴레옹은 유럽 통일에 실패했지만, 그와 프랑스 군대는 독일과 유럽 전역에 자유, 평등, 박애라는 프랑스 대혁명의 정신과 함께 조국에 대한 각성과 그로 인한 애국심과 충성의 대상이 기존의 영주나 군주에서 국민 국가로 서서히 인식의 전환이 이루어지는 계기를 제공해 주었다.

독일의 산업혁명은 영국과 프랑스에 비해 늦게 출발했지만 성공적으로 진행되었다. 이로써 독일은 1900년대 초반 유럽 최대의 산업 국가로 등장하게 되었다. 산업혁명을 통해서 자유시장 체제가 갖추어졌고, 국내 시장이 통합되어 산업자본주의 체제로의 발전을 위한 법적, 제도적 기틀이 마련되었다. 1830년대 프로이센의 주도하에 관세동맹을 체결하여 국내에서 관세가 폐지됨으로써 통일의 경제적인 기반을 구축하였다.

1860년대는 독일 전역에서 동업조합의 규제가 폐지되어 영업의 자유가 보장되었다. 독일의 산업혁명은 영국과 프랑스와는 달리 교통 및 통신에서 눈부신 발전을 거두어 현대 산업에 필요한 기술을 축적할 수가 있었다. 중화학 공업의 성장으로 농촌 인구가 도시로 유입되어 1870년대 180만 명에 불과하던 도시의 노동자는 1900년에 570만 명으로 증가하였고, 전체 인구에서 도시 인구가 차지하는 비율도 60퍼센트를 넘게 되었다.

# 프랑스 대혁명 시대의 독일

## 혁명기 독일의 상황

프랑스 대혁명이 일어날 무렵 독일 인구의 80퍼센트 정도가 농촌에서 생활했다. 하지만 농촌은 빠르게 성장하는 인구를 부양할 수 있을 정도까지 발전의 속도가 따라가지 못했고, 이때부터 농민들은 봉건적인 구습에서 벗어나기 위해 농노제와 조합제의 폐지를 주장하기 시작했다.

도시에서의 생산 활동은 대부분 수공업자들의 노동력에 의해서 이루어졌다. 이들은 생산 과정에서 분업 체제를 도입하여 생산량의 증가를 가져왔으며, 생산 도구의 발전으로 가내공장제 생산 방식을 취할 수 있게 되었다. 부분적으로 생산력을 갖춘 부르주아지들이 나타나 자본주의적 생산 방식을 이용하여 도시에서 새로운 생산 체제를 갖추기 시작했다. 반면 도시의 소시민은 장인·상인·상업 부르주아지·수공업 부르주아지·지식인·변호사·은행인·하급 공무원들로 정치적으로 세력이 약했다.

당시 독일의 시민 계급은 유럽의 다른 국가들에 비해 보수적이었으며, 사고방식도 후진성을 면치 못하고 있었다. 독일의 영방 국가 체제는 국가의 권력이 여러 지역으로 분산되어 있어 시민 계급의 힘을 한곳으로 모을 수가 없었다. 이런 상황에서 영주나 교회는 수공업자와 상인의 발전 가능성을 열어 주지 않고 오히려 여러 가지 구속을 통해서

**프랑스 대혁명의 배경**
귀족 계급은 특권만 유지한 채 국민의 요구와 사회 변화를 이해하지 못해 구체제가 붕괴되는 결과를 가져왔다.

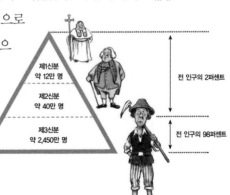

제1신분
약 12만 명

제2신분
약 40만 명

제3신분
약 2,450만 명

전 인구의 2퍼센트

전 인구의 98퍼센트

**프랑스 대혁명** 1792년
9월 20일 프랑스 상
파뉴아르덴 주 마른
현 발미에서 프로이센
군과 프랑스 군 사이
에 프랑스 대혁명의
운명을 결정할 발미
전투가 벌어졌다.

자발적인 발전을 방해했다. 인구의 대부분이 수공업자였던 도시
는 농촌에 기반을 둔 제후들의 봉건적인 사고방식 때문에 상공업
이 더 이상 발전하지 못했고, 활기를 찾지도 못했다.

중세 때 북쪽에서 번창했던 한자 동맹은 동맹 내부 도시들 간
의 주도권 경쟁으로 과거의 명성을 더 이상 찾아볼 수가 없었으
며, 독일의 남부 도시들과 교류도 활발하지 못했다. 이때 아메리
카와 인도 항로가 발견되어 해상무역의 중심이 영국과 이베리아
반도로 이동하여 독일의 무역이 쇠퇴했을 뿐만 아니라, 수공업도
더 이상 발전하지 못했다.

제후들은 다른 나라들이 새로운 시장 개척과 부국강병을 추
구하고 있을 때 봉건적 특권을 유지하는 데만 전념했고, 이는 결

국 상공업의 발전에 방해가 되었다. 결국 세계 시장의 개척에도 도움이 되지 않았다. 지배 계급인 봉건귀족 또한 모든 특권, 즉 토지·관직·성직·군대의 요직을 소유하며 사회 발전을 막았다.

### 변화의 시도

이때 일어난 프랑스 대혁명은 독일의 많은 분야에 영향을 주어 근대가 열리는 계기가 되었다.

특히 자유와 평등사상은 독일에도 파고들어 중·남부 지방의 농촌과 도시에서 봉건주의적 요소 철폐를 주장하는 봉기가 일어났다. 이 운동은 조기에 진압되었으나, 국민들이 간직하고 있는 귀족 중심의 구체제에 대한 반감과 더불어 인신을 구속하는 온갖 족쇄로부터 해방의 갈망은 사라지지 않았다.

프랑스 대혁명은 독일의 귀족이나 시민 계급에게는 충격적인 사건이었고, 민중들에게는 봉건주의적 요소가 청산될 수 있다는 희망을 주었다. 독일의 진보적 지식인들은 새로운 자유의 시대가 도래하고 있다는 것을 예견하고 환영했다.

프랑스 대혁명에 대한 지지는 독일 전역으로 확산되었다. 지역적으로 프랑스와 가까운 라인 강 좌안의 민중들은 다른 지역보다도 더욱 동요했다. 그 예가 1789년 스트라스부르의 농민 봉기와 오르텐-나우의 농민 봉기였다. 귀족의 저지로 실패했지만, 농민들은 계속해서 조직적으로 봉건귀족에게 대항했다.

　　프랑스 대혁명 시기에 국민들의 요구사항을 수용했던 영방 국가는 하나도 없었다. 당시 독일은 통일 국가가 아니었기 때문에 지역에 따라서 혁명에 대한 열망의 차이가 있을 수밖에 없었다. 사태가 위험한 수준까지 이른 국가도 있었으나 국가 권력에 의해 진압되었다. 다른 영방 국가에서는 언론이나 사회 분위기가 혁명적 분위기에 따라 술렁거렸을 뿐 의회 차원에서 진지한 토론이나 대규모 군중 집회 또는 시위는 없었다. 그러나 귀족과 보수주의자들은 19세기 동안 혁명에 대한 불안을 떨쳐버리지 못했다.

## 혁명기 독일 지식인의 움직임

프랑스 대혁명에 대한 독일의 반응은 다양했다. 지배 계층은 프랑스 대혁명의 과격성을 비난하고 그 여파가 독일에 미치는 것을 염

**헤겔** 프랑스 대혁명의 사상이 독일의 구시대를 청산할 수 있다고 환영하였다.

려했지만, 당시 대부분 지식인들은 프랑스 대혁명이 독일 봉건주의적 잔재들을 청산시킬 것이라 생각했다. 많은 지식인들은 프랑스 대혁명을 환영했는데, 그 대표적인 인물로 실러F. Schiller, 빌란트Ch. M. Wieland, 헤르더J. G. Herder, 칸트J. Kant, 셸링F.W.J. Schellin, 헤겔G. W. Hegel 등이 있다. 시민 계급과 진보적 지식인들은 독일에서 계몽주의 이념이 실현되기를 희망했다.

　　프랑스 대혁명이 일어나던 해에 농민들은 처음으로 부역을 거부했다. 이 운동이 확산되어 50개 이상의 부락이 부역을 거부했다. 귀족들은 부역을 거부하는 농민들을 무력으

로 억압하려 했지만, 농민들이 군대에 대항해 승리하면서 농민 운동은 점점 더 확산되었다.

농민 외에 방직공·미장공·목수들까지도 봉건 체제에 대항하여 투쟁에 참여했다. 슐레지엔의 감독관 호임G.H.v. Hoym은 빌헬름 2세의 도움으로 발포령까지 내리면서 민중들을 잔인하게 탄압했으나, 화난 민중들의 저항을 막지는 못했다. 호임은 체포된 민중을 해방하고 부상자에게는 치료비를 지불하는 등 유화 정책을 폈다. 농민은 세금을 내지 않고 부역을 거부하는 등 반정부적 운동을 계속 전개했으나, 그것을 지속적이고 조직적으로 추진할 지도자나 체제가 갖추어지지 않았다.

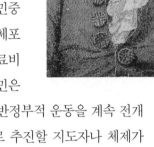

**칸트** 이성의 명령 법칙은 사유하는 주체의 마음 속에 존재하는 것이지 사유 대상 안에 있는 것은 아니라고 주장했다. 이것이 독일 관념론의 기본 입장이다. 독일 농노 해방의 사상적 이념을 제공하기도 했다.

## 개혁과 변화의 시작

이 무렵, 독일 사회의 변화에 대한 논의가 활발하게 진행되었다. 자유를 획득하기 위한 사회 여건이 프랑스만큼 성숙하지는 않았지만, 언제까지나 봉건적 속박에 머물러 있을 수 없다는 자각이 생긴 것이다. 혁명을 반대했던 대부분의 국가들도 시대의 변화를 거역할 수는 없었던지라 새로운 생활방식과 사고를 서서히 수용하여 여러 분야에서 제도의 개혁을 시도하지 않을 수 없었다.

독일의 개혁은 시민 계급에 의한 아래로부터의 개혁이 아니라 상부 관료들에 의한 위로부터의 개혁이었다. 그리고 시민의 권익 향상보다는 국가경쟁력 강화와 국가 행정 능력의 조직화에 초점을 둔 나머지 경제 정책 · 조세 정책 · 관세 정책과 행정 분야에 국한되었다.

## 나폴레옹 전쟁 기간 중의 독일

### 나폴레옹과 프랑스의 팽창

프랑스 대혁명은 프랑스의 국내 문제로만 국한되지 않고 유럽 전역에 영향을 미쳤다. 1793년 프랑스에서는 루이 16세가 처형당하고 공화정이 선포되었다. 이때부터 프랑스는 혁명의 팽창을 시도했는데, 그 중심에 나폴레옹이 있었다.

1799년의 헌법 제정 단계 때부터 정치 주도권을 장악한 나폴레옹은 혁명의 사회적 성과를 보증하는 부르주아적 사회 안정을 지키기 위하여 강력한 정부를 염원했다. 그는 강한 행정권을 확립했다. 그 전제적 권력으로써 경제 문제의 장악을 위하여 은행을 설립하고, 행정 · 사법제도를 개혁했으며, 경찰력을 강화했고, 1804년에는 민법전, 즉 나폴레옹 법전 편찬을 완료했다. 또한 그는 로마 교황과의 종교협약을 성립시켰고, 영국과 아미앵 조약을 맺음으로써 종신 집정이 되었다. 스위스 및 독일 제후에게까지 지배의 손을 뻗쳤으며, 국내에서는 왕당파를 탄압하였다. 1804년 5월, 황제로 추대된 후 이탈리아 왕을 겸했으며, 그해 12월 2일 노트르담에서 대관식을 거행했다. 이때부터 유럽을 상대로 한 전쟁이 시작되었다.

대륙의 여러 나라는 프랑스의 팽창을 막기 위하여 나폴레옹과 싸우지 않으면 안 되었다. 그러나 군대가 아직 봉건적으로 편성되어 있어서 혁명이 창출한 근대적인 대국민군을 당해낼 수가 없었다. 아미앵 조약이 영국에 의하여 파기되고, 1805년에 제3 대프랑스 동맹이 성립되자, 대영 전략으로서 영국 본토 상륙작전을 계획하여 불로뉴를 중심으로 대륙군을 결집시켰다. 그러나 오스트리아 군이 출동한 울름 전투에서 이를 격파하기는 했으나, 트라팔가르 해전에서 프랑스 함대가 영국의 넬슨에게 격파되어 결국 상륙작전은 좌절되었다. 한편 러시아와 오스트리아 양군이 합류하려고 서둘렀으므로 나폴레옹 군은 진격을 계속하여 빈을 점령하고, 곧 아우스터리츠에서 승리를 거두었다.

또 독일에 대해서도 1806년에 16개의 영방과 라인 동맹을 결성함으로써 신성 로마 제국을 해체시켰다. 이에 프로이센은 프랑스에 대하여 공격적으로 네 번째 대프랑스 동맹의 계기를 만들었다. 나폴레옹 군은 동맹군을 여러 차례 격파한 후 베를린에 입성했다. 그리고 러시아 군을 추격해서 폴란드로 침입, 바르샤바 대공국을 세우고 1807년 러시아와 틸지트 조약을 맺었다.

그 전에 그는 대륙 봉쇄를 호령하는 베를린 칙령을 발포했다. 영국의 산업 제품이 대륙에 수출되는 것을 방해하기 위해 발포된 것으로, 대영 전략의 최후 수단이었다. 그 후 그의 군사적 · 정치적 과제는 대륙 체제를 유지하는 데에 있었다. 대륙 봉쇄는 본래 영국을 기점으로 북에서 남으로 흐르는 경제 유통을 프랑스 제국(帝國)으로부터 동쪽으로 흐르는 파리 중심으로 바꾸고자 했던 것이다.

## 신성 로마 제국의 해체

프랑스 대혁명이 확대되면서, 1806년 8월 6일에 신성 로마 제국이 해체되었다. 제국의 마지막 황제인 프란츠 2세는 스스로 로마의 황제관을 내려놓고 오스트리아 황제라는 타이틀만 가지게 되었다. 라인란트와 프랑스에 인접한 지역의 제후들은 경쟁적으로 그들의 정복자이자 새로운 지배자인 보나파르트 나폴레옹을 환영했다. 그리고 이들은 이미 그들의 제국과 결별을 선언하고 프랑스 황제의 보호령인 라인 동맹Rheinbund을 형성했다.

수많은 제후들 중 단 한 명, 그것도 비독일계 제후였던 스웨덴 왕 구스타프 4세만이 서(西)포메른 통치자로서 제국의 미래가 앞으로 어떤 모습을 하게 될지 자기 나름의 구상을 하고 있었다. 그는 신성 로마 제국이 붕괴했다는 소식을 듣고 다음과 같은 의견을 표명했다.

"이제 성스러운 동맹 체제가 해체되었다. 하지만 독일 민족이 완전히 파괴되는 일은 없을 것이다. 전능하신 신의 은총으로 언젠가 독일은 다시 통일될 것이며, 그 권위와 위신을 다시 회복하게 될 것이다."

그러나 당시 그 누구도 이 군소 제후의 말을 귀담아듣지 않았다. 나폴레옹 제국은 영원할 것 같았으며, 과거 황제와 신성 로마 제국이 가진 가장 충실한 자산이었던 제국 귀족과 교회는 소멸했다. 반면 프랑스의 원조로 세력을 확장한 군소 독일 국가들은 나폴레옹을 열렬히 환영했다. 나폴레옹의 침입에 효과적으로 대응할 수 없었던 오스트리아와 프로이센은 프랑스 국경선이 라인 강 좌안까지 확대되는 것을 허용할 수밖에 없었고, 이 결과 혁명의 기운과 사상이 독일에 직접 전달되는 계기가 마련되었다.

에일로 전장의 나폴레
옹 1807년 2월 9일
러시아의 쾨니히스베
르크 시 근교에서 러
시아와 프러시아의 연
합군을 격파하여 승리
를 거두었다.

　프랑스 대혁명의 영향력이 라인 강 좌안까지 확대되자 1803
년 112명의 제국의회 의원이 정치적 지위를 잃어버리고 말았다.
그 밖에도 제후나 백작 기사들은 물론, 제국에 소속된 도시들이
제국에 대한 소속감도 상실하였다. 독일 제국의 정신 세계를 지탱
했 왔던 가톨릭 교회는 세속화되었고, 교회가 소유했던 정치적 자
립권도 박탈당했으며, 교회나 수도원이 가지고 있는 재산도 모두
몰수당했다.

　그 결과 더 이상 독일 제국은 존재하지 않았다. 프로이센과
오스트리아는 독일에서 혁명이 일어날 것을 두려워하여 프랑스
왕정과 신흥귀족이 중심이 된 반혁명 세력을 지원했다. 그러나 프
랑스 대혁명은 독일의 봉건 제도를 약화시켰으며, 당시 강력한 세
력을 장악하고 있던 프로이센의 호엔촐레른Hohenzollen 가와 오스트
리아의 합스부르크Habsburger 가의 세력도 약화되었다.

## 나폴레옹 전쟁의 영향

**위로부터의 제도 개혁** | 프랑스는 독일 점령 정책으로 라인 강을 따라 독일과의 경계선을 구축하고 독일 제국에 프랑스의 영향력을 행사했다. 프랑스가 점령한 라인 강 왼쪽 지역은 통일적인 국가나 정치이념이 존재하지 않았다. 프랑스는 이곳을 효과적으로 통치하기 위해 1795년에 트리어Trier에 점령관리국을 설치했다. 그리고 구시대적인 왕조 체제의 정치 제도를 배척하고 공화주의적 정치 제도를 전파했다. 이 지역에 혁명의 이념을 전파하여 자유주의를 실현하기보다는 프랑스의 영향력을 극대화하고 자국의 이익을 추구하는 것에 전념했던 것이다. 1799년, 쿠데타에 성공한 나폴레옹은 실권을 장악하고 12월에는 국민투표를 실시하여 공화정을 출범시켰다.

이에 영국은 오스트리아, 러시아와 동맹하여 프랑스의 지중해 진출을 저지하려 했다. 그러나 나폴레옹은 알프스 산을 넘어 오스트리아를 공격하여 대승을 거두어 영국의 기대를 좌절시켰다. 프랑스는 오스트리아를 격파하여 오스트리아령 네덜란드를 병합했고, 나폴레옹은 1805년에 아우스터리츠에서 오스트리아와 러시아 연합군을 물리쳤다. 이 전투에서 독일 연방국가였던 바이에른과 뷔르템베르크는 프랑스 편에 가담하여 신성 로마 제국이 해체되는 계기가 되었다.

그 후 나폴레옹은 예나 전투와 아우어슈테트 전투에서 프로이센과 러시아 군을 격파하고 베를린에 입성했다. 그는 프로이센과 러시아를 물리친 후 영국을 완전히 고립시키고 대륙에서 주도권을 장악함은 물론 영국 경제에 치명타를 입히기 위해 베를린에

나폴레옹 1세와 조세
핀의 대관식 1804년
12월 2일, 파리 노트
르담 사원에서의 황제
나폴레옹 1세와 황후
조세핀의 대관식 장면
이다.

서 대륙 봉쇄령을 선포했다. 전쟁에 패배한 프로이센은 엘베 강
왼쪽 지역과 폴란드로부터 획득한 영토를 모두 양도했다.

신성 로마 제국이 해체된 1806년, 독일에서 라인란트 지역을
중심으로 한 서부 국가들의 라인 동맹이 결성되어 나폴레옹의 보
호하에 놓였다. 프랑스와 일전을 벌였던 오스트리아 · 프로이센 ·
브라운슈바이크 · 선제후국 헤센은 이 동맹에 가담하지 않았다.

라인 동맹에 참여하지 않은 두 국가, 오스트리아와 프로이센
은 나폴레옹의 위협에 직면하여 프랑스를 모델로 하는 제도 개혁
을 단행했다. 두 국가의 통치자와 고위관료들은 개혁을 통해 아우
스터리츠와 예나의 패배를 극복하고 자국의 옛 영토를 회복하려
했다. 어떠한 일이 있어도 1805년과 1806년의 패배는 다시는 일
어나지 말아야 할 재앙이었기 때문이다. 프로이센은 슈타인Karl von

**예나와 아우어슈테트
전투** 프로이센을 완패
시킨 후 1806년 10월
27일 나폴레옹과 그의
장교들이 브란덴부르
크 문을 통해 베를린
으로 들어오고 있다.

Stein과 하르덴베르크Karl August von Hardenberg의 지휘 아래 역사상 유례없
는 중앙집권국가 건설이 진행되었다. 북쪽에 위치한 프로이센은
오스트리아와는 달리 상부의 의지에 의해 추진한 결과 개혁을 성
공적으로 완수했다. 프로이센은 관료·군인·법률가 등이 개혁
주체가 되어 권력이 한곳에 집중되는 중앙집권국가적 통제 체제
를 갖추었고, 군사 개혁·관료제도 개혁·사법 개혁·농노 해방
을 실시했다.

1819년, 프로이센은 헌법을 만들기 위해 준비 작업을 완료했
다. 헌법을 만드는 과정에서 훔볼트는 1819년 내각에 발탁되어
개혁의 청사진을 제시했다. 그런데 프로이센의 법률제도와 행정
제도 개혁 과정에서 하르덴베르크와 훔볼트는 서로 의견 조율이
어려웠다. 하르덴베르크는 헌법 작성 과정에서 훔볼트보다 뛰어
난 능력을 발휘했다. 따라서 훔볼트는 1819년 12월 31일 하르덴

베르크에 의해 실각되었다.

　　하지만 하르덴베르크는 왕으로부터 신뢰를
잃어버렸는데, 그 이유는 남부 유럽에서 혁명이
일어나 개혁 정책에 차질이 생겼기 때문이다.

　　언론과 국민들이 헌법 작업에 관해 구체적인
일정을 제시하라고 여론을 환기시켰을 때 하르덴
베르크는 서서히 잃었던 신뢰를 회복해가고 있었
다. 하르덴베르크의 반대자들은 지방의회 헌법
자문위원회를 구성하여 왕의 신임을 얻었고, 지
방 대표기관 구성을 실현하여 지방 영주와 귀족들은 그들의 관심
을 관철시킬 수 있는 기관을 만들었다.

**알렉산드르 폰 훔볼트**
베를린의 귀족 집안에
서 태어난 자연과학
자. 널리 세계를 여행
한 성과를 많은 저서
로 간행하여 자연지리
학의 시조로 불린다.

　　하르덴베르크는 반제국주의자들의 도전에 침몰하여 정치적
위력을 잃어버렸고, 1822년 11월 사망했다.

　　뒤늦게 준비작업을 했던 프로이센의 지방법도 결국 헌법을
만드는 데 결정적으로 기여했고, 지방 영주들과 귀족들이 승리하
여 지방법과 헌법에서 자신들의 이익과 관심사항을 관철시켜 귀
족들의 통치 기반을 확고히 했다.


**오스트리아의 쇠퇴** │ 반면 다민족 국가이자 지정학적으로 유럽에
서 가장 민감한 곳에 위치하고 있는 오스트리아의 경우, 개혁 성
과가 지지부진했다. 이 무렵 프랑스에서는 혁명 이후 근대적 헌법
을 만들어 근대국가 체제를 갖추어 가고 있었으나, 오스트리아는
근대적 이념을 수용하지 않고 고대 신분제 의회에 기초를 두고 있
었다.

　　국가행정 체제는 권위주의가 팽배해 있어 자유주의적인 요소

들이 자리를 잡을 수 있는 공간을 주지 않았다. 오스트리아 재상 메테르니히는 요제프 왕 이래 관료들의 권위주의에 대해 강한 거부감을 가지고 있어 비능률적인 행정 제도를 개혁하려 했지만, 큰 성공을 이루지 못했다. 그는 1811년에 행정 제도의 개혁을 위해 청사진을 준비했다. 1814년에는 오스트리아 국가위원회를 왕조의 조언기관으로 바꾸었을 뿐만 아니라, 여러 가지 개혁안을 제출했지만 황제 프란츠의 거절로 실패했다.

오스트리아는 전통적인 의미에서의 강대국이었을 뿐이며, 현실 정치세계에서는 매우 취약한 국가였다. 19세기 초엽부터 오스트리아 제국이 독일에서 차지하는 의미와 중요성은 서서히 사라지고 있었다. 반면 프로이센은 중부 유럽의 작은 나라들을 지도에서 삭제시킬 수 있는 힘을 성장시켜 나가고 있었다. 또한 프로이센의 일부 이상주의 국가주의자들은 그들의 국가가 영국과 같은 수준의 제국으로 발전해야만 하며, 특히 유럽의 서부와 남부 지역으로의 확장을 열망했다.

이에 반하여 오스트리아는 현상 유지조차 힘든 실정이었다. 당시의 두 나라를 경제적인 면에서 비교한다면, 프로이센은 영국으로부터 이식된 산업혁명이 진행되면서 급속한 성장을 이룩했다. 반면 오스트리아는 후진적 농업 국가의 틀을 벗어나지 못하고 있었다. 또한 근대화된 국가로의 이행이라는 측면에서 프로이센은 과거 한자 동맹 항구도시들을 기반으로 한 관세동맹과 함께 행정 조직의 효율성 강화를 통해 중앙집권적 근대 국가로의 이행에 박차를 가하고 있었다. 그러나 오스트리아는 독일 지역들을 제외하면 빈에 있는 중앙 정부의 힘이 거의 미치지 못하고 있었다.

**프로이센의 농노 해방** | 근대 중반까지 농촌은 봉건주의 속박에서 해방되지 못한 채 농민들은 법적·경제적·사회적으로 영주들에게 예속되어 있었다. 18세기 후반에 농민들의 속박 상태를 폐지하기 위한 법적 조치들이 취해졌다. 봉건적인 속박 관계에서 농민들은 부역과 조세로부터 자유로워졌고, 개인의 자유를 구속하는 농노제가 폐지되었으며, 영주의 재판권이 사라졌다. 농노 해방은 사회가 자본주의 체제로 전환하는 데 절대적인 기여를 했다.

프로이센에는 1800년도를 기준으로 약 740만 명의 인구가 살고 있었다. 이 중에 약 570만 명이 농촌에서 살았으며, 62퍼센트가 농업으로 생계를 꾸려 나갔다. 농업에 종사했던 농민들은 농사 외에도 부업으로 베를 짜는 직조업이나 철을 다루는 대장간에서

**슈타인** 프로이센의 농노 해방을 주도한 인물이다.

생산활동을 했다. 소나 말, 마차를 소유한 부유하고 능력 있는 농민은 개인 소유의 집을 가지고 자체적으로 농업을 통해 생활을 꾸려나갈 수가 있었다. 반면에 가난한 농민들은 귀족의 집에서 잡일을 했다.

농민들은 그 지역에 거주하는 영주에게 세금을 납부할 의무가 있었다. 영주들은 주농장에서 떨어진 고립된 농지와 국유지, 관유지에서 심한 노역을 요구했다. 슐레지엔의 영주들은 경제적으로 부유한 덕택에 정치에 영향을 미

칠 수 있는 막강한 권력을 소유했다. 정치적 영향력을 소유한 영주들은 농민의 지위와 생활 수준 향상을 위해 법적 제도와 행정 제도를 마련하는 것을 방해했다. 그러나 영주들의 강력한 방해도 시대의 변화 앞에서는 어쩔 수 없었다.

국가에 의한 농노 해방 운동은 프리드리히 황제 시절 농업에 관계된 구제도에 이의를 제기하면서 시작되었다. 첫 번째 결과로 1794년 농업법이 개정되었다. 이 법에 의해 농민들은 예속에서 해방되어 토지 소유권과 경작권도 갖게 되었다. 그러나 모든 농민들이 토지의 속박으로부터 해방되었던 것은 아니고 단지 일부 왕조지에서만 해방이 이루어졌다.

계속해서 농노 해방은 프로이센에서는 첫 번째, 카를 폰 슈타인의 개혁 정책에서 농민들을 보호하기 위한 법령을 체계적으로 정비함으로써 이루어졌다. 프로이센의 왕과 관료들은 국가를 근대 체제로 전환하기 위해 농민의 자유로운 삶을 보장하고 지위 변화를 꾀하여, 그들의 능력을 최대한 이끌어내 국가 운영에 도움이 되게 하려는 것이었다.

두 번째, 북부 지역의 광대한 농토를 경쟁력 있는 농업으로 전환해야 할 필요성이 제기되었다. 북부 독일의 항구 도시들이 영국과 활발한 무역을 통해 국가의 이익을 극대화하자 프로이센도 국가경쟁력 확보를 위해 엘베 강 동쪽 지역의 거대한 농토를 시대의 변화에 적응시키고자 한 것이다. 농노 해방으로 신분적으로 종속된 농민들은 자유 신분으로 전환되었다. 이로써 세습적으로 상속되었던 신분제가 폐지되었고, 비합리적인 소작제와 강제 노역의 의무가 폐지되었다. 경제적인 자유가 일부에게만 허용되었던 토지 소유권이 폐지되면서 농촌에서 토지 사유화의 폭이 확대되어 생산의 증가를 가져왔다.

프로이센은 1811년에 발표한 법령을 통해 농노에 대한 배상으로 영주가 소유한 토지의 3분의 1 정도를 신분이 해방된 농민들에게 양도하도록 했다. 영주들은 이 법이 실행되면 엄청난 재산 손실을 감수해야 했기 때문에 어떻게든 실현되지 못하도록 방해했다. 또한 영주들이 소유한 교회와 학교, 재판에 관한 모든 특권을 폐지하였다.

농노 해방은 농촌 사회의 법적·경제적 개혁으로 이루어졌다기보다는 오히려 사회적 대변혁으로 농촌 사회 질서의 변화를 가져왔다고 볼 수 있다. 해방된 농민은 주거 이전의 자유를 획득하고 영주와의 종속적인 관계는 완전히 종식되었다. 또 자유시민층이라는 국가와 새로운 관계를 설정하는 사회 계층으로 변화했다. 농노 해방으로 전통적인 피라미드형 사회구조가 해체되고, 많은 농민이 신분상 자유의 몸이 되었다.

**남서부에 있는 장크트 갈렌 수도원** 현재는 부유층 자녀들의 교양 교육 장소로 사용되고 있다.

엘베 강 동쪽의 농지는 농민의 노동을 통해 상업적 농작물을 생산하는 대토지 소유제 경영 방식으로 전환했다. 이 지역 영주들은 대량의 곡물 수출로 이윤을 최대화하여 상업자본가로서 기반을 확보했다. 이들은 농업 기술의 개발과 경영의 합리화로 농업 생산성을 향상시켜 이윤을 추구했고, 정치적·사회적으로 입지를 강화해나갔다.

1794년부터 라인 강의 왼쪽 지역이 프랑스의 영향권에 들어갔다. 이 지역은 나폴레옹의 집권 이후 획기적인 변화들이 나타나기 시작했는데, 대표적으로 봉건적인 토지 제도가 폐지되어 농노해방이 이루어졌다. 그리고 영주의 특권이었던 재판권·경찰권·사냥권·어업권이 박탈되었다. 특히 십일조와 부역 폐지는 농민들의 생활을 더욱 자유롭게 했다. 수도원이 폐지되고 도주한 귀족의 토지를 몰수하고 국유지가 분할됨으로써 이 지역 농촌은 봉건사회로부터 근대시민 사회로의 이행이 이루어지게 되었다. 라인 강 지역의 농민들은 봉건적 착취와 구속에서는 벗어났지만, 군대유지비를 보충하기 위해 국고 수입에 더 많은 관심을 가짐으로써 새로운 부르주아적 착취가 나타나기 시작했다.

프랑스 대혁명은 농업뿐만 아니라 수공업에서도 많은 변화를 가져다 주었다. 수공업에서 조합이 폐지되어 생산의 자유가 허용되었다. 귀족과 성직자들의 재산이 몰수되었고 시민 계급의 경제 행위를 보장해 주는 여러 가지 조치들이 취해졌다. 화폐와 도량형의 통일은 경제적 통일의 기반을 구축했다. 새로 등장한 관세 제도는 경쟁을 촉진시켰고, 나폴레옹의 보호무역과 군수품 수요의 증가로 산업이 발전했다.

1804년에 공포된 나폴레옹 법전Code Napoleon은 봉건귀족의 특권을 완전히 폐지하고, 모든 시민에게 동등한 기회를 제공하여 활발한 경제 활동의 기반을 마련해 주었다. 그 후 재판법, 상법을 보완하여 새로운 법치질서 체제를 구축하게 되었다. 프랑스 대혁명의 영향을 받은 이 지역은 산업혁명을 먼저 경험하여 자본주의의 기틀을 마련했다.

**국민 국가와 민족에 대한 각성** | 나폴레옹이 유럽 통일에는 실패했지만, 그와 프랑스 군대는 독일과 유럽 전역에 자유 · 평등 · 박애와 같은 프랑스 대혁명의 정신을 심어 주었다. 또 '조국'에 대한 각성과 그로 인한 애국심과 충성의 대상이 기존의 영주나 군주에서 국가로 변했으며, '국민 국가'로 전환하는 계기가 되었다. 엘바 섬에서 탈출한 나폴레옹은 백일 만에 물러났지만 사람들의 머릿속에 주입된 '새로운 정신'은 백 년이 지나도록 좀처럼 사라지지 않았다. 물론 독일도 예외가 아니었다.

프랑스 대혁명 이전까지만 하더라도 독일은 제국이라는 외피 없이는 생각할 수 없는 존재였다. 프로이센, 바이에른, 동부 유럽에 산재한 독일어를 쓰는 작은 부락에 이르기까지, 그곳의 주민들은 자신들이 독일인이라는 것을 알고는 있었다. 하지만 그들은 이보다는 당시에 확산되고 있던 좀 더 넓은 의미의 코스모폴리탄적 부르주아지와 자신들을 동일시하거나, 보다 좁은 의미의 지역적 정치단위인 영방 국가에 충성을 다해야 한다고 생각했다. 민족 · 조국 · 애국심이라는 단어들은 그저 애매한 상태의 '독일어가 통하는 지역'을 뜻하거나, 각자가 살아가는 지역을 의미했다.

그러나 나폴레옹과의 전쟁에서 패배한 것에 대한 쇼크와 굴욕, 가혹한 재정적 압박과 같은 것들은 독일 지역에 서로 상반되는 두 개의 큰 변화를 가지고 왔다. 하나는 프랑스를 모델로 국가를 개혁하는 것이었으며, 다른 하나는 독일 민족에 대한 각성과 발견이었다.

그 결과 프로이센과 나폴레옹의 영향 아래 있었던 라인 연방의 국가들이 프랑스를 모델로 개혁을 하였으며, 많은 수의 시민들은 정부의 굴종적인 대프랑스 외교 자세를 유약하고 모욕적인 것이라 여기게 되었다. 나폴레옹 군 점령 시대의 체험은 조국과 민족이라는 말에 새로운 힘을 실어 주었으며, 결과적으로 나폴레옹 전쟁 과정에서 보여진 프랑스 군의 연전연승은 독일인들에게 어떠한 형태든 단일한 민족 국가 형성이 필요하다는 것을 인식하게 만들었다.

## 나폴레옹의 몰락과 빈 체제

### 나폴레옹의 몰락과 새로운 질서의 시작

전승을 계속하던 프랑스도 1812년부터 서서히 패배를 경험하기 시작했고, 이듬해에 벌어진 라이프치히 전투에서 독일의 연합군이 승리함으로써 나폴레옹은 독일에서 퇴각하기 시작했다. 또한 프랑스 보호령에 있던 라인 동맹도 해체되었다. 과거 라인 동맹에 가담했던 바이에른이 탈퇴하여 프로이센의 연합군 편에 가담했다. 나폴레옹이 주도한 프랑스 침략은 독일에게 패배의 충격과 굴욕감, 패배한 국가들이 부담해야 하는 가혹한 재정적 압박, 농촌의 약탈과 황폐화, 프랑스의 관세가 야기시킨 물가의 폭등 등으로 경제와 사회에 부담을 안겨 주었다.

한편 지속적으로 세력을 확장하고 있던 나폴레옹은 마침내 1812년 6월, 네만 강을 건너 러시아를 침공하여 9월에는 모스크바를 점령했다. 그러나 모스크바는 이미 모든 것이 불탄 쓸모없는 도시였으며, 러시아 황제 알렉산드르 1세는 나폴레옹이 제시한 휴전을 거부했다. 프랑스 군은 모스크바에서 겨울을 견디지 못하여 결국 철수했으나, 철수 과정에서 쿠투조프Mikhail Ilarionovich Kutuzov(1745~1813) 휘하의 군대와 코자크 기병대, 러시아의 살벌한 추위까지 프랑스 군을 강타했다. 이때부터 나폴레옹의 몰락은 가시화되었다. 나폴레옹의 러시아 원정에 2만여 명의 병력을 파견했던 프로이센은 이윽고 프랑스와의 동맹 관계를 청산했다.

또한 같은 해 6월, 영국·러시아·프로이센 간에 라이헨바흐 협정Reichenbach Conventions이 체결됨으로써 유럽 주요국들의 반프랑스 연합전선이 형성되었다. 국가들은 이 동맹을 단순한 군사적 동맹 이상으로 생각했다. 이는 정복자에 대항하는 국가들의 질서 유지를 상징하는 것으로 여겨졌으며, 나폴레옹의 팽창으로 인해 그들 국가 내부에 침투한 민족주의·자유주의·혁명정신 등 국가 내 질서 유지에 악영향을 주는 요소들을 제거하고 그들 고유의 질서를 재정립하는 것이라고 믿었다.

이 동맹조약은 이베리아 반도에서 이미 순조롭게 진행되고 있던 영국의 공세를 동부의 새로운 공세와 효과적으로 연결시켰으며, 웰링턴 장군과 그 휘하의 군대들은 프랑스 군을 이베리아 반도에서 퇴각시킬 수 있었다. 또한 영국은 동유럽에서 직접적인 전쟁을 수행할 처지는 아니었으나 재정적인 지원은 가능했다.

따라서 당시 나폴레옹에 대한 중립의 고수와 함께 프랑스의

**메테르니히** 귀족 집안에서 태어났으며, 마인츠 내학에서 수학했다. 나폴레옹 침략 당시 반프랑스 세력을 형성했다.

동맹국이었던 오스트리아는 더 이상 그러한 위치를 고수할 입장이 안 된다는 것을 알았다.

그러나 메테르니히는 오스트리아가 적어도 외형적으로는 프랑스의 동맹국이라는 사실을 인지하고 있었으며, 오스트리아가 전쟁에 참여하기보다는 중재 역할을 할 필요성을 느끼고 있었다. 영국이나 러시아와 같이 유럽 차원에서 프랑스 제국을 격퇴시키려거나 도덕적으로 응징하는 것이 목적이 아니라, 중부 유럽에서 오스트리아의 지위를 유지하기 위한 것이었다. 또한 오스트리아는 자국의 강력한 두 라이벌인 프랑스와 러시아 간의 적대 관계를 유지시키고자 했다.

이에 따라 나폴레옹은 드레스덴에서 메테르니히에게 회견을 제의했으며, 메테르니히는 이 회담에서 전쟁을 종결짓기 위한 평화조건들을 수락하라고 지속적으로 나폴레옹에게 건의했다. 그러나 나폴레옹은 그것을 받아들이지 않았으며, 메테르니히는 러시아와 프랑스 중 어느 쪽이 더 위협적인 존재인가를 결정해야만 했다. 프랑스 봉쇄를 위하여 러시아와 협력하는 것이 유리하다는 쪽으로 대세는 기울었으며, 반프랑스 전선에 가담함으로써 메테르니히는 중부 유럽에서 오스트리아의 위상 강화를 위해 영국이 협조할 것이라 믿었다. 따라서 오스트리아도 4차 대프랑스 연합전선에 참여했고, 결국 라이프치히 회전에서 프랑스 군은 극심한 피해를 입고 라인 강 서쪽 프랑스로 패퇴했다.

1814년 1월, 마침내 프랑스는 사방에서 공격을 받았다. 동맹국들의 전투 목적은 '프랑스'라는 국가라기보다는 나폴레옹의 축출에 가까웠다. 나폴레옹은 3월까지 잔여 병력을 지휘하며 방어했으나, 오스트리아·프로이센·영국은 1814년 3월에 쇼몽 Chaumont 조약을 맺어 나폴레옹이 무너질 때까지 전쟁을 수행할 것을 약속했다. 동맹군이 3월 30일 파리 근처에 도달하자 파리 시 당국은 나폴레옹의 의지와는 관계없이 곧바로 동맹군과 교섭에 들어갔다. 임시정부의 수반인 탈레랑은 황제의 폐위를 선언했고, 루이 16세의 동생 루이 18세와 협상을 시작했다.

나폴레옹은 퐁텐블로에서 파리가 항복했다는 소식을 들었으며, 4월 6일에 퇴위했다. 동맹군들은 퐁텐블로 조약으로 엘바 섬을 그의 거처로 정했으며, 해마다 프랑스 정부로부터 200만 프랑을 받고 400명의 자원 호위대를 거느릴 수 있도록 허용했다. 5월 4일, 나폴레옹이 엘바에 도착함으로써 그와 강력한 프랑스, 프랑스 대혁명의 기억들은 잊혀지는 듯했다. 이제 회복시켜야 할 세계가 유럽의 주된 관심사로 등장했다. 독일과 중부 유럽이 점차 유럽 대륙의 안정과 번영을 위한 중요한 존재로 부각되기 시작한 것이다.


## 빈 회의와 독일 문제의 대두

이러한 과정에 의해 프랑스의 재침에 대한 봉쇄망이 형성되었으며, 이는 1814년 5월 30일, 제1차 파리 조약에서 재확인되었다. 열강들은 파리 조약에서 모든 구체적인 문제를 2개월 이내에 빈에서 개최될 국제회의에서 논의한다고 약속했다. 본래 전승국들은 러시아의 알렉산드르 1세에게 다가올 회의에서의 역할에 대해 기대했으나, 전승 이후 그는 지극히 비사교적이고 비협조적인 태도로 일관했다. 따라서 전승국들은 빈 회의의 주최 장소인 오스트리아의 황제와 수상 메테르니히의 역할에 주목할 수밖에 없었다. 결국 회의는 수상 메테르니히의 주재 아래 진행되었다.

그러나 파리 조약에서 합의한 것은 빈에서 회의를 개최한다는 것이지, 어떤 국가의 누가 회의에 참석한다는 것을 명문화하지는 않았다. 단지 어떤 편에 서서 전쟁에 참가하든지 관계없이 전쟁과 연관된 모든 국가들이라고만 되어 있었다. 따라서 강대국들뿐만 아니라 모든 군소 공국들까지도 초청되었다. 이는 유럽 역사상 전대미문의 대규모 회의였다.

치열한 논쟁과 타협, 자신들의 국익을 극대화하기 위한 각료들의 열정과 의지 대신 파티와 무도회만이 이루어졌다. 그러나 이러한 '춤추는 회의Le Congrè danse'의 태만에도 적어도 외형적으로 회의에 대한 모든 내용들은 분별력이 있었으며 현실적이고 공정했다.

나폴레옹 전쟁의 끔찍하고 비극적인 참화를 겪은 군주들은 진정으로 평화를 열망했다. 프랑스에 대한 전면적인 승리라는 전쟁의 결과에도 그들은 프랑스 대표인 탈레랑을 회의에 참가시켰으며, 패전국의 국경은 1789년 당시보다 조금도 줄어들지 않았다. 외국군에 대한 점령도 단기간에 한정되었으며, 1818년에는 유럽 협조 체제의 정회원으로 프랑스를 받아들이기까지 했다.

이것은 지나치게 가혹한 조치가 프랑스 인들을 자극할 경우 자코뱅주의의 재발을 야기할 수 있다고 믿었기 때문이다. 그러나 그들이 이전보다 더 현명해진 것도, 평화를 더 사랑하게 된 것도 아니었다. 단지 이전보다 전쟁과 혁명의 공포에 대한 두려움이 많아진 것이다.

비록 당시 정치가들과 외교관들의 뒤를 이은 후계자들은 그들을 인정하지 않았지만, 전면 전쟁의 회피라는 국제외교의 기본적 임무의 관점에서 봤을 때 당시 외교관들의 상황 인지와 판단력, 그로 인한 조치들은 상당히 훌륭한 것이었다.

메테르니히는 회의에서 오스트리아와 유럽의 안전 보장을 위해서 어떠한 것들을 관철해야 할 것인가에 대해 알고 있었다. 적어도 유럽 체제 차원에서 합의해야 할 사항들은 이미 프랑스와의 전쟁에서 여러 번 확인한 내용들이라는 것을 주시하고 있었다. 즉 일부 중부 유럽에 관한 문제를 제외한다면 회의의 결과는 어느 정

**빈 회의** 뮌헨의 막시밀리안 회의실에 있는 프레스코 벽화이다. 왼쪽에서부터 탈레랑, 몬트겔라스, 하르덴베르크, 메테르니히, 폰 게츠가 있다.

도 예견되어 있었으며, 회의 이전부터 존재했던 합의사항들을 재확인했던 것이다.

프랑스의 힘이 최고조에 달했던 1802~1805년의 시기에도 나폴레옹이 몰락한 이후의 유럽 질서와 중부 유럽의 재편 문제에 관한 논의는 물밑에서 활발하게 진행되었다. 독일 지역에서 프랑스의 영향력을 제거하고 영방 체제를 수립하는 데 있어 연합국의 군주와 정치가들은 그 필요성과 중요성을 공감했던 것이다.

한편 독일 내부에서는 점차 민족 정체성에 관련한 논의들이 나오고 있었다. 작가인 아른트Ernst Moritz Arndt는 '독일어가 통하는 모든 지역'은 모국으로서 독일을 의미한다고 강조했다. 그러나 이는 지극히 언어적이고 문화적인 개념에 기반한 것이며, 정치적인 측면에서는 상당히 위험한 것이었다. 스스로 독일인임을 인정하지 않지만, 독일어 방언을 쓰는 지역의 사람들도 많이 있기 때문이다.

한편 거의 동일한 시기에 슈타인은 자유롭고 근대화된 독일인만의 근대 국가가 수립되어야 한다고 주장했다. 또한 과거 신성 로마 제국의 영역이었던 오스트리아는 지나치게 다민족적이기 때문에 배제되어야 한다고 밝혔다. 이러한 논의들은 1813년에 라인 연방이 해체된 이후 19세기 유럽 대륙에서 가장 큰 정치적 의제로 발전했다.

유럽 대륙의 안정을 위해서는 이른바 '독일 문제'의 정확한 해결이 중요하며, 이를 바탕으로 중부 유럽의 안정과 유럽 체제의 균형을 이룰 수 있는 것이다. 또한 이러한 연합국들의 계획은 이미 빈 회의 이전, 쇼몽 조약 때부터 약속되고 재확인되어 왔던 것들이다. 프랑스는 혁명 이전의 국경선으로 되돌아가야 하며, 프랑스 외의 유럽 지역에 대한 프랑스 영향력의 제거 및 각각의 주권 국가들이 느슨한 형태로 연합된 독일 연방의 구성과 같은 내용들은 반드시 시행되야 할 사항이었다. 단지 재편된 독일 연방이 유럽 외교와 정치에 있어서 어떠한 위상을 가져야 하는가에 대한 문제만이 남았다.

그러나 그에 대한 해답은 간단했다. 당시 유럽 열강들이 만든 원칙은 정통성과 복고주의였다. 이는 정통성Gerechtigkeit을 가진, 단일한 전체Ganz로서의 주요 강대국Groβ이 모든 정치적인 사안들을 처리하는 데 있어 주체가 되어야 한다는 것이다. 따라서 이질적인 군합국들이 느슨한 형태로 결합된 독일 연방이 그 자체만으로 범유럽적인 외교의 흥정과 대립의 장에서 정당한 행위자로 대접받을 수는 없었다. 그것은 결국 프로이센과 오스트리아의 영역이며, 강대국들이 중심이 된 복고적이며 귀족 정치적인 평화 구축을 위한 하나의 장치이자 수단일 수밖에 없는 것이었다.

빈 회의의 일반 의정서가 서명되기 전에 41차례의 회의가 있었다. 일명 전문가위원회Specialist Committe를 통하여 많은 작업들이 이루어졌으나 회의의 진전은 지지부진했다. 회의 참가국들의 수석 대표들은 영토 재분배라는 주요 문제에 관심을 집중했다. 회의 초반에 쇼몽 조약의 4대 연합국들은 회의의 심의에 결정적으로 영향을 끼친 두 가지의 중요한 절차에 대하여 결정했다. 첫째, 프랑스를 그들의 회의에 참석시킨 것이다. 따라서 파리 평화조약은 4대 연합국 간에 교섭되었으나 중동부 유럽 문제의 해결에 있어서는 5개국 간의 작업이 되었다. 둘째, 대프랑스 연합전선에 참여한 약소국들이 5대국 회의에서 제외되었다. 이것은 강대국들이 특별한 권리와 의무를 가지며 그들만이 새로운 질서에 대해 보장할 수 있다는 신념을 재확인하는 것이었다.

한편 1814년 11월과 1815년 1월 사이의 회의에서 독일 연방 구성에 대한 의제는 빈 회의에서 가장 이견이 많았던 난제였다. 일단 빈 회의가 소집되면서부터 독일 문제는 독일인에게 일임한다는 원칙하에 오스트리아 · 프로이센 · 바이에른 · 뷔르템베르크 · 하노버 등의 대표로 독일위원회가 구성되었다. 그러나 이 위원회는 처음부터 난관에 봉착하여 근 5개월여 동안 회의조차 개최되지 못하였다. 회의에 참여한 대부분의 대표들은 대륙의 안정을 위해서 '독일 문제'의 원만한 해결이 필수불가결한 요소라는 것을 인식하고 있었다. 그러나 규모, 영역, 방식에 있어서는 수많은 논쟁이 있을 수밖에 없었다.

열강들 중에서 비교적 소규모 국가였던 프로이센은 이를 유럽 질서에 있어 강대국들과 동등하게 성장할 수 있는 절호의 기회로 보았다. 그러나 다른 열강들은 어떠한 경우에도 프로이센의 영토 확장과 대륙에서의 세력 확대를 허용할 수 없다는 입장이었다. 특히 작센 문제에 있어서 논쟁이 치열했다. 강대국들은 상공업이 번성하고 경제적 잠재력이 높은 이 지역이 프로이센에 병합되는 것을 적극적으로 반대했다.

중부 유럽의 위상과 기능에 있어서 중점적인 역할을 했던 인물은 카슬레이와 메테르니히였다. 카슬레이는 영국의 국력이 우세한 상황에서 프랑스를 억제하고 러시아의 팽창을 방지하겠다는 의도를 가지고 있었다. 또한 유럽에서 다시는 어떤 전쟁도 있어서는 안 된다고 생각했다. 이를 위해서는 열강 간의 협조가 절대적이며, 그 속에서 오스트리아는 중요한 역할을 해야 한다고 주장했다. 영국과 카슬레이의 입장은 혁명 프랑스의 재현과 러시아의 팽창을 방지하기 위해 오스트리아와 중부 유럽이 현상을 방어할 수 있는 완충지대가 되어야 한다는 것이었다.

메테르니히는 오스트리아가 러시아와 프랑스의 직접적으로 잠재된 위협 속에서 안전을 확보하는 동시에 중부 유럽의 세력 균형을 위해 독일 국가들 사이에서 오스트리아가 주도적 역할을 해야 한다는 것이었다. 비록 그러한 공감의 근원에 내재된 상이한 이해관계에도 영국과 오스트리아는 같은 입장일 수밖에 없었다.

예전부터 프랑스에 동조할 가능성이 농후한 서부 독일 군소 제후국들의 지역에 강한 국가를 두어야 한다는 것이 영국의 구상이었으며, 과거 신성 로마 제국을 독일 연방의 형태로 복원시키는 것 역시 그러한 전략에서 제시된 것이다. 이것에 결과적으로 이득을 본 국가는 프로이센이었다.

프랑스의 영향이 강한 서부 독일, 즉 라인란트 지역은 프로이센에 귀속되었으며, 폴란드에 대한 러시아의 팽창이 지나치다고 생각한 카슬레이는 폴란드와 작센 문제에 있어서 프로이센의 손을 들어주었다. 영토 및 경제적인 면에서 프로이센은 1815년의 협약에 의해 다른 어떤 강대국보다도 많은 것을 얻었고, 이는 프로이센이 실질적 자원면에서 강대국이 되게 해 주었다.

빈 회의에서 작센과 관련한 이러한 결정들은 의심할 바 없이 독일 지역에서 프로이센의 지위를 강화시키고, 오스트리아를 상대적으로 약화시키는 것이었다. 그러나 아무도 1870년대가 되기 전까지 이러한 사실을 알지 못했다.

오스트리아는 단지 과거에 나폴레옹이 점령했던 일부 북이탈리아 지역의 영유권만을 확인할 수 있었다. 수많은 논쟁 끝에 오스트리아가 독일 연방의 의장국이 되었으며, 메테르니히의 감독하에 이 국가들은 프랑스의 궤도 밖에 묶여 중부 유럽의 안정에 기여했다.

메테르니히는 프로이센을 포함한 다른 모든 독일계 국가의 협력을 받아내고, 프랑스를 라인 강변에서 봉쇄하며 러시아를 폴란드 내의 새로운 경계선에 묶어두고자 했다. 이렇게 하여 전통적인 충돌 지역에의 잠재적인 침략자들에 대항하여 새로운 질서를 유지하는 책임이 오스트리아에 부과된 것이었다.

그러나 오스트리아는 실제로 이러한 부담을 지탱할 능력이 없었다. 영국과는 달리 오스트리아는 풍요롭고 발전적인 경제 구조를 가진 국가가 아니라 빈약한 재정 제도를 가진 후진적 농경 국가였다. 또한 오스트리아는 러시아와는 달리 대규모 군대를 조성할 수 있는 방대한 인적 자원을 가지고 있지도 않았다. 그러므로 빈 체제의 가장 중심적인 문제이자 메테르니히의 지상 과제는 그러한 오스트리아를 어떠한 방식으로 강하게 하여 중부 유럽의 질서를 유지시킬 수 있는 국가로 만들 것인가였다.

결국 카슬레이의 주선으로 메테르니히가 제안한 타협안, 이른바 '12개 조항'이라고 불리는 영방 조직안이 1815년 6월 8일에 가서야 합의되었다. 이로써 나폴레옹 전쟁 이전에 존재했던 신성 로마 제국이 해제된 것을 재확인하고, 34개의 군주와 4개의 자유시로 구성된 독일 연방이 탄생되었다. 독일 연방에 참여하는 모든 국가들은 주권이 있는 자주 국가라는 것이 명문화되었으며, 영방에는 프로이센과 오스트리아 황제 이외에 홀슈타인의 덴마크 왕, 네덜란드 왕, 룩셈부르크 공작과 같은 독립 국가들의 군주들도 동등한 자격으로 참여한다고 밝혔다. 영방의 안보에 있어서 이들 국가 간에는 상호 군사적 독립성이 보장되지만 어떠한 형태의 내부적 무력 사용도 있어서는 안 되며, 만일 외부의 침략이 있을 경우에는 상호 지원해야 할 의무가 있다고 규정했다.

오스트리아는 자유주의 사상과 민족주의 정신을 거절하고 독일 연합 내에서 중소 국가에 영향력을 행사하는 데 주력하였고, 외교적·군사적 관심사를 펼쳐 보고자 했다. 하지만 프로이센은 독일 영내에서 오스트리아의 우위를 인정하지 않으려 했다.

독일 연합은 1821년 4월 9일 군사법을 제정했고, 세부 조항은 1822년 7월에 완성되었다. 영방 군대는 영방 국가의 부담금으로 운영되며 10개의 사단을 두도록 했다. 연합 내에서 세력이 가장 강한 오스트리아와 프로이센은 각각 3개 사단의 병력을 소유하고, 바이에른은 1개 사단, 나머지 중소 국가들은 모두 합해 3개 사단을 구성하도록 했다. 연합의 최고 지휘관은 전쟁 시에 영방회의에서 선출하도록 했다.

영방 국가의 헌법은 1814년에 발표된 프랑스 대헌장의 사상에 기초했으며, 의회에는 상류귀족들이 대의기관의 대표로 참가하였다. 중부 독일에 있는 작은 국가는 혁명 이전의 이원 체제 국가로 세습귀족들의 권한을 대폭 강화했다. 또한 작센과 하노버 공국도 이전처럼 세습귀족들이 대표기관에 참여하도록 막강한 권한을 부여했다. 바이에른은 헌법에서 국가의 권한을 강화하기 위해 자유 진보적인 관료주의 체제를 선택했다. 1808년, 요제프 왕은 중앙관료 체제를 구축하기 위해 법률을 제정했다. 요제프에 의해 체계화된 헌법은 관료주의를 강화시켰지만, 대신 대의기관의 기능을 강화시키지는 못했다.

한편 영방의 조직에 있어서 의장국은 오스트리아가 담당하며 오스트리아, 프로이센을 제외한 영방들은 의사 결정 과정에서 동등한 투표권을 가진다고 규정했다. 그러나 참여하는 많은 국가들 중 오스트리아와 프로이센의 발언권이 강화된 것은 당연한 귀결이었다.

## 산업혁명기의 경제 · 사회의 변화

### 혁명 시대의 경제

19세기 초, 독일은 비록 프랑스와 같은 혁명은 성공하지 못했지만 사회와 정치 분야에서 많은 발전을 가져왔다. 이때 자유를 추구하는 시민 운동은 통일에 대한 열망으로 확산되어 어느 때보다 통일에의 염원이 최고조에 달했다. 정치적 통일에 대한 논의뿐만 아니라 경제적 통일이 이루어져 무역 · 관세 · 교통 · 화폐 분야에서 획기적인 정책들이 진행되기를 국민들은 기대했다.

19세기 때 중산층과 노동자 계급은 18세기와 비교하여 윤택한 생활을 하게 되었다. 이것을 가능하게 했던 것이 바로 산업화였으며, 이는 당시 사람들의 생활에도 많은 변화를 초래했다. 가장 큰 변화는 농민들이 주거와 직업 선택의 자유를 갖게 되어 농촌에 살면서도 단지 농업에만 종사하는 농업 근로자가 아닌 가내 근로 공업에 종사할 수 있게 된 것이었다.

기계화 시대 산업의 발달은 혁명의 속도를 빠르게 하는 데 큰 영향을 미치지 못했다. 따라서 혁명은 경제사적인 면에서 역사의 한 시대를 개척하지는 못했다. 당시 수공업자와 섬유 공업 노동자들은 상대적으로 숫자가 많았지만, 계급 투쟁과 신분 문제에 대하여 적극적이지는 않았다.
그리고 독일 사회 변화
과정에서 주도적 역할을
하지도 못했다. 심지어는
혁명가들도 경제 분야에
서 근대 프롤레타리아적
인 계급의식을 인식하지
않고 과거의 경제와 사회
체제를 유지하고자 했다.

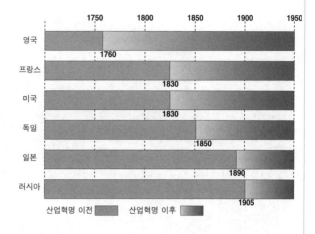

특히 길드와 소규모 작업장에서 기본 체제의 유지를 희망했다.

**각국의 산업혁명 시기**
영국에서 가장 먼저
시작되었고 프랑스,
미국, 독일이 뒤를 이
었다.

생업의 자유권 보장에 있어서는 수공업자들의 요구사항을 수
용하지 않았으며 권위주의 시대의 잔재만이 존재했다. 그럼에도
1800년대 초반부터 서서히 나타나기 시작한 자유와 권리에 대한
의식은 노동조합의 여러 가지 제약을 철폐했고, 새로운 사고방식
을 가지게 했다. 또 기술 개발에 활기를 주었으며 노동자들의 공
공복리를 보다 강하게 요구하여 사회는 이전 시대보다 많이 성숙
되었다.

이때 국가는 노동자들의 폭동을 우려하여 3급 선거권에 대
한 합의를 이루었다. 3급 선거권은 이미 1845년 프로이센에서
제일 먼저 실행되었지만, 1848년 혁명의 결과 독일 전역에서 실
시되었다.


## 산업혁명

독일의 산업혁명은 영국과 프랑스에 비해 늦게 시작했지만, 성공

**뮌헨-아우크스부르크 간의 철도 개통식**
1840년 독일에서 다섯 번째로 개통된 철도이다.

적으로 진행되었다. 이로써 독일은 1900년대 초반에 유럽 최대의 산업 국가로 등장하게 되었다. 산업혁명을 통해서 자유시장 체제가 갖추어졌고, 국내시장이 통합되어 산업자본주의 체제로의 발전을 위한 법적·제도적 기틀을 마련했다.

1830년대에는 프로이센의 주도하에 관세동맹을 체결하여 국내에서 관세가 폐지됨으로써 통일적인 경제 기반을 구축했다. 1860년대에는 독일 전역에서 동업조합의 규제가 폐지되어 영업의 자유가 보장되었다.

독일의 산업혁명은 영국과 프랑스와는 달리 교통 및 통신에서 눈부신 발전을 이루어 현대 산업에 필요한 기술을 축적했다. 1830년에 철도 건설을 시작한 독일은 1840년에는 철도의 총 길이가 550킬로미터였지만, 1870년에는 약 2만 킬로미터까지 늘어났다. 1840년대에는 증기기관차를 1천 대도 소유하지 못했지만,

1870년대에 약 3만 대로 증가했다. 이는 프로이센 중심의 중앙집 권주의적 국가 역량이 크게 증가한 이유이다.

**독일 최초의 증기기관 차** 뉘른베르크에서 퓌 스트를 왕래했다.

　국토가 넓고 자원이 풍부한 독일에서 교통의 발달은 철도 부 분에서 영국을 추월했을 뿐만 아니라, 물류 운송에 대변화를 가져 와 금속 공업과 화학 공업의 발전을 이룩했다. 중화학 공업의 성 장으로 농촌 인구가 도시로 유입되면서 도시 인구는 30퍼센트 증 가했다. 산업혁명 이후 라인란트 · 작센 · 오버슐레지엔 · 루르 지 역의 도시들이 빠른 속도로 성장했다. 1870년대 180만 명에 불과 하던 도시의 노동자는 1900년대에 570만 명으로 증가했고, 전체 인구 중 도시 인구의 비율도 60퍼센트를 넘어서게 되었다.

　1870년 이후 급속히 성장한 금속 공업, 광산업, 직물 · 피혁 공업에 많은 노동자를 필요로 했다. 지속적으로 경제가 성장하면 서 중화학 공업의 비중이 커지자 금속과 광산업에 종사하는 인구

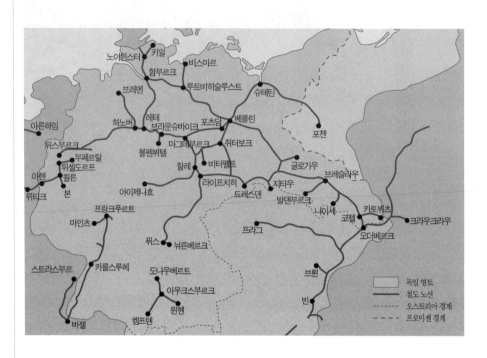

노아뮌스터 키일 비스마르
함부르크 루트비히슬루스트
브레멘 슈테틴
아른하임 하노버 레테 포츠담 베를린
브라운슈바이크 포젠
뒤스부르크 마그데부르크 쥐터보크
부페르탈 볼펜뷔텔
아헨 뒤셀도르프 할레 비터펠트 글로가우
쾰른 본 라이프치히 브레슬라우
뤼티크 아이제나흐 지타우
드레스덴 발덴부르크 나이세 카토뷔츠
프랑크푸르트 코젤 크라우크라우
마인츠 퓌스 프라그 오더베르크
뉘른베르크
스트라스부르 카를스루헤 도나우베르트 브륀
이우크스부르크 빈
바젤 켐프텐 뮌헨

독일 영토
철도 노선
오스트리아 경계
프로이센 경계

**1850년대 독일의 철도노선** 잘 갖추어진 철도망은 국토를 효과적으로 이용할 수 있게 했다.

는 계속 증가했다. 때문에 당시 노동 조합에서는 금속 노조와 광산 노조가 가장 큰 영향력을 발휘했다. 광산업에 종사하는 인구가 증가하면서 루르 지역에 많은 도시들이 탄생했고, 또한 빠른 속도로 성장했다. 광산업 종사자들은 소규모가 아닌 대규모 작업장에서 노동했다.

독일 산업의 집중 현상은 심각한 수준이었다. 전체 생산의 4분의 1 정도가 카르텔에 의한 생산이었는데, 이는 자유시장경제의 발전을 방해했다. 또한 국가와 기업 간에 이익이 부합할 경우, 기업은 정권의 부당한 정책을 지원하여 역사의 과오를 저지를 수 있었다.

## 경제 제도의 변화

프로이센이 추구했던 중상주의적인 경제 정책은 자유·진보적인
방향으로 진행되고 있었다. 진보적인 경제 정책을 계획하고 이를
추진했던 세력과 단체는 정부의 고위공무원들로 인텔리 계층이자
대부분이 중산층이었다. 또한 의회주의자들도 정부와 거의 비슷
한 의견을 가지고 있었다. 법률가들과 중상주의 재정가들은
1820~1830년대 베를린 대학교 경제학과를 유럽에서 유명한 대
학으로 발전시켰다.

　경제 정책은 농업과 공장 분야에 이어 교통 정책까지도 영역
을 넓혀 넓은 영토를 효과적으로 이용하게 되었다. 또 국가 재정
정책을 체계적으로 확립하여 국가 부채를 최소화했고, 왕조지의
영토를 국유화했으며, 화폐경제를 활성화시켜 사유 재산 제도의
기틀을 확고히 했다. 이로써 자유경제에 입각한 부동산시장과 노

**라인 강을 왕래하던
증기선** 산업혁명의 결
과 1845년에는 증기
선이 라인 강을 왕래
했다.

**베를린의 옛 시청** 프
로이센의 성장과 함께
했던 건물로 1260~
1270년 사이에 지어졌
고, 1866년 철거되었
다.

동시장이 형성되었고, 자유로운 생산 분위기는 산업 분야의 생산
력을 증가시켰다.

　이와는 반대로 공무원 사회에서는 자유 시민적인 사고방식이
결여되었으며, 개혁적인 사고방식과 미래의 비전에 대한 통찰력
이 없었다. 물론 수공업자와 산업 분야, 관세 분야와 프롤레타리
아트 계급에서 경제 분야의 공무원들은 사물을 정확히 볼 수 있는
안목과 강한 목적의식을 필요로 했다. 하지만 이런 사회와 시대의
요청에 부응할 만한 고급 경제공무원을 수급하는 것은 그렇게 간
단한 일이 아니었다.

　경험이 풍부한 델브룩을 중심으로 한 제국수상청은 관세와

기업, 다른 경제 문제에 관해서 영역을 확보해 나갔고, 이때 기본 원칙은 자유무역을 토대로 하고 있었다. 독일에서는 프랑스 지배 아래 계몽주의와 자유주의 사상에 입각하여 영업 자유가 보장되었다. 이를 실천할 수 있었던 토대가 되었던 것은 농노 해방이었다. 이 무렵, 농민들의 주거 자유가 이루어져 농촌에서 도시로의 이주가 가능했기 때문에 실행될 수 있었다. 또한 프랑스의 영향으로 영업세를 제정하여 조세개혁에 대한 사회적 동의를 받을 수 있는 기반을 마련했다.

1849년 혁명 후 제정된 영업규칙법은 수공업자들의 희망사항을 많이 반영했는데, 그 이유는 중간 계층 국민들의 삶의 질을

개선문 아래를 행진하는 독일 군대 프랑스와의 전쟁에서 승리한 프로이센 군대가 1871년 3월 1일 파리의 상징인 개선문 앞을 행진하고 있다.

향상시켜 공산주의 혁명을 미연에 방지하기 위함이었다.

이로써 수공업자들의 관심사항이 많이 반영되었고, 전에 통용되었던 물물교환이 금지되어 화폐경제가 활발히 이루어졌으며, 수공업자들의 부담을 경감시켰을 뿐만 아니라 경제 활성화를 기하게 되었다.

혁명의 결과 일반적으로 독일 전역에서 영업법이 제정되어 상공인들의 지위가 향상되었다. 그로부터 10년간 상공인들의 의식 수준이 향상되었을 뿐만 아니라 자기 영역을 보호하려는 의욕이 강하게 표출되었다. 그 결과 1859년부터 상공인 조합과 의회와 충돌이 빈번히 일어났다. 그중에서도 진보적 색채가 강한 한자동맹의 도시 뤼베크 · 함부르크 · 브레멘 · 튀링겐 · 나사우 등이 대표적인 도시다.

1860년에 창단된 수공업자 연합은 완전한 생업의 자유를 찾고자 노력했고, 직인의 동업 조합 후예인 수공업자 연합이 사회적 · 직업적 · 경제적 역할을 계승했으며, 중세의 종교적 사고방식에서 벗어났다. 19세기의 영업법 제정은 중부 유럽에서 진보적이며 세계 지향적이며 새로운 사회를 열어가는 사회적 보완 기능을 수행했다.


## 인구의 증가

산업혁명이 시작됨으로써 유럽에서는 공상에 의한 생산 활동이 본격화되기 시작했으며, 이로부터 야기된 기계, 공장, 철도는 생활 패턴을 바꾸어 놓았다. 도시와 평지에 사람들이 몰려들어 기존의 주거 환경과 농업, 노동 형태, 경제적 역할, 정치적 문제를 변화시켰다.

　19세기 동안 독일 인구는 급성장했다. 평균 수명 연장과 출생률 증가로 매년 80만 명 정도의 인구가 늘어났다. 당시의 인구 증가 현상은 단지 독일에서만 일어났던 것이 아니다. 유럽에서는 18세기 중엽까지 인구가 서서히 증가하기 시작했다. 그러던 것이 1750년부터 1850년까지 약 100년 동안 유럽의 인구는 두 배로 증가했고, 1850년부터 1913년까지 63년 동안 약 80퍼센트 성장했다.

　19세기에 영국의 인구학자 멜더스는 인구 증가율의 위험성을 지적했다. 인구가 증가하면 식량난이 생기고 이를 해결하지 못할 경우 기아의 위기를 맞게 된다는 것이다. 실제로 1830년대와 1840년대 인구 증가에 따른 문제가 현실로 대두될 뻔했으나 사회 개혁과 농업개혁을 통해서 농업 생산량을 증가시켰고, 교통수단의 발달을 통해 인구 이동을 촉진시켜 큰 문제에 직면하지는 않았

**1837년 함부르크 항구의 전경** 뤼베크, 브레멘과 함께 한자 동맹의 중심적인 역할을 했다.

다. 산업화로 인한 도시의 성장으로 더 이상 자국의 농업 생산에만 의존하지 않고 수입을 통해서 식량 부족을 해결할 수 있었던 것도 큰 몫을 했다.

결과적으로 인구 증가는 산업화 과정에서 노동력을 충분히 제공해 주고, 국내 소비시장을 확대하여 기업의 생산활동에 활기를 주는 긍정적인 효과를 가져왔다. 자본주의 시대가 본격화된 1860년대 인구 증가는 높은 인구 밀집도를 가져왔다. 이는 인간이 합리적으로 생각하고, 기계와 교통기관의 이용으로 생활이 안정된 덕택이라고 볼 수 있다. 같은 시기에 경작지에서는 수확량이 증가했고, 사료를 이용한 목축업으로 질 좋은 식료품이 배급되었다. 목축업의 발달로 육류, 우유, 치즈 등을 저렴한 가격으로 구하게 되어 생활 수준이 향상되었다.

인구 증가는 도시의 발달을 촉진시켰다. 경제의 중심이 농촌에서 도시로 옮겨지면서 중소 도시는 감소하고 대도시들이 생겨났다. 1800년대 유럽에는 인구 10만 명 이상을 소유한 도시가 열두 개로 늘어났는데, 독일에는 빈, 베를린, 함부르크가 있었다. 1850년대에는 여기에 브레슬라우와 뮌헨이 포함되었다. 1871년에 독일이 통일될 때는 10만 명 이상의 인구를 가진 도시가 8개에 이르렀다. 그로부터 30년 이후인 1900년도에는 10만 명 이상의 도시가 33개로 늘어났다.

## 산업혁명의 영향

19세기 산업화 시대를 이끌어간 필수적인 요소는 바로 '제도와 기계'였다. 그러나 이때까지 국민들의 의식에 제도와 기계란 용어는 그다지 친근하지 않았다. 새로 도입된 제도와 문명이 사회를 지배하고 있는데도 국민들은 변화된 사회에 쉽게 적응하지 못했다. 산업혁명·산업화·산업정신이란 용어는 영국에서 탄생하여 프랑스와 벨기에에서 발전했다.

증기기관차는 영국에서 제일 먼저 개발되어 산업 시대를 여는 원동력이 되었다. 이는 자연이 아닌 인간에 의해서 개발된 최초의 에너지를 동력으로 사용하게 되었다는 데 의의를 둘 수 있다. 새로운 기술은 인간 생활을 크게 변화시켜 농촌 중심 사회를 도시 중심 사회로 전환하는 기반을 마련했고, 사람의 활동공간을 광범위하게 넓혔다. 또한 석탄이 우리 인간의 생활에 가까이 접근하게 되었다. 목재가 부족한 영국에서 석탄은 동력뿐 아니라 난방용으로 긴요하게 이용되었다. 석탄이 풍부한 독일은 자연히 산업 동력 시대에 유리한 위치를 점하게 되었다.

독일에서 강대국에 대한 열망이 가장 강했던 프로이센은 넓은 영토와 강한 국력을 바탕으로 다른 유럽의 강대국과 같은 수준에 도달하기 위해 기술 개발에 주력했다.

산업화 시대는 단순한 육체 노동보다는 전문성과 고도의 기술을 갖추고 있는 전문가들이 필요로 했다. 따라서 산업 사회에

**증기기관차를 발견한 제임스 와트** 산업혁명에 결정적 공헌을 했다. 회계사이자 조선과 건축업을 성공적으로 경영하던 아버지의 도움으로 어려서부터 좋은 작업 시설을 갖추고 다양한 모형을 만들었다.

필요한 실용적인 전문 기술인력 배출을 위해 직업학교 설립이 늘어났으며, 교육 수준도 빠른 속도로 향상되었다.

산업화 초기의 학교교육은 전문 기술인력을 배출하는 데 많은 어려움이 있어 생산 현장에서 요구하는 전문 인력을 배출해내지 못

**영국의 석탄 채광 방식** 당시에는 어린아이까지 동원되어 석탄 채광 작업을 하였다.

했다. 그래서 인문학을 교육하는 김나지움과 직업을 위한 실업학교가 생겨났다. 실업학교는 직업 기술교육을 주로 가르쳤지만, 인문학의 일부도 교육했다. 직업 교육의 수준에서 벗어나 인문학을 이해시킴으로써 장인정신을 이론적으로 체계화하고 더욱 강화시킬 수 있었다. 산업이 더 높은 기술단계로 발전하자 현장에서 필요한 고급 기술인력의 확충을 위해 기술전문대학이 설립되었다. 이는 프랑스 대혁명 이후에 인간의 창의적 정신과 자유사상을 가미한 계몽주의 영향의 결과였다.


## 산업혁명과 도시 수공업

산업화 시대에 대량생산 체제가 등장하면서 수공업은 위기를 겪었다. 경제 생활이 자유·진보적인 상황으로 전개되고 산업화가 빠른 속도로 진행되자 독일의 서부 지방에서는 기존의 중간 계급

산업혁명을 주도했던
면방직 공장의 전경
슐레지엔은 면방직 공
업이 발달한 지역이
다.

수공업자 중심 사회 체제가 붕괴되었다. 산업화 시대에는 공장에
서 생산한 제품의 가격이 저렴하였고, 기존의 수공업자들은 서서
히 생산 경쟁력을 잃어가고 있었다.

　가내수공업의 퇴보는 제일 먼저 면방직 공업에서 시작되었으
며, 지역적으로는 산간 지역과 베스트팔렌 지방의 피해가 가장 심
했다. 1830년대에 들어 영국산 실과 관세 정책으로 외국 제품이
독일 시장에 진출했는데, 이 또한 독일의 수공업을 위협했다. 수
공업자들은 수입이 점차 줄어들자 이를 만회하기 위해 더 많은 작
업을 해야 했지만, 이전의 임금 수준을 극복하지는 못했다. 인구
가 증가하는 추세 속에서 노동자들의 생활 수준은 전반적으로 떨
어졌다.

　야학이나 주말학교를 다닌 것이 배움의 전부일 만큼 교육 수

준이 낮았던 수공업자들은 변화하는 사회에 민첩하게 대처하지 못했을 뿐만 아니라 미래의 변화에 대처할 능력도 갖추지 못했다. 더욱이 이때 상공업의 장려를 위해 수공업자들의 생산 활동과 자유로운 영업 행위를 제한하는 법률이 제정되어 수공업자들은 더욱 더 가난과 하위 계층에서 탈피하지 못하게 되었다. 수공업자들은 점점 사회적으로 빈곤층인 프롤레타리아트가 되고 있었다. 수공업이 위기에 직면하게 되자 여러 단체들도 여기에 종사하는 사람들을 지원하기 위해 노력했다.

가톨릭 교회는 수공업자들이 어려운 생활에 빠지자 빈민 구제 차원에서 이들을 적극적으로 도와주었다. 교회는 빈민들에게는 생활 보조금을 지원했고, 직장을 잃은 사람에게는 새로운 일자리를 찾아 주었다. 종교 단체의 노력에도 수공업의 위기는 극복되지 않았다. 위기의식은 사회 전체로 확산되었고, 이는 결국 국가적 위기로 다가왔다. 수공업의 위기는 산업화라는 시대적 대세에 어쩔 수 없는 상황이었다.


## 교육의 변화

19세기 초까지만 해도 독일은 외국의 수입에 의존했고, 자본 축적이 이루어지지 않아 서유럽에서 후진성을 면치 못했다. 그로부터 1세기 후 독일은 섬유 공업, 광산업, 기계 공업이 빠른 속도로 성장하여 서유럽에서 경쟁력을 확보했다. 단기간 내에 독일이 유럽의 선진국 대열에 참여할 수 있었던 것은 국가 주도의 교육 제도가 뒷받침되어 산업에서 필요한 인력을 쉽게 공급받을 수 있었기 때문이다. 이는 체계적인 기술과 자연과학의 교육과 연구가 활발히 이루어졌기 때문이다.

구시대에서 현시대로 전환하는 과도기에 교육은 신분 상승에 필요한 절대적인 수단으로 자리 잡았다. 군대 또한 신분 상승의 유용한 수단이었다. 사회에서 군인, 특히 장교는 선망의 대상으로 프로이센의 왕들도 군인 복장을 즐겨 입었다.

국가는 체계적인 국민교육 제도를 수립했고, 우수한 교사 양성에 주력했다. 그 결과 독일은 우수한 회사원과 기술자, 군대를 양성할 수 있었다. 실업학교와 실업계 고등학교에서 중간 관리를 양성했고, 연구소를 통해 특허권과 뛰어난 기술을 개발했다. 김나지움은 인문학을 교육하여 교양시민 양성에 학문적 기초를 제공했다. 또한 김나지움은 고전주의적 입장에서 인간 중심의 교육에 중점을 두어 정신적 수준을 높이고자 했으며, 단순한 산술적 계산 수업을 지양했다.

1902년에는 바덴에서 최초로 여자에게 대학 입학을 허용했

**하이델베르크 대학** 독일의 국가경쟁력에 기여한 하이델베르크 대학. 하이델베르크는 대학 도시로 교육의 중요한 축을 담당했다.

고, 1908년에는 독일 전역으로 확대되었다. 이때 여학생들의 자연과학부 선택이 금지되었기 때문에 대부분 철학과 문학을 전공으로 선택했다. 제1차 세계대전이 끝난 후에야 여자에게 의학부와 자연과학부 선택이 허용되었다.

베를린 대학·괴팅겐 대학·예나 대학·하이델베르크 대학·뮌헨 대학 등 오랜 역사를 가진 전통의 명문 대학은 산업혁명 기간에 질적·양적으로 성장을 이룩했다. 특히 베를린 대학은 독일의 수도에 자리 잡고 있어 프로이센의 전통과 정신을 개발하고 발전시키는 데 큰 역할을 했다.

# 5
# 프로이센의 성장과
# 독일의 통일

**프로이센의 성장과 독일의 통일**

1815년에 나폴레옹 체제가 붕괴되었다. 하지만 프랑스 대혁명으로 대두된 새로운 사상과 풍조는 유럽의 정치와 사회 질서에 획기적인 변화를 가져왔다. 나폴레옹 체제 몰락 후 등장한 빈 체제에서 독일 연방은 보수적인 성향의 색채를 띠었지만, 새로운 시대를 요구하는 대세를 거역하지는 못했다. 따라서 빈 회의 이후 1848년까지 중부 유럽의 곳곳에서 일어난 정치적 현상은 분열된 민족 국가의 수립과 각 영방 국가 안에서 자유를 확대하는 결과를 가져왔다.

프로이센에서는 혁명으로 인하여 독일 통일에 대한 담론과 논의가 가시화되었다. 소독일주의적 통일의 중심에는 비스마르크가 있었고, 그는 독일 역사에서 최초로 통일을 이룩했던 정치가로 독일을 진정한 유럽의 강대국 대열에 올려놓았디. 1866년 이래 비스마르크가 주도하는 프로이센은 독일 연방에서 헤게모니를 장악하기 시작한 반면 오스트리아는 완전히 사라진다. 1871년 비스마르크에 의해 독일 통일이 완성되자 오스트리아는 이는 완전한 통일이 아니며 세계 정책을 통하여 다른 경쟁국들과 동등한 위치를 획득해야 한다는 야심을 드러낸다.

프로이센의 비스마르크는 통일을 이룩한 후 강해진 국력을 바탕으로 프랑스를 공격하여 과거 나폴레옹 치하에서 독일이 당했던 설움을 보복한다. 이 결과 양국 관계는 여느 때와 마찬가지로 치유할 수 없는 불신과 적대적인 감정이 축적되었고, 독일의 야심이 드러나자 유럽은 국가 간에 동맹 관계를 결성하는 등 긴장을 늦추지 않게 된다.

# 1848년의 혁명

## 자유주의와 민족주의의 부흥과 혁명

1815년, 나폴레옹의 몰락과 복고적인 현상을 유지하려는 유럽 질서를 설계했던 빈 체제와 독일 연방은 19세기의 시민 계급과 부르주아지들이 추구하던 근대 시민국가와는 거리가 멀었다. 따라서 빈 회의 이후 1848년까지 중부 유럽의 곳곳에서 일어난 정치적 운동의 목표는 분열된 독일 민족 국가의 수립과 각 영방 국가 안에서 자유를 확대하는 것이었다.

　이러한 정치 운동을 담당한 계층으로는 서부 독일 라인란트 지역을 중심으로 한 자유주의적 부르주아지를 들 수 있다. 이들의 대두는 1830년대 이후 산업혁명이 본격화되고 독일 관세동맹이 결성됨에 따라 오스트리아를 뺀 독일 전역에 걸쳐 통일관세권이 적용되고 1835년부터 철도 건설이 시작된 것 등과 직접적인 관계가 있다. 이들은 경제적으로 힘은 있지만 정치적으로 아무런 권리를 갖지 못하는 모순 속에서 현 체제를 극복해야 하는 사회 계층이었다. 또 이와 같은 부르주아지 뒤에는 아직 완전한 형태를 갖추지 못한 프롤레타리아트가 나타나고 있었다. 이 두 계급의 중간에 공화주의(共和主義)를 내세우는 민주주의자라는 쁘띠부르주아지 지식인 단체가 참가하여 정치 운동을 더욱 복잡하게 했다. 이러한 문제들과 어우러져 프랑스의 2월 혁명을 직접적인 계기로 독일의 3월 혁명이 시작되었다.

　2월에 프랑스에서 시작된 혁명이 여러 나라에 영향을 미쳤는데, 사태의 추이는 거의 비슷하다. 먼저 대중 집회 및 시위가 있었

3월 혁명 프랑스 2월
혁명 이후 1848년 3
월 18일, 프로이센의
수도 베를린 왕궁 앞
에서 벌어진 시민과
정규군의 시가전 모습
이다.

으며, 출판·결사의 자유, 국민 무장, 배심재판제, 독일통일의회
성립 등 자유주의적인 '3월 요구안Märzfoderungen'이 제출되었다. 이
에 대한 각 영방 정부의 대응도 거의 비슷했다. 이들은 현 체제를
폭력으로 전복하려는 위험과 운동이 진전되는 것을 피하려는 의
도에서 정부는 폭력으로 맞서지 않았으며, 정치적인 모든 요구를
대부분 받아들였다. 곳곳에 시민군이 창설되어 통일 독일을 세우
는 데 온 힘을 기울일 것을 각국의 왕들 스스로가 약속했다. 또한

각 영방 국가에서는 자유주의적 색채를 가지고 있는 내각이 만들어져 다수의 자유주의자들이 내각에 들어왔다.

## 메테르니히의 실각

크고 작은 여러 영방에서 벌어진 혁명적 기운들은 앞으로 있을 사건들의 시작에 불과했다. 메테르니히의 퇴진을 결정지은 것은 빈과 베를린에서 일어난 봉기였다.

빈 봉기는 3월 13일에 소집한 오스트리아 의회에 대한 청원 시위에서 시작되었다. 주도권을 가진 사람은 노동자들과 결합한 학생과 시민 계층이었으며, 그들의 요구는 여러 다른 영방 국가의 3월 요구와 거의 비슷했다.

그러나 이러한 청원시위가 폭동으로 발전하는 사태가 발생해 시위 군중들은 왕궁으로 난입하여 메테르니히의 퇴진을 요구했다. 이에 따라 정부는 메테르니히를 해임했으며, 황제 페르디난트 1세는 헌법 제정을 약속하고 시민군·학생병단의 창설을 인정했으며, 필러스도르프Pillersdorf가 수반이 된 임시 내각을 만들었다.

메테르니히의 갑작스러운 실각에 대해서는 몇 가지의 원인을 들 수 있다. 첫째, 메테르니히는 시민 계층의 여론을 모르는 사람은 아니었으나, 그것을 자신의 정책에 반영하지 않았다. 둘째, 메테르니히는 혁명과 그로 인한 제국의 해체를 두려워했으나, 혁명의 원인에 대해서는 다소 허황된 생각을 가지고 있었다. 혁명은 경제적인 곤궁이나 정치적 소외와 같은 상대적 박탈감에 의하여 야기되는 것이 아니라, 비밀 결사나 몽상가들의 공작에서 비롯되는 것이라고 생각했던 것이다. 셋째, 자본주의 혁명으로 인해 야

**1848년 국민회의가
개최되었던 교회 내부**

기되는 부작용들을 정확하게 파악하고 대응하는 데 실패한 것이
다. 넷째, 그의 국내적 문제에 대한 취약성이다.

위에서 논의한 바와 같이 메테르니히는 팔라츠키가 제안한
오스트리아 영방안과 제국 내 소수민족들의 동등한 권리 요구 등
을 모두 거절했다. 갈리치아 반란에 대한 대응도 중요하지만, 이
것은 메테르니히가 그의 실각을 방지할 수 있었던 몇 안 되는 기
회였다. 국내의 여러 불만 세력들을 무조건적인 통제하는 것이 아
니라 적당한 선에서 유화하고 포섭하는 방법이 있었는데도 그렇
게 하지 않았다. 결국 그는 실각했으며 영국으로 망명했다.

3월 혁명 이후 빈 정부는 현존 체제로는 더 이상 제국을 원활

이야기 독일사

히 통치할 수 없다는 판단을 내렸다. 4월 초 갈리치아 지방을 제외한 제국 전 지역의 지방의회 의원들을 빈으로 소집하여 바덴 Baden 헌법과 벨기에 헌법을 토대로 새로운 헌법을 제정했다. 필러스도르프의 주관으로 약 3주간의 작업 끝에 4월 25일 새로운 헌법(4월 헌법)이 공포되었으며, 이 헌법은 그의 이름을 따서 '필러스도르프 헌법'이라 지칭되기도 했다.

**현재 프랑크푸르트 파울스 교회 전경** 프랑크푸르트 의회 개최 이후 프로이센은 강자로 등장하게 된다.

한편 1848년 5월 15일의 돌격청원서에 따라 같은 해 7월 17일 황제는 개각을 단행했으며, 각 지역의 행정관들은 교체되었다. 같은 달 25일 제국의회가 빈에 위치한 궁정기마학교에서 개원되었고, 여기에는 페르디난트 황제를 비롯한 빈 정부의 고위 각료들도 참석했다. 제국의회 의원들은 대부분 온건한 자유주의 및 보수주의를 지향했는데, 그것은 앞으로 제국의회에서 급진적인 개혁보다는 기존의 질서 체제와의 타협을 모색하는 점진적 개혁이 추진되리라는 것을 의미했다.

그러나 1848년 여름 이후 혁명은 주도 계층 간의 분열로 인해 점차 사그라지기 시작했다. 빈의 중앙 정부는 6월 보헤미아 지역을 군정 통치 지역으로 선포했으며, 헝가리에서 일어난 소요 사태를 무력으로 진압했다. 다시금 2월 혁명 이전의 질서로 복귀하게 된 것이다.

1848년 10월 6일, 빈에서는 정부군의 헝가리 진압을 규탄하는 집회가 있었다. 거기서 폭동도 발생했다. 이 폭동에는 기존의 질서 체제를 부정하던 사회주의자들과 그들을 추종하던 노동자 및 학생들이 대거 참여했다. 이 폭동으로 황제는 빈을 떠나 올뮈츠로 피난가야만 했으나 11월 2일 폭동은 진압되었다.

10월 폭동의 진압은 빈 정부로 하여금 점차 오스트리아 제국을 혁명 이전의 상태로 복귀시킬 수 있다는 자신감을 가지게 했다. 특히 이전 체제로의 복귀를 주장하는 슈바르첸베르크Schwarzenberg 백작이 수상이 되고, 페르디난트 황제가 18세의 프란츠 요제프Franz Joseph에게 양위하면서 제국은 급격히 2월 혁명 이전의 질서로 복원되었다.

의회의 기능 및 효용성을 인정하지 않았던 슈바르첸베르크는 당시 자유주의의 상징으로 간주되던 의회를 가능한 한 빨리 해산시키려 했다. 그러나 대다수의 독일계 의원들은 슈바르첸베르크의 의도에 대하여 이율배반적인 태도를 나타냈다. 즉 이들은 권력 분립을 지향한 시민 계층이었기 때문에 절대주의 체제로 복귀하려는 정부의 의도에는 반대했으나 그동안 독일 민족이 오스트리아 제국에서 가지고 있었던 법적, 사회적 지위를 고려하여 오스트리아 영방 체제의 도입에 제동을 건 것에 대해서는 전폭적인 지지를 보냈다.

다시 말하면 이들은 제국을 중앙집권 체제로 복귀시키되, 거기서 권력 분립을 법적으로 명문화해야 한다는 견해를 가지고 있었던 것이다. 아울러 이들은 대독일주의, 소독일주의적인 독일 통합에 대하여 처음부터 반대했기 때문에, 독일 연방 내부에서 오스트리아 제국의 주도권을 장악한다는 슈바르첸베르크의 주장에 대하여 전폭적인 지지를 보내게 되었다.

결국 황제는 1849년 3월 당시 내무장관이던 슈타치온Station이 비밀리에 준비했던 헌법안을 재가했는데, 여기서 민족 문제나 시민의 기본권에 대한 것은 배제되었다. 오히려 황제의 절대적 거부권과 긴급법률제정권 등과 같은 절대주의 체제를 강화시키는 내용들만이 포함되어 있었다.


## 프로이센과 혁명

메테르니히의 실각으로 결론이 난 빈과는 달리 베를린의 경우 시위에 참가한 노동자 및 시민들은 자유주의적 개혁 이외에도 프로이센이 독일 통일에 앞장설 것을 요구했다. 똑같은 혁명과 소요였지만, 프로이센과 오스트리아 양국에서 벌어졌던 일들과 그 결과는 판이하게 달랐다. 오스트리아는 혁명으로 균열이 가시화되었지만, 프로이센은 혁명으로 독일 통일에 대한 담론과 논의가 가시화되었던 것이다. 1848년 5월 18일, 프랑크푸르트에서 통일의 모태가 될 독일 국민의회가 소집되었으며, 이 의회가 독일 연방의회를 대신하게 된다고 선언했다.

다음 해 2월, 프랑크푸르트 의회는 헌법을 채택하고 프로이센 국왕을 독일 황제로 추대했다. 그러나 이것은 오스트리아와의 일전(一戰) 없이는 절대로 해결될 수 없는 문제였다. 이 시기부터 프랑크푸르트 의회주의자들은 오스트리아를 제외한 소독일주

**프랑크푸르트의 야경**
현재는 유럽 경제와
교통의 중심지로 자리
잡고 있다.

의적 통일안을 제시했다. 전략적으로 프로이센은 오스트리아를
탈락시키는 동시에 베를린이 독일 지역을 지배할 수 있다는 장점
을 확보했다. 그러나 자유주의자들은 프로이센 왕을 독일 황제로
추대하는 것을 거절하였고, 프랑크푸르트 의회도 해산되었다. 그
러나 1850년에 프로이센은 에르푸르트Erfurt 회의를 소집했으며,
1850년 5월에는 베를린에서 독일 군주 회의를 소집했다.

　　오스트리아는 이에 맞서 프랑크푸르트 회의를 개최하여 독일
연방의회는 양분되었다. 빈은 독일 연방 내에서 베를린과 경쟁을
제도화하는 것이 제국 유지를 위한 최선의 방법이라고 생각했다.
이때 과거에 중립적인 태도를 취했던 러시아가 오스트리아의 손
을 들어주었다. 두 국가는 의견을 조율하자고 나섰으며, 1815년

이야기 독일사

체제로 조속히 복귀하여 프랑스와 혁명 세력 모두에 대항하는 보수주의 세력의 연합전선을 재창설해야 한다고 그 필요성을 강조했다.

1850년 말에 독일 연방의 헤센에서 자유주의자들과 사회주의자들의 소요가 있었다. 프로이센은 소요 사태를 에르푸르트 연맹의 군대로 진압하려 했으나, 이에 대항하여 오스트리아가 프로이센을 응징하려는 강경 자세를 취하자 러시아는 오스트리아의 주장을 지지했다. 프로이센은 오스트리아와 일전을 불사할 것인지 외교를 통한 양보를 할 것인지를 결정해야 했다. 일부 강경파들의 성토가 있었으나 국왕은 결국 양보하기로 최종 결정을 내렸다. 프로이센 입장에서 오스트리아보다 프랑스가 더 큰 부담이었기 때문이다.

결국 프로이센은 11월 올뮈츠에서 오스트리아에 굴복했다. 이에 에르푸르트 연맹은 해체되었으며, 1815년의 독일 연방 체제가 복원되었다. 표면상 프로이센은 모든 것을 잃은 것 같아 보였다. 그러나 실제로 1848년 이래 프로이센은 많은 것을 얻었다. 부활된 러시아-프로이센-오스트리아 동맹에서 프로이센은 오스트리아와 동등하게 대우받았다. 또한 만일 오스트리아와 전쟁이 발발할 경우 프로이센은 프랑스의 중립을 구하기 위해 라인란트 지역을 프랑스에게 할양하지 않으면 안 될지도 몰랐기 때문이다. 프로이센은 이것이 오스트리아에 대한 양보보다 더 큰 재난을 초래할 것으로 믿었다. 결국 프로이센은 올뮈츠로 인하여 약화되지 않았다. 단지 새로운 독일 계획 중의 하나인 오스트리아를 제외한 소독일주의적 독일 통일을 잠시 연기한 것뿐이었다.

# 프로이센의 성장과 비스마르크의 등장

## 최초로 통일을 이룩한 비스마르크

소독일주의적 통일의 중심에 비스마르크가 있다. 그는 독일 역사에서 최초로 통일을 이룩했던 정치가로 독일을 진정한 유럽의 강대국 대열에 올려 놓았다.

비스마르크는 나폴레옹이 엘바 섬을 탈출하여 파리로 입성하여 정권을 재장악했던 날인 1815년 4월 1일에 영주 집안에서 태어났다. 그가 어렸을 때 독일은 나폴레옹의 침략으로 비참한 상황이었다. 이런 민족적 불행을 경험한 비스마르크의 정치적 야망은 이때부터 이미 성장하고 있었다. 비스마르크의 성격과 미래에 대한 식견은 부모의 영향을 많이 받았으며, 가문의 정치적 · 경제적 배경도 중요한 역할을 했다.

비스마르크는 태어난 지 1년 후 고향을 떠나 가족과 함께 포메른으로 이주했다. 당시 독일에서는 농노 해방이 이루어져 농촌에서 노동력을 쉽게 구할 수 없었다. 지대 수입이 떨어지자 중간 계층과 가난한 농민들은 토지를 팔고 도시나 외국, 중남미, 러시아로 이주했다. 농업 중심 사회에서 도시 중심 사회로 전환하는 과도기에 재정적으로 여유 있는 영주는 헐값에 토지를 매입하여 대규모 농장을 소유하게 되었다. 비스마르크 아버지는 포메른으로 이주하여 약 10제곱킬로미터 정도의 넓은 영토를 소유했지만, 그 지방에 있는 교회의 재정이 빈약하여 많은 토지를 기증했다. 아버지의 교회에 대한 사랑은 먼 훗날 비스마르크의 교회 정책에도 많은 영향을 미쳤다.

비스마르크가 어린 시절을 보냈던 포메른 지방은 독일의 동북부 지방에 위치한 곳으로 어느 지방보다도 농업 의존도가 높았고, 자연 호수와 낮은 언덕, 소규모의 숲을 쉽게 발견할 수 있었다. 그는 도토리나무 숲과 작은 물고기가 살고 있는 연못을 좋아하여 산책과 사냥을 자주 했다. 이곳의 자유롭고 풍요로운 농촌 풍경은 비스마르크의 어린 시절에 정서 함양에 많은 도움이 되었을 뿐만 아니라 훗날 좋은 추억거리가 되었다.

1821년 비스마르크는 학교 진학을 위해 농촌의 소박하고 아름다운 풍경을 가진 고향 집을 떠나 베를린으로 유학을 갔다. 베를린에서 그는 다섯 살 위의 형인 베른하르트 폰 비스마르크와 함께 하숙을 했다.

비스마르크가 다닌 프라만 학교는 페스탈로치식 교육 방법을 철저히 따르는 관계로 건강한 체력과 건강한 정신교육을 동시에 지향하는 학교로 명성이 높았다. 학교에서는 역사 수업을 제외한 모든 학과에서 우수한 점수를 받았는데, 그중에서도 언어와 지리, 통계학에 매우 뛰어났다.

특히 언어 능력이 매우 우수했던 그는 그리스 어와 라틴 어로 의사소통과 서신 교환을 하는 데 별 어려움이 없었다. 영어와 프랑스 어

**프란츠 폰 렌바흐가 그린 말년의 비스마르크 초상화** 프로이센의 쇤하우젠에서 태어나 포메른에서 어린 시절을 보내고 베를린에서 수학한 후 러시아, 프랑스 공사를 거쳐 수상이 되어 통일을 이룩하였다.

를 유창하게 구사하여 모국어와 별 차이를 못 느낄 정도였으며, 러시아 어와 이탈리아 어, 스페인 어로도 의사소통이 가능했다.

학교 시절부터 서서히 정치에 대한 야망을 가졌지만, 남의 앞에 나서기보다는 조용히 관망하는 편이었다. 그는 학창 시절에 이미 프로이센 왕조에 대한 충성과 의리를 강조하는 국가주의적 정신을 함양하는 훈련이 되어 있었다.

비스마르크는 사관학교에 진학하기를 바랐던 부모의 기대를 저버리고 괴팅엔 대학에 진학해서 법학과 국가학을 전공했다. 그가 대학에 진학했을 때는 프랑스에서 7월 혁명이 일어나 유럽 전역으로 확산된 때였다. 혁명의 물결은 계속 확대되어 벨기에에서 민족주의적 혁명이 일어났으며, 폴란드와 이탈리아에서도 국민들의 대규모 데모가 일어났다.

독일에서는 작센과 헤센 선제후국, 브라운슈바이크 공국과

**비스마르크의 집무실**
함부르크 근교 작센발트에 있는 곳으로 정치에서 물러난 후 여생을 보낸 장소이다.

하노버 공국에서도 혁명 운동이 일어났다. 시민들은 부당한 세금 폐지, 독일 국내의 관세 폐지, 국민 군대 창설, 선거 제도 개혁 등을 요구했다. 이러한 국민들의 요구에 비스마르크는 모든 것은 법률이 허용하는 범위 내에서 제도권에 의해 이루어져야 한다고 생각했고, 혁명적이고 파괴적인 행동과 생각에는 반대했다.

비스마르크는 군복무를 마친 후 진로에 대해서 고민하기 시작했다. 특히 가업을 물려받아 고향에 가서 농사를 지을지, 아니면 국가에 봉사하는 관료직에 진출할지를 두고 갈등했다. 결국 그가 가장 의지했던 고모와 아내의 요구에 따라 관료직을 택했고, 졸업 후 1835년 지방법원 배석판사가 되었다.

비스마르크는 1847년 5월, 지방의회에 처음으로 진출하여 1850년까지 정치 활동도 열심히 했다. 그 후 그는 프로이센 대표로 프랑크푸르트 영방의회에 참여하여 프로이센을 영방 내에서 가장 강력한 국가인 오스트리아와 같은 동등한 위치에 올려놓았다. 그리고 영방의회에서 소독일주의를 주장하여 독일에서 오스트리아를 배제한 통일의 이념을 제시했다.

그는 프랑크푸르트 의회에서의 활약을 인정받아 프로이센 공사로 러시아 상트페테르부르크에 파견되어 러시아 외교에 대해서 알게 되었으며, 러시아의 저명한 외교관 고르차코프로부터 외교에 대해서 많은 지식을 전수받아 현실 정치에 활용하였다. 그뿐만 아니라 러시아 황제 알렉산드르 2세와도 개인적인 친분 관계를 다져 러시아와 프로이센이 우호적인 관계를 유지하게 했다. 이로써 프로이센은 동유럽의 강국 러시아와 평화적인 관계를 맺어 동부에서 외부의 침략에 대한 두려움 없이 독일 통일과 서유럽으로 진출할 수 있는 기틀을 마련했다.

**빌헬름 1세의 황제 취임식** 베르사유 궁전 거울의 방에서 빌헬름 1세가 황제로 즉위하고 있다.

비스마르크는 러시아 공사의 임기를 끝내고 잠시 파리 공사로 근무하다 1862년에 내각 수반인 총리에 임명되었다. 그는 군통수권을 장악했고, 헌법 제정에 관해서 왕에게 제안했으며, 독일에서 오스트리아를 배제한 가운데 프로이센 중심의 독일 체제를 구축했다.

그리고 1867년 북독일연맹을 결성하여 독일 연방이 해체되었으며, 프로이센이 독일에서 헤게모니를 장악하게 되었다. 그는 힘에 의한 군사적 압력과 대화를 통한 외교 조약을 통해 독일 통일을 이룩했고, 독일에서 외국의 영향력을 배제하기 위해 프랑스를 침략하여 베르사유 궁전에 있는 거울의 방에서 통일된 독일 제국

이야기 독일사

의 헌법을 공포하고, 빌헬름 1세를 독일 제국의 황제로 추대했다.

통일 후 비스마르크는 남부 독일에 기반을 둔 가톨릭을 탄압하여 오스트리아가 독일에서 영향력을 확보할 수 있는 기반을 제거했고, 사회 복지 정책을 실시하여 시민 계급을 국가 정책의 반대자가 아닌 조력자로 끌어들였다. 외교 정책에서는 러시아와 시종일관 우호적인 관계를 유지했다. 하지만 그가 죽고난 후 황제 빌헬름 2세는 러시아를 독일의 외교권에 잡아두는 것에 의미를 두지 않았다.

통일을 이룩한 비스마르크는 외교에서 현상 유지Status Quo 정책을 추진하여 유럽의 강대국과 갈등 관계를 초래하는 것을 원하지 않았다. 한 시대 권력을 풍미했던 비스마르크도 새로운 황제 빌헬름 2세와의 갈등으로 1891년 현직에서 물러났으며, 함부르크 근교에 있는 작센발트 숲에서 생활하다 1898년 세상을 떠났다.


## 가슈타인 협정

1866년 이래 비스마르크가 주도하는 프로이센은 독일 연방에서 헤게모니를 장악하기 시작한 반면 오스트리아는 독일 연방에서 점차 사라졌다. 그 후 오스트리아는 독일 연방에서 완전히 분리되었으며, 결코 독일 정책에서 헤게모니를 장악하지 못했다. 오스트리아 세력이 약해진 사이 프로이센은 북독일연맹을 결성하여 주도권을 행사하기 시작했다.

독일에서 가장 강력한 국가였던 프로이센과 오스트리아의 대결 양상은 1866년 표면화되었다. 오스트리아는 슐레스비히-홀슈타인 문제를 제대로 해결하지 못했기 때문에 프로이센의 도전을

**뤼베크에 있는 홀슈타인 성문의 모습** 슐레스비하-홀슈타인 주에 있는 뤼베크는 한자 동맹의 근거지로 15세기에서 16세기에 걸쳐 크게 번영하였다.

피할 수가 없었다. 1866년 2월, 양국 간의 관계가 심각해지자 프로이센은 오스트리아와의 전쟁이 불가피함을 인정하고, 왕실은 내각에게 외교에 관한 전권을 위임했다. 비스마르크는 오스트리아와의 전쟁이 유럽 전역으로 확대될 경우 독일 문제가 유럽 문제로 비화되어 주변국의 이해관계에 따라 프로이센의 계획이 무산될 가능성을 염려했다.

비스마르크는 독일 통일을 위해 청사진을 마련했다. 그는 러시아가 독일 문제에 대해서 중립적인 입장을 견지할 것으로 믿었고, 영국은 강해진 프로이센에 대항할 의사 없이 타협적인 입장을 취하리라 믿고 있었다. 이런 배경하에 1865년 8월 가슈타인 협정 Convention of Gastein이 체결되었다. 당시로서는 독일 연방 내 두 강대국의 단결이 결국 이루어진 것처럼 보였다. 그러나 협정의 결과로 프로이센 영토 한복판에 오스트리아의 홀슈타인 공국이 존재하게 되었으며, 이것은 또 다른 분쟁의 불씨를 야기할 수 있는 일이었다. 빈에서는 홀슈타인 공국을 하나의 독립영방국으로 만들려고 했던 반면, 베를린에서는 프로이센에 합병하기를 원했다.

가슈타인 협정은 프로이센-덴마크 전쟁 이후인 1865년 8월 1일 바트 가슈타인Bad Gastein에서 프로이센과 오스트리아 사이에 체결된 협정이다. 협정에 따르면, 슐레스비히 공국은 프로이센, 홀슈타인 공국은 오스트리아가 관할하기로 했으며, 홀슈타인 남부의 라우엔부르크 지역은 프로이센이 오스트리아에게 금전을 지불하고 보유하도록 했다. 가슈타인 협정의 구체적인 내용은 사실 오스트리아가 제안한 것이었으나, 비스마르크의 노련한 작전에 말려들어간 것이었다. 이로 인해 프로이센은 독일 연방의 의장국인 오스트리아와 동등한 지위를 확보했으며, 후일 오스트리아를 꺾을 수 있는 명분을 만들었다.

비스마르크는 오스트리아와의 분쟁 가능성을 언제나 염두에 두고 있었으며, 만일의 사태를 위해 준비하고 있었다. 그러나 가슈타인 협정으로 인해 독일의 주도권을 쟁취하기 위한 투쟁은 잠시 연기되었다. 그러나 이것은 오스트리아 입장에서는 불행이었다. 베를린은 북부 독일 지역만이라도 통일시키기 위해서는 오스트리아와의 전쟁이 불가피하다는 것을 이미 인지하고 있었으며, 협정으로 인해 얻은 시간들은 오스트리아를 고립시킬 수 있는 기회였다.

비스마르크로서는 오스트리아와 전쟁을 할 경우 오스트리아와 프랑스 간의 연결을 저지하는 것이 급선무였다. 프랑스는 독일의 팽창을 두려워하여 독일 문제에 개입할 가능성을 다분히 갖고 있었다. 오스트리아와 프로이센이 전쟁을 할 경우 이 기회를 이용하여 라인 강 왼쪽 지역을 병합하려는 의도를 가지고 있었다. 나폴레옹 3세는 중립적인 입장을 취하면서 프로이센과 오스트리아가 전쟁으로 빠져들도록 분위기를 부추겼다. 프랑스의 의도를 잘 알고 있는 비스마르크는 프랑스에 구체적인 약속이나 회답을 피한 채 애매모호한 암시로 응답했다. 반면 오스트리아는 프랑스와 비밀협정을 체결하여 프랑스가 중립적인 입장을 취하는 대가로 프랑스의 보호를 받는 독자적인 라인 국가를 창설하는 데 동의했다.

그러는 사이 비스마르크는 이탈리아와 동맹을 체결하여 오스트리아와 전쟁이 시작되면 남북에서 압박하기 위한 준비를 마쳤다. 비스마르크는 이탈리아가 오스트리아를 침입한 대가로 베네치아의 통합과 금전적 보상을 약속했다. 프로이센은 대내외적으로 방어망을 구축한 뒤 명분을 쌓기 위해 오스트리아를 자극하여 선제공격을 유도하는 일을 맡았다.

**운터 덴 린덴의 새 위병소와 무기고** 왼쪽은 하인리히 왕자의 궁전이고, 오른쪽은 오페라 하우스의 입구이다. 프로이센의 수도인 베를린은 독일에서 가장 큰 도시로 후에 독일 제국의 수도가 되었다.

## 프로이센-오스트리아 전쟁과 독일 연방의 붕괴

비스마르크는 새로운 독일 연방국 창설을 제안했다. 이 계획안에 의하면 북쪽에서는 프로이센, 남부 독일에서는 뮌헨(바이에른)이 주도권을 잡고, 독일 연방에서 오스트리아를 배제하는 것이었다. 프로이센은 이 동맹을 체결한 다음 날 프랑크푸르트 영방의회에 영방 개편안을 제출했다. 오스트리아에 대한 도전임은 말할 필요도 없는 것이다.

결과적으로 홀슈타인의 오스트리아 총독이 의회를 소집하자 비스마르크는 이것이 가슈타인 협정을 위반하는 것이라고 주장하며 군대를 홀슈타인에 진주시켜 양국은 결국 충돌하게 되었다. 프로이센, 오스트리아 양국의 전쟁은 이제 피할 수 없는 것으로 여겨졌다. 프란츠 요제프 1세는 이례적으로 빈 신문에 전쟁이 임박했음을 알리고, 담화를 발표했다. 빈 신문에 발표한 황제의 담화문은 제국을 신뢰하고 충성해달라고 주문하고 있지만, 정작 황제 본인부터가 제국의 능력과 역량에 대하여 신뢰하지는 않았다.

한편 오스트리아는 전쟁이 목전에 이르자 1866년 6월 12일, 프랑스의 나폴레옹 3세에게 그가 원하는 모든 것을 주면서 프랑스의 중립을 보장받는 비밀조약을 체결했다. 그 대가로 오스트리아는 전쟁의 승패와는 관계없이 베네치아를 나폴레옹 3세에게 할양하고 프랑스는 이를 받아 이탈리아에 돌려주기로 했다. 그리고 만일 오스트리아가 승리할 경우 오스트리아가 원하는 방향으로 독일 연방을 개편하고, 그러한 개편으로 유럽의 세력 균형이 변하게 된다면 사전에 프랑스 측과 협의할 것을 합의했다. 또한 오스트리아는 라인란트 지역에 중립적인 완충 국가 건설에 반대하지 않는다고 합의했다. 프랑스 입장에서는 베네치아와 라인란트의

**오스트리아 황제 카를 2세 대관식** 1878년 오스트리아는 보스니아와 헤르체고비나의 합병을 선언한다. 이는 보스니아의 영유를 갈망하던 세르비아의 반감을 샀고, 나중에 황태자 페르디난트와 왕비가 살해되는 결과를 초래한다.

확보라는 두 가지 숙원을 동시에 이룩할 수 있는 것이다.

오스트리아는 이 조약을 체결한 지 이틀 후에 프로이센에 대하여 제재를 가할 것을 영방의회에 발의하여 통과시켰다. 홀슈타인에 군대를 주둔시킨 것이 제재 사유였다. 프로이센 대표는 퇴장했으며, 전쟁이 시작됐다.

당시 프로이센과 비스마르크의 전략은 단순했다. 오스트리아 군대를 섬멸시킬 때까지 프랑스 황제 나폴레옹 3세의 군대를 전쟁에 참가하지 못하도록 붙잡아 놓는 것이었다. 그렇다고 해서 오스트리아가 굴욕을 느끼게 해서는 곤란했다. 프랑스와 전쟁을 할 경우 오스트리아가 중립을 지켜 줘야 하기 때문이며, 장차 프로이센의 동맹국이 되어 동부의 러시아에 대항해 주어야 했다. 즉 비스마르크의 전반적인 구도는 동시에 두 나라가 전면전을 벌이는 상황을 피하는 것이었다.

이에 대항하는 오스트리아 군대는 독일인 · 크로아티아 인 · 이탈리아 인 · 헝가리 인 · 세르비아 인과 같은 많은 인종과 부족들로 구성되었다. 장교들은 한 가지 명령을 하는 데도 최소한 세 가지 이상의 언어로 말해야 했다. 또한 메테르니히 시대의 평화를 누린 오스트리아 군대의 장교들은 전쟁 준비 대신 멋있는 군복을 입고 의장훈련을 하는 데만 신경을 쓰는 등 전쟁에 대한 전혀 준비가 되어 있지 않았다. 프로이센 군대는 빠르게 탄약을 장전할 수 있는 후장총을 도입한 반면 오스트리아 군은 위험한 자세에서 총구를 통해 탄약을 장전하는 전장식 소총을 쓰고 있었다. 또한 신분이 높은 장교들이 평민 출신 사령관의 지시를 따르지 않은 것도 전력을 약화하는 데 한몫했다. 반면 프로이센 군대는 몰트케 백작의 지휘하에 일사분란한 공격을 감행하여 전투 지역 대부분을 장악했다. 결국 쾨니히그레츠 전투에서 오스트리아 군대는 4만 4천 명이라는 천문학적인 희생자를 내고 패배했으며, 전쟁 후 오스트리아 군의 지휘부는 완전히 와해되었다.

프로이센과 오스트리아는 프랑스의 중재 아래 1866년 8월 프라하에서 평화협정을 체결했다. 그 후 오스트리아가 주도했던 독일연방이 해체되고, 북부독일연방Norddeutscher Bund이 결성되어 프로이센이 주도적인 역할을 하게 되었다. 프로이센은 슐레스비히–홀슈타인, 하노버, 헤센, 나사우, 프랑크푸르트를 합병했다. 오스트리아는 전쟁 배상금을 프로이센에 지급했고, 이탈리아는 베네치아를 합병했다. 프로이센의 승리는 수백 년 동안 독일을 지배해 온 호엔촐레른 가와 합스부르크 가 체제를 종식시켰으며 오스트리아를 독일 국가에서 배제했다.

한편 전쟁에서 패배한 오스트리아는 헝가리에 대한 유화 정책을 통해 오스트리아의 지배 아래 있던 헝가리 왕국의 독립을 허용했으며, 1867년 3월 15일 제국의 이원화를 공식적으로 선포했다.

오스트리아는 수백 년 동안 가져왔던 독일 권역에서의 지위를 잃었음은 물론이고, 더 이상 독일과 어떠한 연계도 가질 수 없게 되었다.

승리한 프로이센은 경제적으로 중앙집권화를 추구했고, 프랑스와

**1870년 베르사유 궁전의 독일군 사령부 모습** 왼쪽부터 블루멘탈, 프리드리히 왕세자, 베르디 뒤 베르누아, 빌헬름 1세, 몰트케, 론, 비스마르크.

의 전쟁에서 승리한 후 소독일국가주의적 국가 통합을 완성했다. 또한 지속적인 자본주의 정책을 추진하여 외국과의 경쟁에서 자국의 기업을 보호했다. 비스마르크는 자유주의적 시민 계급을 친정부적으로 포섭하는 것에 성공했다. 그 결과 독일의 부르주아 계급은 정부에 도전적이지 않고 타협하여 의회에서 그들의 입지를 강화했고, 언론을 장악하여 국가 정책에 영향력을 행사할 수 있었다. 결과적으로 프로이센에서는 시민혁명을 저지할 수 있었다.

다른 한편으로는 남부 독일에 기반을 둔 가톨릭을 탄압하여 오스트리아가 독일에서 영향력을 확보할 수 있는 기반을 지속적으로 무너뜨리는 데 성공했다.

한편 융커와 부르주아 계급의 결속력을 토대로 한 위로부터 혁명은 융커들의 정치 권력을 강화시킨 반면, 시민 계급에게는 불리하게 진행되었다. 이에 따라 시민 사회 지지 기반이 약화되어 민주적 발전은 저해되었다.

# 6
# 독일의 팽창 정책과
# 제1차 세계대전

## 독일의 팽창 정책과 제1차 세계대전

독일의 팽창 정책은 빌헬름 2세의 등장과 밀접한 관계를 갖고 있다. 황제 즉위와 동시에 조상으로부터 물려받은 통일된 독일에 만족하지 않고 스스로 제국을 통치하려는 야망을 가지게 되었고, 선왕들이 지킨 현상유지 원칙들을 무시하였다. 그는 비스마르크가 퇴임하면서 했던 "러시아와의 관계 개선을 소홀히 하지 말라."라는 부탁을 무시한 채 유럽에서 세력 균형을 파괴한 장본인이 되었고, 불행한 최후를 맞이하였다.

독일은 통일 이후 중앙집권적인 '하나의 국가'로서 첫 경험을 하게 된다. 독일 제국의 잠재적 역량은 중부 유럽의 한정된 국토에 만족하지 않고 점차 욕심을 드러낸다. 빌헬름 2세 즉위 이후 1890년대부터 독일의 외교 정책은 점차 세계를 향해 나아갔다. 통일 후 20여 년 사이 급속한 성장으로 많은 독일인들은 자신감과 야심으로 충만했다. 이는 과거 전통적인 독일의 가치에 대하여 위협이 될 수도 있는 것이었다. 독일의 세계 정책은 터키를 지나 근동 지역까지 영향력을 확대하려는 것으로 영국과 러시아를 크게 자극했다.

독일이 힘에 의지해 팽창을 추구한다는 것은 세계 제국을 추구한다는 것이며, 이는 결국 유럽에서 제1차 세계대전의 발발을 가져왔다. 약 4년 반 이상 지속되었던 제1차 세계대전은 독일에서 약 200만 명 정도의 사상자와 400만 명의 부상자를 내는 피해를 가져왔다. 전쟁은 엄청난 폭격으로 수백만의 희생자를 만들었으며 살아남은 이들에게도 다시는 돌이킬 수 없는 고통과 상처를 남겨 주었다.

1914년에 일어난 전쟁은 산업혁명과 정치혁명으로 야기된 복지 사회로 가는 모든 체제들을 파괴시켰다. 그러나 전쟁을 겪었던 독일은 구체제를 종식하고 새로운 민주주의 정치 체제를 수용하여 경제 · 사회구조 · 국가 헌법 · 국내 정치 · 국민의 의식과 가치 규범들에 있어서 많은 변화가 일어났다.

# 독일의 팽창 정책

## 빌헬름 2세의 등장

빌헬름 1세에 이어 황제의 자리에 오른 빌헬름 2세는 어느 한쪽 성향으로 치우치지 않은 개성 없는 인물이었다. 보수적인 귀족 세력 혹은 사회주의자들에 의한 쿠데타로 자신이 왕위를 잃지 않을까 걱정하는 이른바 '퇴위 콤플렉스'는 그의 인기 영합적인 팽창 정책을 아우르는 하나의 키워드였다.

황제 즉위와 동시에 빌헬름 2세는 자신의 아버지와 할아버지로부터 통일된 독일뿐만 아니라 프로이센 주도하에 중부 유럽에서 거대한 통일을 이룩하고 독일 제국을 건설한 비스마르크의 정치력 그리고 오랜 기간 안정을 함께 상속받았다. 즉위 당시 29세였던 이 젊은이는 그의 선왕들과는 달리 이러한 독일 제국을 직접 통치하려는 야망을 가지게 되었다.


## 비스마르크와의 갈등

빌헬름 2세가 즉위했을 때, 비스마르크의 연임에는 큰 문제가 없을 것으로 여겨졌다. 그러나 수상이 정치적 결정을 내리는 것을 옆에서 지켜보며 답답함을 느낀 젊은 황제는 서서히 대립각을 세우기 시작했다. 두 사람은 세대 차이뿐만 아니라 국내외 정책에 있어서 심각한 불일치를 보였는데, 특히 대외 정책에 있어 대립이 심각했다. 무엇보다 최종적인 갈등은 사회 정책에서 발생했다. 1889년 베스트팔렌의 광부들이 소요를 벌였을 때, 비스마르크와는 달리 황제는 노동자들의 소요사태와 파업을 지지했다. 또한 1890년 1월 제국의회에서 사회 정책법 입안이 보수주의자들의 반대로 기각되었다.

이에 빌헬름 2세는 프리드리히 대왕의 생일날 노동자보호법에 대한 계획과 그 입안을 관철시키기 위하여 비밀리에 각의를 소집했다. 회의에 호출된 비스마르크는 경악할 수밖에 없었다. 물론 황제의 이러한 의도는 사회 정책적으로 정당한 동시에 모호하고 불분명한 약속이기도 했다. 그는 일부 극단적인 과격주의자들의 말에 귀를 기울였으며, 일반 대중의 인기에 영합하는 정치 행태를 보였다.

무엇보다 비스마르크는 당시 정당들이나 대중들에게 인기를 얻지 못했다. 만일 그가 어느 정도 대중적 인기를 지니고 확고한 지지층이 있었다면 재상 자리에서의 실각은 최소한 몇 년 정도 연기되었을 것이다. 당시 황제는 지극히 인기 영합적이었으므로 만일 비스마르크 수상이 고른 지지를 얻고 있었다면 그를 실각시키기 위한 일련의 행동들을 감행하지 못했을 것이다.

그러나 현실은 그렇지 않았다. 모든 정당들과 식자층에서 비스마르크에 대한 누적된 불만이 터져 나오기 시작했다. 그들은 국내 정치만을 보았기 때문에 비스마르크가 만들어 놓은 탁월한 유럽의 질서와 체제, 독일 제국의 안정이 얼마나 중요한 것인지 알지 못했다. 물론 비스마르크 역시 일반 대중들에게 그러한 것을 일일이 설명하려 하지도 않았다.

1890년 제국의회 선거에서 사회민주당은 종전에 비해 2배 이상 약진했다. 비스마르크의 입지는 더욱 좁아졌으며, 공직에서 은퇴할 것을 검토했다. 그러나 은퇴 생각을 단념하고 권력 유지를

위한 투쟁에 돌입했다. 이에 황제는 지속적으로 인기 영합적인 정 치를 하게 되었으며, 점점 더 노골적으로 비스마르크와 보수당에 반대하는 쪽으로 기울어졌다.

이러한 분위기 속에서 마침내 황제는 비스마르크에게 1852 년에 제정된 제후 칙령의 수정을 명령했다. 이것은 그동안 재상이 향유하던 특권을 박탈하는 조치였다. 비스마르크는 그 명령을 거 부했으며 황제는 그에게 사직을 요구했다. 이에 비스마르크는 사 직하면서 황제에게 대외 정책의 중요성을 건의했으며, 러시아와 의 관계 개선이 매우 중요하다고 역설했다. 그는 러시아에 의해 초래될 위험에 대하여 분명하게 언급했다.

황제는 물러나는 비스마르크에게 라우엔베르크 공작 작위를 수여했다. 겉으로 보기에는 황제가 슬픔과 아쉬움을 가지고 늙은 수상을 돌려보내는 것 같았으며, 마치 악화된 건강과 늙은 나이가 해임의 원인인 듯이 행동했다. 그리고 대부분의 정치 그룹들은 현대적이고 개혁적인 황제의 결정을 기쁘게 받아들였다.

## 독일 제국의 세계 정책과 유럽 체제의 분열과 동요

비스마르크 실각 이후 빌헬름 2세가 채택한 소위 신노선Neuekurs은 외무성 내의 직업 외교관들, 특히 홀슈타인의 견해를 반영했다. 즉 비스마르크식의 억제와 균형 체제 대신에 독일과 비슷한 이해 관계를 지닌 국가들과의 대동맹을 추구했다. 이에 따라 지금까지 동맹 관계에 있었던 러시아를 대신해 영국과 동맹을 맺는 유럽 체제의 보장 정책을 선택했다. 홀슈타인은 러시아에 대해 적대적인 생각을 가지고 있었다. 그는 러시아와 동맹조약을 갱신하는 것은 러시아의 팽창 야욕에 독일이 희생되는 것이며, 프랑스를 견제할 수 없는 것이라 생각했다.

이러한 권고에 따라 빌헬름 2세는 그 동맹을 소멸시키기로 마음먹었다. 독일은 아프리카의 잔지바르에 대한 영국의 보호령을 인정하고 아프리카에서 영국의 식민지 획득을 인정한다는 양보의 대가로 독일이 발트 해의 헬골란트Helgoland 섬을 획득한다는 내용의 영국과의 조약을 성사시켰다. 이 중요하지도 않은 작은 섬의 획득을 두고 카이저(빌헬름 2세)와 독일인들은 마치 그들이 세계를 제패한 듯이 환호했다.

그러나 영국의 글래드스턴 정부의 생각은 달랐다. 영국은 불필요하게 행동을 제약하는 외교적 약속을 피해야 하며, 협상에 있어서 불필요한 양보와 손해가 없어야 한다고 생각했다. 독일과의

**빌헬름 1세와 비스마르크** 빌헬름 1세 치하에서 그는 정치적 수완을 발휘하여 독일을 강대국 지위에 올려놓았다.(좌)

**빌헬름 2세의 초상화** 프리드리히 3세의 장남으로 1888년 황제에 즉위하고, 얼마 안 되어 비스마르크 총리를 파면하였다. 그 후 정치적 실권을 장악하려고 노력하였고, 전제적인 성향이 짙어졌다.(우)

협상에서 영국의 손해와 양보는 없었다고 여겼다.

비스마르크에 의해 독일 통일이 완성됐고, 독일인들은 중앙 집권적인 '하나의 국가'로서의 첫 경험을 했다. 그러나 독일 제국의 인구와 경제 성장은 중부 유럽의 한정된 국토에서 점차 한계를 드러냈다. 또한 과거 비스마르크는 유럽 대륙 내에서의 세력 균형과 중부 유럽에 위치한 독일의 지정학적인 취약성을 고려하여 독일의 해외 식민지 팽창을 억제했으며, 이로 인해 영국과 프랑스는 아프리카와 아시아 지역에 많은 식민지들을 가졌다.

특히 이러한 비스마르크의 전략에는 프랑스로 하여금 세당에서의 패배와 함께 알자스-로렌 지역의 상실을 잊게 하고, 이 지역의 탈환을 위한 전쟁 준비 및 독일에 대한 적개심의 고양을 줄이려는 의도가 내포되어 있었다. 즉 경쟁 국가들에게 대륙에서 독일의 위치를 인정하면 그 대가로 독일은 해외 식민지 팽창에 있어서 그들과 경쟁하지 않겠다는 의지를 확고히 한 것이다. 그러나 비스마르크의 이러한 정책은 당시에도 적지 않은 반발을 불러일으켰다. 해외 식민지가 없는 상황에서 독일은 자체 경계선 내에서 국내시장이 포화되어 많은 부작용을 초래했다. 독일의 시민 계급들과 민족주의자들은 그러한 상황을 모욕적이고 불공평한 것이라 생각했다. 많은 독일인들은 그들의 국가가 영국과 마찬가지로 '해가 지지 않는 나라'가 되기를 바랐다.

그러나 빌헬름 2세 즉위 이후 1890년대부터 독일은 점차 세계 정책Weltmachtpolitik을 향해 나아갔다. 독일은 통일 후 20여 년 만에 급속하게 성장하여 많은 독일인들은 자신감과 야심으로 충만했다. 이는 과거 전통적인 독일의 가치에 대하여 위협이 될 수도 있는 것이었다.

독일의 세계 정책에는 두 개의 위험 요소가 있었다. 첫째, 1897년에 이르러 터키 지역과 메소포타미아 지역까지 독일의 영향력을 확대하려는 빌헬름 2세의 근동 정책은 영국과 러시아를 크게 자극했다. 둘째, 독일 함대로 인한 영국과의 갈등이었다. 독일이 '힘에 대한 의지Will zur Macht'를 추구한다는 것은 세계 제국을 추구한다는 것이며 이는 결국 영국과 같은 나라가 되고 싶다는 것이다.

일례로 황제는 슐레지엔 지역에서 대규모 군사 기동훈련을 실시하면서 유럽의 많은 정치가들을 초대했다. 훈련 기간 내내 황제는 유창한 영어로 군대의 위대함과 강함에 대하여 지극히 선정적인 언어들을 사용하여 설명했다. 심지어는 크루프와 스코다에

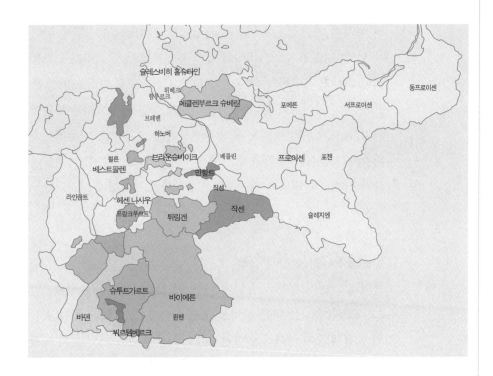

지도에 표시된 지명:
슐레스비히 홀슈타인, 뤼베크, 함부르크, 메클렌부르크 슈베린, 포메른, 서프로이센, 동프로이센, 브레멘, 하노버, 베를린, 쾰른, 베스트팔렌, 브라운슈바이크, 프로이센, 포젠, 안할트, 라인란트, 헤센 나사우, 프랑크푸르트, 튀링겐, 작센, 슐레지엔, 슈투트가르트, 바이에른, 바덴, 뮌헨, 뷔르템베르크

서 제작된 신형 화포를 직접 처칠에게 보여주며 "이는 진정 위대한 업적이다."라고 자랑했다. 슐레지엔 지역에 관해서는 "이곳은 선조들이 피로 지킨 땅이다. 한때 발목까지 피가 찰 정도의 격전지였다."라고 하는 등 선정적인 언행을 남발했다.

　이로써 황제의 자부심은 상당히 충족되었다. 그러나 많은 외빈들에게 독일 제국이 진정으로 위험하며 자신들의 가상 적국이 될 수도 있겠다는 느낌을 가지게 만든 어리석은 행동들이었다. 이러한 일들은 한마디로 비스마르크가 최악으로 생각했던 상황이 사실로 다가오고 있다는 증거였다.

　1904년 영국과 프랑스는 그들의 식민지 분쟁과 정치적 이해관계의 충돌을 정리하고 화친조약을 체결했다. 1907년에는 영·

**1871년 독일 제국** 프로이센은 라인 강 유역은 물론 남쪽의 알프스 북부 산간까지 영토를 확보하여 강대국으로 부상하였다.

러 협약이 맺어졌으며 독일은 사방에서 포위당하는 상황에 놓이게 되었다. 또한 오스트리아와 동맹 관계라는 점은 오히려 오스트리아 내부의 복잡한 민족 구성과 화약고적인 요소 그리고 발칸 문제에 깊이 관여되어 있다는 사실 때문에 독일 입장에서는 부담이 되었다. 이후부터 독일은 주변 세력들에게 포위당하고 있다는 소외감과 자존심이 결합되어 그들을 제외한 나머지 유럽 국가들에 대한 적개심과 배타적 민족주의가 발생하기 시작했다.


## 빌헬름 2세의 식민지 정책

독일의 식민지 정책은 유럽의 다른 국가보다는 늦게 출발했지만 그 강도와 속도는 다른 나라를 훨씬 능가했다. 그러나 독일의 식민지 정책도 여느 나라와 마찬가지로 인구 증가와 식량 문제 해결에 그 뿌리를 두고 있다. 독일이 식민지 개척에 적극적으로 관심을 가진 지역은 아메리카 대륙과 아프리카 지역이었다. 아프리카 지역에서 새로운 영토를 확보한다는 것은 이미 이곳에 진출한 영국과 프랑스의 세력을 제한하는 것이고, 아메리카 대륙의 진출은 독일인 이주 지역을 확보하는 것이었다.

독일에서는 매년 30만 명 정도가 독일을 떠나 해외로 이주했다. 이들이 주로 정착한 지역은 자연히 아프리카와 남아메리카였다. 이민의 요인은 대부분 경제적인 것으로써 보다 더 나은 경제 생활을 영위하기 위함이었다. 이 시대에 경제 위기는 인구 증가, 과잉생산, 재정 증가 등이었다.

한자 도시의 무역인들은 1870년 아프리카 서부 해안에서 무역의 전성기를 구가하고 있었다. 이 지역에서 독일 무역의 성황은 곧 영국과 강력한 경쟁을 의미하고 있는 것이었다. 독일 기업들이 아프리카에서 상업권을 장악하자, 영국과 프랑스는 이를 방치하지 않고 독일 무역의 팽창을 견제했다. 다른 나라들이 자국의 상업을 해외에서 적극 보호하고 있는 상황에서 독일의 무역인들은 해외 무역을 정부가 국가적인 차원에서 적극 보호해주기를 기대했으나, 외무부는 기업들의 관심사항과 요구에 대해서 귀를 기울이지 않았다.

# 유럽 체제의 동요

### 유럽 세력균형 체제의 균열

카이저의 세계 정책과 식민지 확장은 다른 유럽 국가들에게 있어 독일에 대한 긴장과 견제심리를 일깨워 주는 것이었다. 결국 독일은 카이저의 이러한 어리석은 행동들로 인해 제1차 세계대전이라는 비극에 직면할 수밖에 없었다. 독일은 1905년, 모로코에 대한 프랑스의 우월권을 인정해 주면서 유럽에서 어떠한 열강들의 양보도 얻지 못했다. 따라서 1차, 2차 모로코 위기를 거치면서 독일에 대한 포위망이 급격하게 형성되고 있다는 것을 느끼게 되었다.

그러나 모로코 위기는 독일이 앞으로 직면할 일들에 비하면 아무것도 아니었다. 러시아는 당시 범슬라브주의를 주창하며 발칸으로 진출하려 하고 있었다. 오스트리아 제국의 보스니아-헤르체고비나 지역은 오브레노비치Obrenovich 가의 밀란Milan 왕이 통치하고 있었다. 당시는 친오스트리아 정책으로 제국과 관계가 원만했

으나 그의 아들인 알렉산더 1세가 즉위하고부터 세르비아 내정은 혼란을 거듭하게 되었다. 당시 이 지역에는 러시아의 진출이 예상되었으며, 오스트리아는 부흘라우 회견에서 보스니아 지역을 합병하게 되었다. 또한 이로 인하여 독일과 오스트리아의 양국 동맹은 확고해졌다.

1909년 1월 위기가 고조되고 있을 때 오스트리아의 콘라드 참모총장은 몰트케 독일 참모총장에게 만일 오스트리아가 세르비아를 공격한다면 독일군이 어떤 지원

**헬무트 폰 몰트케** 제1차 세계대전 발발 당시의 독일군 참모총장으로 파리 동부의 마른 강 공격에 실패하여 퇴임했다.

을 해줄 수 있느냐고 물었다. 몰트케는 만일 오스트리아가 세르비아를 공격하고 러시아가 세르비아를 지원하는 사태가 발생한다면 독일에는 원조 의무가 발생한다고 했다. 더 나아가 독일은 슐리펜 Schlieffen 계획에 따라 동·서 양면전을 수행할 준비가 되어 있다고 약속했다. 이 답변은 발칸에서의 분쟁이 단지 지역의 국지전이 아닌 유럽 전체의 전쟁으로 발전할 수도 있다는 독일 군부의 추측을 반영하는 것이었다.

이러한 독일의 오스트리아 지원은 곧 독일과 러시아의 적대 관계를 의미하는 것이었다. 이제 국제분쟁이 어떠한 평화적인 수단으로 해결될 수 없다는 인식이 만연하게 되었으며, 그 중심에 독일이 있었던 것이다.

## 영국-독일 해군 협상

빌헬름 2세는 즉위한 이후, 뷜로와 티르피츠 제독의 지휘하에 꾸준히 해군력을 증강시켰다. 이러한 해군 증강은 영국을 긴장시켰으며, 19세기 들어서 영국과의 현안 문제로 등장하게 되었다. 독일은 영국과의 교섭에서 해군력을 미끼로 유럽 대륙에서의 영국의 정치적인 양보를 얻어내려 한 반면, 영국은 무조건적인 독일의 해군력 감축을 주장했다. 이러한 차이로 인하여 1907년 제2차 헤이그 평화회의에서 독일은 영국이 제출한 독일 해군 감축안을 거부하였다. 이렇게 되자 영국은 대독 강경 정책으로 선회하여 해군 예산을 증액하는 정책을 추진했다.

　뷜로의 뒤를 이어 수상이 된 베트만 홀베크Bethman Hollweg는 온건하며 우유부단한 사람이었다. 그가 외교 문제에 있어서 큰 성과를 거둘 수 없었던 이유에는 몇 가지가 있는데, 우선 황제가 외교 문제를 무분별하게 간섭하여 수상이 결정할 수 있었던 영역은 거의 없었다는 것을 들 수 있다. 그리고 티르피츠와의 대립, 자신의 미숙한 외교적 역량 등을 지적할 수 있다. 결국 영국과의 해군 협

**독일의 거두, 뷜로와 티르피츠** 빌헬름 2세 시대 큰 역할을 담당하였던 정치가이다. 뷜로는 1900~1909년까지, 티르피츠는 1897~1916년까지 재임했다.

상은 실패했으며, 영국은 새로운 해군 법령을 통하여 두 나라의 전함 비율을 8 대 5로 한다는 원칙을 세웠다. 또한 영국은 프랑스, 러시아 간에 해군 협력을 유도해 독일 해군은 유럽에서 고립되었다.

# 제1차 세계대전

### 제1차 세계대전 전야

1914년 5월, 미국의 윌슨 대통령은 측근인 하우스House 대령을 유럽에 파견하여 현지의 사정을 관찰하도록 했다. 당시 대령이 제출한 보고서의 한 구절을 보자.

> 이곳의 사태는 비정상적입니다. 광적인 군사주의, 바로 그것입니다. 각하를 대신하여 어느 누가 현재와는 다른 양해를 창출하지 않는 한 며칠 후에는 가공할 만한 대변동이 있게 될 것입니다. 그러나 유럽의 그 누구도 이런 양해를 만들어낼 수는 없습니다. 이곳에는 증오, 질투가 들끓고 있습니다. 영국은 독일이 완전히 붕괴되는 것을 바라지 않고 있습니다. 그럴 경우 영국은 그의 숙적인 러시아와 홀로 대적해야만 하기 때문입니다. 그러나 만일 독일이 계속 증강된 해군을 고집한다면 영국으로서는 대안이 없을 것입니다. 평화를 위하여 가장 좋은 길은 영국과 독일이 해군 군비에 대하여 합의하는 것입니다. 그러나 양국이 너무 가까워지면 우리에게도 불리할 것입니다.

하우스 대령의 우려는 한 달 후인 1914년 6월 28일, 사라예보에서 오스트리아의 페르디난트 황태자가 살해당하는 것으로 현실화되었다. 두 발의 총탄에 황태자와 황태자비가 즉사한 이 사건이 바로 4년 반 이상이나 유럽을 전쟁의 도가니로 휘몰아 넣었던 사라예보 사건이다.

사라예보 사건이 터지자 오스트리아는 먼저 독일의 태도를 확실히 알고, 그 지원을 받아 놓는 일이 급선무였다. 7월 5일 오스트리아는 호이요스Hoyos 경을 베를린에 파견하여 세르비아 응징의 필요성을 역설했다. 7월 5일 독일에서는 카이저가 중요한 회의를 주재했다. 회의 참석자들은 홀베크 수상, 치머만 외무차관, 팔켄하인 육군상 등이었다. 그들은 모두 오스트리아를 지원해야 한다는 데 의견을 같이 했다. 그리하여 다음 날 아침 홀베크는 오스트리아 대사 소기에니Sogyeny에게 오스트리아 정부가 세르비아에 대하여 어떠한 정책을 결정하든지 오스트리아는 독일의 동맹을 믿어도 좋다는 백지위임장carte blanche을 전달했다. 카이저는 당시 전쟁 발발 가능성에 대하여 지극히 안일하게 대처했고, 다음 날 예정되어 있었던 요트 여행도 예정대로 떠났다.

그러나 오스트리아는 다음 날 회의를 개최하여 세르비아의 전쟁에 동의하며, 독일의 지원을 확신했다. 사태를 중요하게 인식

제1차 세계대전이 일어나자 전선으로 떠나는 독일군 병사 이들은 전쟁이 빨리 끝나고 크리스마스를 고향에서 가족과 함께 보낼 수 있다는 희망을 가지고 전투에 참여했지만 현실은 그렇지 않았다.

**참호의 병사들** 전선이 교착상태에 빠지자 독일과 프랑스 양군이 참호에 갇혀 싸우는 침담한 전쟁이 되었다. 당시 종군작가였던 병사 바르뷔스는 "전쟁이란 놈은 허리까지 차는 물이고, 진흙이고, 오물이고, 차마 눈 뜨고 볼 수 없는 지저분한 것이다."라고 말하였다.

했건 아니건, 독일이 오스트리아에 지원을 약속한 사실은 분명하기 때문이다.

그러나 오스트리아에 보낸 독일의 백지위임장은 독일의 입장에서 보면 방어적인 조치였다. 오스트리아가 발칸 반도에서 어떠한 행동을 취하려고 할 때마다 독일은 항상 딜레마에 빠지지 않을 수 없었다. 이런 사정을 홀베크 수상은 그의 비서에게 다음과 같이 말했다.

"만일 그들을 충동질하면 그들은 우리가 자기네들을 끌어들였다고 말할 것이다. 그리고 우리가 그들로 하여금 단념토록 한다면 곤경에 저해 있는 그들을 그대로 내버려두는 꼴이 될 것이다. 그럴 경우 그들은 서방 국가로 돌아갈 것이고 우리는 마지막 동맹국을 잃게 될 것이다."

러시아와 세르비아의 음모가 성공한다면 독일은 동맹국을 상실할 뿐만 아니라 강대국으로서의 독일의 기반 자체가 흔들릴 것이며, 독일은 분쟁을 국지화할 수 있고 영국은 최소한 중립을 지켜주리라 판단했다. 그러나 이는 당시 현실을 정확히 인식하지 못한 것이었다.

지도 내 지명:
연합 국가
동맹 국가

노르웨이 스톡홀름 상트페테르부르크
에든버러 스웨덴 모스크바
아일랜드 덴마크 코펜하겐 러시아
맨체스터 북해 발트 해 키예프
영국 버밍엄 함부르크 단치히 드네프르 강
런던 암스테르담 브레멘 바르샤바
대서양 브뤼셀 네덜란드 베를린 폴란드
벨기에 쾰른 독일 드니스테르 강
파리 프랑크푸르트 오스트리아 - 헝가리
베르됭 크라쿠프 빈
프랑스 스위스
보르도 제네바
마르세유 이탈리아 보스니아 베오그라드 루마니아
포르투갈 헤르체고비나 세르비아 불가리아
리스본 마드리드 바르셀로나 사라예보 소피아 흑해
에스파냐 발렌시아 코르시카 아드리아 해 몬테네그로 콘스탄티노플
지브롤터 로마 오스만 제국
사르데냐 나폴리 살레르노
지중해 그리스
모로코 알제리 시칠리아 아테네
튀니지

## 제1차 세계대전의 발발

7월 23일, 오스트리아는 계획한 대로 세르비아에 최후통첩을 보내고 48시간 이내에 회답을 요구했다. 요구사항은 10개 항목이었는데 그 내용은 반오스트리아 출판물의 금지, 반오스트리아 단체의 해산, 반오스트리아 교육 금지, 반오스트리아 관리 파면, 사라예보 사건 관계자 재판에 오스트리아 관리 참여, 무기의 국외 반출 금지, 48시간 이내 회답 등이었다. 그러나 세르비아는 자국의 주권 침해에 해당하는 사항, 즉 재판 심의에 오스트리아 관리를 참여시키는 문제에 대해서는 거절했다.

오스트리아 대사는 이 회답을 받은 즉시 베오그라드를 떠났으며 세르비아도 동원령을 내렸다. 카이저는 세르비아의 회답 내용

**Helft uns siegen!**

**zeichnet die Kriegsanleihe**

**전시 국가의 포스터**
전쟁 승리를 위해 국채를 구입하라고 포스터로 광고하고 있다.

을 보고 '48시간 이내의 훌륭한 작품', '오스트리아의 위대한 승리'라면서 아무것도 모른 채 좋아했다. 그러나 사태는 황제의 낙관과는 정반대 방향으로 진행되었다. 오스트리아는 28일 드디어 전쟁을 선포했다. 그 다음 날 베오그라드 포격이 시작되었다. 황제는 베오그라드까지만 점령하자는 '벨그라데의 정지Halt in Belgrade'를 독일에게 권고했으며, 이를 통해 분쟁을 국지화시킬 수 있다고 믿었다. 그러나 이는 슐리펜 계획과는 상치되는 부분이었다.

그러나 영국이 중립을 견지할 전망이 없어지자 독일 정부는 당황했다. 더욱이 민간 정치인과 군부에는 상당한 혼란이 있었다. 7월 30일 새벽 홀베크는 자신이 직접 문안을 작성하여 빈 주재 치르쉬키 대사에게 전문을 보냈다. 그는 오스트리아가 평화를 모색하도록 설득하라고 지시했다. 그러나 독일 군부는 몰트케가 작성한 대러시아 최후통첩안을 통과시켰다. 또한 총동원령을 발동했다. 베를린의 이와 같은 혼선에 빈은 짜증을 억제할 수 없었다. 오스트리아의 베르흐톨트 외상은 "베를린에서 누가 통치하고 있는 것인가?" 하고 자문할 정도였다. 그도 그럴 것이 황제는 휴가를 가버렸으니 통치할 사람이 남아 있지 않았다.

결국 7월 31일, 독일 정부는 러시아 정부에게 군사 준비 종식을 요구하는 최후 통첩을 보내며 12시간 이내에 회답을 요구했다. 동시에 프랑스 정부에게는 독일, 러시아 전쟁이 발발할 경우 프랑스 입장에 관하여 질문했다. 프랑스는 자국의 이익에 따라 행동하겠다고 전하고 즉시 동원령에 들어갔다. 독일은 군대 동원을 내리고 러시아에서 회답이 없음을 이유로 전쟁을 선포했다. 한편 영국은 독일이 대서양 연안을 공격하는 경우 프랑스를 지원하겠노라고 결정했다. 독일은 룩셈부르크 침공을 개시하고 벨기에에게 독일군 통과를 요청했다. 물론 벨기에는 독일의 요구를 거절했다. 8월 3일 독일은 프랑스에 전쟁을 선포하고 벨기에

제1차 세계대전 중 영국의 상징 포스터 영국은 포스터를 통해 젊은이들을 지원병으로 끌어들이려 했다.

영토를 침공했으며, 영국도 동시에 전쟁을 선포했다.

## 제1차 세계대전의 전황과 독일 사회

**서부 전선** | 제1차 세계대전 초기 독일은 지도부를 중심으로 단합된 모습을 보여 주었다. 당시 국민들은 전쟁이 빠른 시일 내에 독일의 승리로 종식될 것이라고 믿고 있었다. 슐리펜 계획안에 의하면 독일은 서부 전선에서 프랑스와의 전쟁을 빨리 끝내고, 동부 전선에 전념하여 소련과 일전을 벌여 승리로 장식한다는 계산이었다. 그러나 실제로 전투가 진행되자 속결전에 의한 종결의 전망은 사라졌고, 그 누구도 예측하지 못한 참호전으로 들어갔다.

**힌덴부르크** 탄넨베르크 전투에서 러시아군을 대패시킨 전쟁 영웅이다. 1916~1918년까지 독일군 최고사령관을 역임하였으며, 나중에 정치에 입문했으나 군대에서와는 달리 뛰어난 정치가는 못 되었다.

독일 군대는 프랑스와 벨기에 깊숙이까지 진격했지만, 파리의 점령을 눈앞에 둔 마른 전투에서 프랑스 군관민의 필사적인 항전으로 서부 전선은 교착 상태에 빠지게 되었다. 독일은 서부 전선에서 전쟁을 빨리 종결짓기 위해 엄청난 물량과 병력을 투입했지만 큰 성과를 이루지 못했다. 1916년 2월 베르됭Verdun 전투와 솜Somme 전투에서는 천문학적인 희생자가 발생했으나 전선의 변화는 전무했다. 서부 전선에서 전쟁은 큰 변화 없이 1918년까지 지속되다가 나중에 미군이 연합군에 참여함으로써 독일의 패색이 서서히 짙어지기 시작했다.

**동부 전선** | 동부 전선은 서부 전선과 달리 군인, 장비 등이 부족하여 방어선이 견고히 구축되지 못했으며 매우 유동적이었다. 이곳에서 총력전을 펼치던 오스트리아와 헝가리 연합 부대가 빠른 속도로 진격해 오는 러시아 군대에 패하자 독일은 서부 전선에서 힌덴부르크Paul von Hindenburg 장군 휘하에 있는 주력 부대를 동부 전선에 배치하여 전력이 열세인데도 탄넨베르크 전투에서 러시아 군대에 대승하여 초기의 불리한 전선을 극복했다. 독일군은 1915년 바르샤바를 점령하고, 러시아령인 폴란드까지 진출하여 전선을 동쪽으로 확대했다. 동부 전선에서 승전을 이끌어낸 힌덴부르크와 그의 부관 루덴도르프Erich Ludendorff는 국민의 영웅으로 떠올랐다.

**해전** | 1914년 8월 헬골란트 해전에서 독일은 3척의 순양함과 1척의 구축함을 상실했다. 1915년 1월에는 도거뱅크 해전에서 1척의 순양함을 상실했다. 이어지는 유틀란트 해전까지 해군은 자국 내에 머물러 있어야 했으며, 황제는 전쟁 발발 이후 패전을 거듭한 티르피츠 해군장관

을 마침내 해임시켰다. 독일은 영국 해군을 제압하여 제해권을 확보하는 것이 불가능하다는 것을 알게 되었으며, 유일한 길은 잠수함 작전에 의하여 영국 경제에 타격을 입히는 일밖에 없다고 결론 지었다.

**루시타니아 호 사건을 보도한 신문** 독일 잠수함의 어뢰 공격으로 침몰한 영국의 대서양 횡단 정기선 '루시타니아 호' 사건을 보도한 1915년 5월 8일자 〈뉴욕 타임스〉 지.

**제1차 세계대전 전황과 독일 사회** | 전쟁이 장기화되자 독일 국내에서는 생필품이 부족한 현상이 나타났다. 1916년 감자 생산에 차질이 생겨 식량 사정이 극도로 악화되었다. 대도시에서 생필품 부족은 국민들의 반감을 자초했고, 빵과 감자가 충분히 배급되지 않아 부족한 식량 대신 순무로 배고픔을 달래게 되었다. 굶주림에 지친 라이프치히 군수 산업의 노동자들이 1917년 항의 소요를 일으켜 노동 조건 개선과 함께 평화조약 체결을 요구했다.

국내 사태가 악화되자 전쟁에 동조했던 정치 단체는 평화조약을 체결하여 빠른 시일 내에 전쟁을 종식시킬 것을 주장했다.

**1932년 베를린 시가지 광경** 브란덴부르크 문에 걸린 힌덴부르크 선거 운동 슬로건.

계속되는 생필품의 부족과 정치권에서 전쟁 종결에 대한 요구는 독일 군부에게도 부담으로 작용했다. 이윽고 1916년에 독일은 영국에게 휴전협정안을 제의했으나, 연합국은 독일의 제안을 거절했다.

## 평화 교섭과 휴전

1916년, 오스트리아의 황제 프란츠 요제프가 사망하고 카를 1세가 즉위했다. 그는 외교 정책의 변화를 모색했는데, 오스트리아는 연합국에게 상당히 호의적인 조건을 제시했다. 독일은 알자스를 프랑스에 반환하며 세르비아의 자치와 아드리아 해 방향으로의 출구를 보장하며 러시아가 콘스탄티노플까지 진출할 수 있게 해 준다는 것이었다. 이는 연합국 정치인들에 의해 호의적으로 검토되었으나 브리앙 후임으로 외상에 취임한 리보에 의하여 거부되었다. 1915년에는 교황에 의하여 평화 교섭이 제기되었으나, 이는 전쟁 이전의 현상 유지를 기본으로 하는 것이기에 전쟁의 대가를 원한 프랑스에 의해 거부될 수밖에 없었다.

1917년 러시아에서 일어난 혁명으로 혼란과 무질서 속에서 니콜라이 2세가 퇴위하고, 러시아 제정이 붕괴되었다. 볼세비키가 집권한 새 정부는 국내 질서를 이유로 독일에게 유리한 강화조약을 체결했다. 독일과 러시아는 브레스트-리토프스크 조약을 체결하여 전선에서 병력을 철수했다. 동부 전선에

**합스부르크 가의 카를 1세** 오스트리아 황제 프란츠 요제프 사후, 1916년 11월 제위에 올랐다.

서 휴전이 성립되자 독일은 군 병력을 서부 전선에 총투입하여 1918년 3월부터 서부 전선에 모든 전력을 쏟았다.

독일의 무제한적인 공격으로 서부 전선에서 총력전이 펼쳐지자 미국은 연합군에 참전하여 독일과 일전을 벌였다. 미국의 참전으로 독일의 패배는 자명해졌다. 독일은 전쟁에서 승산이 거의 없게 되자 미국의 윌슨 대통령이 제안한 평화안을 수용하여 전쟁을 종식시키기에 이르렀다.

휴전협정은 파리 근교의 베르사유 궁전 거울의 방에서 이루어졌다. 이 장소는 50년 전 비스마르크가 프랑스를 물리치고 독일 제국의 헌법을 선포했던 곳으로 프랑스 측에게는 비운의 역사가

새겨 있는 장소이기도 하다. 그러나 이번에는 프랑스가 승리함으로써 비스마르크 시대의 침략에 대한 보복을 위한 절호의 기회였다. 연합국은 독일에게 라인 강 좌안의 영토를 프랑스에 양도하고, 러시아와 체결한 브레스트-리토프스크 조약을 무효화하고, 군대를 해체하여 잠수함을 비롯한 현대식 무기를 모두 인도할 것을 요구했다. 또한 라인 강 우안에도 중립 지역을 설정하고, 독일 내에서

**휴전조약의 조인** 1918년 11월 11일 프랑스와 패전국 독일 사이에 휴전조약이 체결되었다. 파리 근교 콩피에뉴 숲 속 르통드 역 열차가 회담 장소로 사용되었다. 열차 앞의 전승국 대표단 중 지팡이를 든 사람이 페르디낭 포시 단장이다.

연합군의 주둔을 가능하게 하며, 독일이 보유할 수 있는 군사력의 제한을 부가적으로 요구했다.

같은 해 11월 9일 빌헬름 2세가 퇴위하고 공화정이 수립되었으며, 사회민주당과 독립 사회민주당 연립내각이 정권을 담당했다. 그러나 스파르타쿠스단이라는 독일 공산당의 좌익분자들이 제헌국민의회를 위한 선거를 조직적으로 방해했다. 로자 룩셈부르크와 리브크네히트가 지휘하는 이들은 1919년 1월에는 베를린 폭동을 주도한 바 있다.

당시 사민당 당수였던 에베르트Friedrich Ebert와 독일 군부는 혁명 진압에 대하여 합의하였다. 또한 사민당의 노스케가 군사 담당 인민정부 대표위원이 되면서 지원병을 동원한 무자비한 혁명 진압

과 숙청에 들어갔다. 베를린 폭동을 진압하면서 룩셈부르크를 비롯한 주도급 공산당원들은 모조리 처형했다.

휴전조약 조인 장소
열차를 개조해서 만든
장소에서 휴전조약이
체결되었다.

　이렇게 국내적으로 혼란한 상황에서 독일 정부는 연합국의 제의를 그대로 받아들일 수밖에 없었다. 이로써 전쟁은 끝났고, 약 200만 명에 가까운 사상자와 400만 명의 부상자를 내는 엄청난 피해를 가져왔다. 1914년에 일어난 이 전쟁은 1780년대 이후 산업혁명과 정치혁명으로 야기된 복지 사회로 가는 모든 체제들을 파괴했다. 전쟁으로 독일 경제 호황은 막을 내렸으며 국민의 생활은 점점 어려워졌다.

## 제1차 세계대전의 책임에 관한 논쟁

몇 세대에 걸쳐 역사가들은 제1차 세계대전의 원인을 조사하고, 왜 일어났는지를 설명하려고 시도했다. 물론 아직까지는 독일에 전쟁의 책임이 있다는 것이 전통적인 견해이다. 1959년에 발표된 역사학자 피셔F. Fischer의 논문이 그것을 대변했다. 그는 1914년 당시 범게르만주의자나 군부뿐만 아니라 베트만 홀베크와 같은 온건한 민간 정치가들도 전쟁에 책임이 있으며, 전쟁 중에 팽창 정책을 기도했다고 주장했다. 이 점에서 군부와 민간인을 구분한 리터G. Ritter와는 관점이 다르다. 피셔는 독일 정부 차원에서 전쟁을 원했다고 주장하며, 이는 1905년 이후의 경제적인 팽창과 정치적인 성장이 밀접한 관련이 있다고 주장한다. 그 증거로 피셔는 1912년 12월 8일의 회의를 인용했다. 영국과의 해군 협상이 결렬된 직후, 홀데인 영국 육군장관은 독일 대사에게 독일-프랑스 전쟁 시에 영국은 프랑스 편에 설 것이라 경고했다. 이를 보고받은 카이저는 장군과 정치가들을 소집하여 전쟁 계획을 논의했다는 것이다.

그러나 전쟁 책임은 독일이 아니라 당시의 동맹 체제 혹은 연합국 측에 있었다는 견해 또한 적지 않다. 독일은 1914년 당시 근본적으로 방어적인 입장을 취했으며, 유럽에서 패권을 장악하려 하지 않았다는 것이다. 모로코 위기를 기점으로 카이저도 어느 정도는 세계 팽창 정책을 접었다는 것이었다. 러시아 영향에 의한 발칸 동맹의 결성, 3국 협상의 강화, 러시아 군사력에 대한 긴장 증가가 예방 전쟁을 수행하도록 만들었다는 것이다. 또한 이들 연합국의 유인에 독일이 말려들었다는 반론 또한 만만치는 않다.

# 7
# 바이마르 공화국

## 바이마르 공화국

제1차 세계대전이 패전으로 종식되면서 전쟁의 모든 책임은 독일의 몫이 되었다. 가장 먼저 독일 제국이 붕괴되었고, 패전국 독일은 알자스–로렌 지방을 프랑스에 양도하고 동부 영토 일부를 폴란드에 양도하였다. 전쟁 패배의 결과는 영토뿐만 아니라 군사와 배상비 지급 문제로 확대되었다. 전쟁 전 80만이었던 독일 군대는 육군이 10만, 해군 5천 명으로 제한되었고, 공군은 최첨단 부대라는 이유로 허용되지 않았다. 독일은 군대를 소유했지만 탱크나 기갑차, 장갑차 같은 첨단 무기로 현대화할 수가 없었다. 전쟁 배상비로 2,260억 마르크를 42년 동안 분할해서 지불하도록 하였다. 전쟁 배상비 지급에 대한 문제는 바이마르 공화국 내내 경제의 발목을 잡아 국가경쟁력을 회복하지 못했다. 전쟁 후유증은 바이마르 공화국의 정치와 경제에 적지 않은 부담으로 작용하였다.

패전과 혼란의 와중에 탄생한 바이마르 공화국은 1923년까지 내란 음모와 좌우 세력의 폭동에 시달렸지만, 에베르트 대통령의 리더십으로 위기를 극복하였다. 1923년부터 1929년까지는 안정 시기로 질서가 회복되고 신경제기 도입되었는데 슈트레제만이 큰 역할을 하였다. 전쟁 배상비 문제가 재정비되고, 로카르노 조약에 의해 독일의 외교적 지위가 향상되었으며, 라팔로 조약으로 소련과 외교관계가 정상화되어 재무장의 가능성이 열렸지만 안정적인 체제를 구축하지는 못했다.

1929년 이후에는 세계 공황의 여파로 대량 실업 사태와 경제 상태가 파국으로 치달으면서 정치적 위기를 초래했다. 이에 절대적인 지지를 받는 정당이 등장하지 못해 리더십 부재에 빠졌다. 정치적 위기 상황에서 힌덴부르크 대통령과 브뤼닝 내각은 리더십을 보여 주지 못했다. 공화국은 직면한 정치적·경제적 문제를 해결하지 못한 채 극우 성향의 나치 운동이 확산되어 엘리트층의 지지를 등에 업고 히틀러가 등장했다. 이로써 바이마르 공화국은 14년의 통치 시대를 마감하게 된다.

# 구체제 붕괴와 민주주의 시작

## 베르사유 조약

1919년 1월 18일, 미국의 윌슨 대통령, 영국의 로이드 수상, 프랑스의 클레망소 국무장관이 파리에서 만나 평화회담을 개최했다. 이 회담은 제1차 세계대전을 종결하기보다는 현존하는 정치·영토·경제적 문제를 해결하고, 새로운 정치질서를 수립하기 위한 성격이 강했다. 계속적인 국제 문제를 논의하기 위한 회담은 같은 해 5월 7일 베르사유에 있는 팔라스트 호텔에서 개최되었다.

독일은 협상에 관한 권한은 가지지 않았으나, 평화조약의 조건에 관해 독일 측의 입장을 전달하기 위해 브로크도르프-란트차우 외무부장관이 참석했다. 브로크도르프-란트차우 외무부장관은 전쟁에 대한 독일의 공식적인 입장을 전하는 첫 번째 정부 관료였다. 그는 연합국의 관심 사항을 예견하고 나름대로 세 가지 대안을 제시했다. 독일이 전쟁을 일으켜 많은 인적·물적 피해가 발생한 것은 사실이지만, 연합국은 독일에게 너무나 많은 것을 요구하고 있다면서 현실적인 평화조약을 제시할 것을 요구했다.

독일의 대표가 얻어낸 성과는 세 가지로 요약할 수 있다. 라인 지역의 점령기간을 15년으로 단축하고, 오버슐레지엔을 무조건 폴란드에 양보하는 대신 지역 주민들의 의사를 최대한 존중해 주민투표로 결정하며, 독일의 배상비 지급을 최대한 제한한 것 등이다. 독일 대표단이 협상 조건의 완화를 위해 노력했으나 성과가 그리 큰 편은 아니었다.

연합국이 구상하는 조약의 내용은 북부 슐레스비히를 주민투

**베르사유 궁전에 모인 전승국 대표들** 1919년 1월 18일 전승국 27개국이 파리 강화회의에 참가하였다. 미국의 윌슨, 영국의 로이드 조지, 프랑스의 클레망소 등이 조약에 중요한 역할을 했다.

표의 결정에 의해서 덴마크에 양도하고, 알자스-로렌을 무조건 프랑스에 양도하는 것이었다. 그리고 자를란트를 15년 동안 국제연합의 감시하에 두고 이 지역에서 생산하는 석탄은 모두 프랑스로 인도하는 것이었다. 또한 포젠 지방과 서프로이센, 동프로이센의 일부를 폴란드에 무조건 양도하고, 단치히는 자유도시로 남게 하여 국제연합이 감시하고 폴란드가 우선권을 소유하는 것이었다. 그리고 오버슐레지엔을 주민투표에 의해 폴란드에 인도한다는 것이었다. 주민투표의 결과 동프로이센과 서프로이센, 오버슐레지엔, 남부 슐레스비히는 독일에 남게 되었다.

패배로 인한 제약은 영토뿐만 아니라 군사와 보상비 지급 문제로 확대되었다. 전쟁 전 독일 군대는 최첨단 장비를 보유한 80만 대군이었다. 그런데 전쟁에서 패배하자 연합국은 독일이 다시는 도발을 못하도록 군대를 철저하게 응징했다. 육군은 10만까지만 허용되었고, 해군은 5천 명으로 제한했으며, 공군은 최첨단 부대라는 이유로 허용하지 않았다. 독일 육군은 10만을 소유했지만 탱크, 기갑차, 장갑차 같은 첨단 무기로 현대화할 수 없었다. 해군은 잠수함을 소유할 수 없었고, 함정을 갖출 수가 없었다. 공군이 허용되지 않음에 따라 항공기를 가지지 못했다. 결국 전쟁 배상비 문제는 1921년까지 피해를 계산해서 나중에 산정하기로 했다.

**1919년 베르사유 평화 회담** 오른쪽 줄에 콧수염을 기른 사람이 클레망소, 그 옆에 천장을 바라보고 있는 사람이 로이드 조지이다. 그 왼편으로 윌슨이 있다. 세 사람의 견해 차이가 심각해 새로운 세계 질서를 구축하려는 계획은 무산되었다.

1921년 1월에 연합국은 독일에게 전쟁 배상비로 2,260억 마르크를 부과하고 금본위화폐로 42년 동안 분할해서 지불하도록 했다.

베르사유 조약에 대한 독일의 반응은 격앙된 가운데 거절하자는 쪽으로 기울었다. 특히 우익 경향의 인사와 민족주의적인 지도자들이 강력하게 반대했다. 제국의회도 조약을 수용하지 못한다는 반응이었다. 정부는 전쟁에 대한 부담에서 빨리 벗어나 국내 질서를 바로 잡기 위해 조약을 체결할 용의가 있으나 전제 조건으로 전쟁 주범 양도는 인정하지 못한다고 했다. 독일 정부의 반응에 연합국은 조약에 대한 내용과 독일의 변명은 충분히 논의되었으므로 24시간 내에 조약을 인정할 것을 요구했다.

1919년 6월 28일 베르사유 궁전 거울의 방에서 독일 측 대표 뮐러 외무부장관과 벨 교통부 및 식민지 장관이 조약에 서명했다. 조약은 다음 달 9일 의회에서 승인되었고, 1920년 1월 10일부터 효력을 발휘했다. 조약이 체결됨으로써 전쟁은 완전히 종식되었

**베르사유 조약에서 설정된 독일의 영토와 국경선** 제1차 세계 대전 후 독일은 해외 식민지를 모두 잃었고, 알자스–로렌을 프랑스에 반환하였을 뿐만 아니라 벨기에·폴란드·체코슬로바키아에 각각 약간의 영토를 할양함으로써 인구의 15퍼센트와 유럽에서의 영토의 10퍼센트를 잃었다.

고, 독일은 연합국의 통제를 받게 되었다. 왕조에 의한 구질서는 붕괴되었고, 새로운 민주주의 체제를 수립하기 위한 정치가들의 발빠른 행보가 시작되었다.

구질서가 붕괴되자 사회는 혼란에 빠지고, 여러 단체가 실권을 장악하기 위해 치안이 부재 상태에 빠지게 되었다. 이러한 혼란의 시기에 에베르트 통일사민당 당수는 새로운 정치질서를 수립하는 데 정치적 수완을 발휘하여 바이마르 공화국을 탄생시키는 데 절대적 기여를 하게 된다.

## 에베르트의 등장
에베르트는 비스마르크가 독일 제국을 건설하던 1871년에 태어

나 브레멘에서 사회주의적 성향의 노동자와 노동조합 출신들이
단골로 드나드는 곳으로 유명한 레스토랑을 경영했다. 자연히 사
민당 출신의 인사들과 교분이 두터워, 브레멘 정착 후 2년 뒤인
1893년에 사민당에 입당하여 적극적인 활동을 시작했다. 시간이
지남에 따라 당에서 그의 지위는 상승하였다. 그는 적극적인 활동
을 위해 1905년 수도 베를린으로 이주하여 노동자 문제와 사회보
장 문제에 관한 정책을 적극 개발했다. 그는 노동자의 복지 향상
을 위해 당 차원이 아닌 노동조합 차원에서 노력했다.

전쟁이 끝날 무렵 국제 정치 질서가 변화하자 에베르트는 프
랑스와 영국 주도의 제국주의적인 유럽은 세계를 리드할 새로운
대안이 없다고 판단했다. 반면 미국의 윌슨 대통령이 주장한 14개

**1920년대 베를린 무
료 배급소** 배급을 기
다리는 시민들의 행렬
이 전후의 궁핍과 경
제적인 어려움을 보여
준다.

조항은 약소국과 패전
국 모두에게 용기와 희
망을 줄 수 있는 대안
이라고 환영했다. 세계
평화를 위해 복수나 보
복주의 정책을 중지할
것과 새로운 통치 수단
을 강구할 것을 주장했
고, 독일의 제국주의가
다른 민족에게 피해를
준 사실을 인정하고 도
덕적으로 강한 책임감
을 통감하고 있었다.
에베르트는 정치적 ·

도덕적 책임감으로 국제 사회에서 독일의 제국주의가 붕괴된 후 차세대 주자로 서서히 인정을 받았다.

에베르트는 자신의 지위를 격상하는 데 대해서 깊은 관심을 가지고 있었다. 그의 신분 상승이 가능했던 것은 제국 말기의 사회 제도 덕택이었다. 에베르트는 제1차 세계대전 후 혼란한 혁명의 시대 민주적 절차에 의해 바이마르 공화국의 초대 대통령이 되었다. 그의 탁월한 대처 능력 덕택에 낮은 학력은 정치적 성장에 아무런 장애가 되지 않았다.

그가 사민당을 이끌 때 정치적 기본 원칙은 자유보수적 색채를 많이 풍기고 있었다. 에베르트는 사민당에서 베벨과 함께 일했지만 사상적인 면에서는 서로 다른 길을 걷고 있었다. 그는 민족과 국가보다 민주주의를 더 사랑했다. 이러한 생각에서 그는 항상

**바이마르 공화국 초대 대통령 에베르트** 사민당 출신으로 1919～1925년까지 초대 대통령을 역임하여 전후 질서를 수립하는 데 기여했다.

당의 비주류 편에 가담했고 당의 정책에 제동을 걸었다. 1914년 7월 30일 사민당 최고위원회는 에베르트와 오토 브라운이 전쟁에 반대한다는 이유로 그들을 당의 재정적 지원으로 스위스로 보냈다. 그가 며칠 후에 다시 귀국했을 때는 사민당이 이미 전쟁 재정 지원에 대한 법률안에 동의한 후였고, 당의 보수적인 행동에 사회민주주의자들의 혐오감과 불신은 점점 커졌다.

그러나 1918년 역사적 사건은 모든 것을 바꾸어 놓았다. 50년 동안 야당으로만 활동했던 사민당에 독일 혁명의 영향으로 정부 여당이 될 수 있는 기회가 주어졌다. 에베르트는 당의 이론에 집착하지 않고 시대가 준 임무를 수행하기 위해 정권을 잡기로 결정했다. 이에 당을 시대의 변화에 맞게 새로운 이념으로 무장하고

이야기 독일사

목표를 설정했다.

바이마르 공화국은 계급·민족·종교 등이 국가의 통치권에 영향을 미치지 못하도록 철저히 배제했다. 민주주의는 국민의 생활과 공화국을 통치하는 형식의 전제조건이 되었다. 에베르트는 새 정부 구성에 있어서 실제적인 모습을 보여주었다. 첫째, 자유 선거에 의해 선출된 사람만이 국민을 대표할 수 있도록 했다. 에베르트는 사회민주주의 실현에 많은 관심을 가지고 있었다. 그는 계급투쟁을 중단하고, 통치자들의 착취를 허용하지 않았으며, 자유주의적 경제원칙과 경제생활을 헌법이 허용하는 범위 내에서 최대한 보장하는 민주주의 원칙을 고수했다.

바이마르 공화국의 헌법은 군인들의 영향력을 배제했고, 의회의 권한을 최대한 강화했다. 수상과 장관은 의회와 국민을 책임지게 되었다. 군인들이 국가 중대사에 관여하지 못하게 하기 위해 군지휘관은 정치권의 통제를 받게 했다. 프로이센의 정부 조직과 선거 제도는 민주주의적 요소가 있기 때문에 존중했다. 그러나 프로이센의 지도층에 대해서는 매우 비판적이었다. 독일의 우월성을 근대화와 결부시켜 민주화를 발전시키고 상업을 발전시키는 데 최대한 활용했다.


## 바이마르 공화국의 탄생

1918년 10월, 월슨 대통령의 휴전 제의가 있었다. 이를 수용하기 위한 전제조건으로 제국주의헌법을 폐기하고 의회주의 원칙에 의한 헌법이 공포되어 바이마르 공화국이 탄생했다.

패전과 혼란의 와중에서 탄생한 공화국은 1923년까지 초기

단계로 내란의 음모와 좌우 세력의 폭동에 시달렸던 시기이지만, 에베르트 대통령의 리더십에 의해서 위기를 극복했다.

헌법은 프로이스 법관이 지도하는 특별위원회에서 초안을 작성했으며 1919년 8월에 공포되었다. 독일 최초의 헌법은 민주주의의 원리와 영국·프랑스·미합중국의 경험에 기초하여 작성되었다. 정부의 수반은 수상이며, 수상은 대통령에 의해서 임명되고 입법부의 동의가 필요했다. 의회는 보통선거에 의해 선출된 의원들로 구성되며, 입법·방위·대외 정책·통상·금융·안보 등의 문제를 관할했다. 헌법의 마지막 부분은 독일 국민의 의무와 권리에 관한 조항들로 구성되었다.

바이마르 공화국이 탄생한 후 1919~1923년까지 극심한 혼란기를 거쳐 1923~1929년 동안 회복과 안정이 이루어졌다. 이 시기를 슈트레제만 시대라고도 명명한다. 그는 1923년 독일 수상에 취임했으며, 수상 임기 후 1929년까지는 독일의 외무상으로 활약했다. 주요한 경제발전은 연금법의 도입으로 인한 환율의 안

**1923년 폭동** 무장한 나치 돌격대가 뮌헨 시내에서 트럭을 타고 지나가고 있다. 폭동은 경찰이 발포령을 내려 강제 진압함으로써 종식되었다.

이야기 독일사

정과 도스Dawes 계획으로 알려진 보상금에 대한 협의로 인한 것이었다. 이로써 미국으로부터 막대한 투자금이 유치되었고 독일 산업이 회복기에 접어들었다. 그와 함께 슈트레제만은 독일과 유럽 국가들과의 관계를 회복시켰으며, 1925년에는 로카르노 조약 체결, 1926년에는 국제연맹에 가입함으로써 평화의 시대를 열었다.

1929년 이후는 세계공황의 여파로 대량 실업 사태와 파국의 경제상태가 정치적 위기를 초래했다. 대공황은 인플레와 디플레의 연속으로 중산층과 노동 계급의 붕괴를 가져왔다. 이런 독일 경제의 파탄은 정치적 의견 일치를 불가능한 것으로 만들면서 권위주의 정부의 탄생을 가져왔다.


## 불완전한 민주 국가

모든 민주주의의 기본틀은 헌법에 의해 규정된다. 바이마르 공화국 헌법은 탁월한 민주주의를 상정하고 있었다. 그러나 몇 가지 중대한 문제가 이 헌법 전체가 작동하는 것을 불가능하게 했다.

바이마르 공화국이 채택한 비례대표제는 정당들이 우후죽순처럼 설립되는 빌미를 제공했다. 주요 정당들이 의회의 과반수를 채우지 못하자 그 틈을 노려 소수 정당들이 정권 창출에 결정적 영향을 미친 것이다. 이러한 정치 상황은 히틀러의 등장을 촉진한 배경이 되었다. 바이마르 공화국 시기의 민주주의 체제가 과거 권위주의 시대에 비하여 더 발전된 체제라는 것을 증명하기에 당시 정당들은 역부족이었고, 국민들도 비관적이었다. 민주주의의 이미지가 정당들에 의해 더욱 나빠졌다는 견해가 제기될 정도로 정당들이 비효율적으로 운영되었던 것이다.

자유파 정당들의 평판에도 금이 가 있기는 마찬가지였다. 독일에는 두 종류의 자유주의 정당이 존재하는데 중도 우파로는 독일민주당DDP과 독일국민당DVP이 있었다. 정치적, 사회적 자유 실현의 기치 아래 자유주의 경제이론과 민족주의 및 권위주의가 경쟁했다. 두 정당은 모두 중산층의 지지를 얻지 못했다.

1928년 두 정당은 나치 당에게 거의 모든 지지 기반을 잠식당했고 자유주의의 잔해에서 파시즘이 탄생하는 아이러니한 결말을 낳았다.

공화국의 지탱에 가장 큰 역할은 한 것은 좌파 정당들이었다. 당시 좌파 정당들은 상당히 두터운 지지층을 갖고 있었다. 사민당SPD과 공산당KPD은 1918~1919년 독일 혁명의 잔재로 격렬하게 부딪혔다. 공산당은 1919년 1월에 벌어진 유혈사태에 대한 앙금이 가라앉지 않은 상태였고, 그로 인해 쿠데타가 좌절되자 인해 사민당을 적으로 간주하고 있었다.

이 두 정당은 또한 건널 수 없는 이데올로기의 갭을 가지고 있었다. 사민당은 사회민주적인 성향을 가진 정당인데도 같은 성향을 지닌 다른 정당들과 협력하지 못하고 소외되었다. 사민당은 정부 형성에 가장 큰 영향을 끼친 정당이었으나 정부 내에서 특정한 역할을 소화하는 데 실패했다.

공산당은 대공황이 투표 행태를 변화시키리라 예상하며 노동자 계급의 공략에 주력했다. 공산당 지도부는 또한 히틀러의 파시즘 정권이 탄생한다 해도 곧 노동 계급의 혁명에 의해 전복될 것이라고 예견하고, 굳이 히틀러를 견제해야 할 필요성을 느끼지 못했다.

## 외교 정책

베르사유 조약은 히틀러가 정권을 장악하기 전까지 독일 및 유럽의 정치질서를 형성하는 기본축이 되었다. 독일이 전쟁에서 패망하자 연합국에 의해 일방적으로 체결된 베르사유 조약은 독일에서 좌·우파 할 것 없이 모든 정치 세력에게 비난의 대상이었다. 바이마르 공화국의 외교 목적은 연합국이 부과한 부담을 단계적으로 덜어 나가는 것이었다. 1922년 프랑스는 브리앙 내각이 물러나고 푸앵카레가 등장하여 1921년 런던 회의에서 결정된 전쟁 배상비를 성실히 수행하라고 독일을 압박하기 시작했다.

프랑스의 부당한 요구에 이를 수행할 능력이 없는 페렌바하K. Fehrenbach 내각은 총사직했다. 뒤를 이어 같은 중앙당 소속의 비르트K.J. Wirth가 취임하여 프랑스의 조건을 이행하기 시작했다. 이행 정책을 통해 독일은 조약에서 제시한 배상금 지불을 충실히 수행하여 성실성을 보여 주고 신뢰를 회복하는 동시에 조약에서 불합리하고 불가능한 내용을 수정하고자 했다.

강압적인 프랑스와 달리 영국의 로이드 조지는 전쟁 배상비 지불이 독일 경제를 위협하고 있고, 만약의 경우에 독일 경제가 파탄의 위기에 빠지거나 사회주의화될 가능성이 있음을 염려했다. 때문에 1922년 1월 칸 회의와 제노바 회의를 개최하여 독일의 배상비 지불 방법을 다시 검토하기 시작했다. 그러나 프랑스는 조약이 문자 그대로 이행되어야 한다는 주장을 굽히지 않았다.

그러던 중 화폐 가치 하락*으로 독일 경제가 마비 상태에 빠지며 연합국에게 전쟁 배상비를 지불하지 못하는 상황이 되었고, 급기야 독일은 연합국에게 채무 불이행 상태를 선언했다. 이에 프랑스 군대는 독일의 루르 지방을 점령하여 전쟁 배상비 대신 석탄

* 1922년 1월 1달러는 200마르크였으나, 1923년 1월에는 1만 8,000마르크로 폭락했다.

을 가져가고자 했다.

전쟁 배상금 문제를 논의하기 위해 제노바 회담이 개최되는 가운데 독일은 라팔로 조약을 체결하여 러시아에 접근했다. 그것은 서방 국가들을 예민하게 자극하는 결과를 가져왔다.


## 외교적 고립에서의 해방

독일은 러시아와 외교적 관계를 맺어 군사협력을 통해 국제적 고립과 열악한 조건을 극복하고자 했다. 당시 러시아 또한 군사강국으로 다시 우뚝 서고 중화학 공업을 발전시켜 사회주의 종주국으로서 체면을 유지하기 위해 독일과 외교적 협력이 필요했다. 그 결과 독일과 러시아는 1922년 4월 16일, 각 국의 군부가 추진하고 있는 군사협력 조약과는 별개로 라팔로 조약을 체결했다. 조약에서 러시아는 독일에게 받던 전쟁 배상비를 포기했고, 독일은 러시아 혁명정부가 몰수했던 독일의 해외소유권을 포기했다. 그리고 두 나라는 외교와 경제면에서 서로 협력하기로 했다.

라팔로 조약은 독일과 소련 양국에 중요한 결과를 가져다 주었다. 이 조약으로 양국은 동시에 고립의 상태를 벗어났고, 독일은 동부 국경선에서 위협에 대한 압력을 줄일 수가 있었다. 러시아는 폴란드의 위협으로부터 벗어났고, 국제연맹의 일원으로 복귀했다. 라팔로 조약이 독일에게는 외교적 고립의 돌파구로 작용했다.

1923년, 공화국 수상이자 1923~1928년 동안 외무부 장관을 역임했던 슈트레제만은 1920년대 팽배했던 긴장감을 해소하고 서유럽 국가들과 친밀한 관계를 회복하고자 했다. 이러한 일련의

에센의 프랑스 군
1923년 1월, 독일이
배상금을 지불하지 못
하자 프랑스와 벨기에
는 다시 루르 지방을
점령하였다.

우호 정책을 통해 조약의 수정을 추진했다. 슈트레제만 수상은 세 가지 목표를 가지고 있었다.

첫째 독일이 감당할 만한 정전 조약안의 도출, 둘째 전 세계에 퍼져 있는 독일 민족의 보호, 마지막으로 독일의 동쪽 경계를 재조정하는 것이었다. 이러한 목표를 달성하여 독일이 처한 외교적 현실에서 빨리 벗어나고자 했다.

독일과 러시아는 1926년에 베를린 조약을 체결해 라팔로 조약의 범위를 한층 확대했다. 이 조약으로 두 국가는 상대방이 제3국과의 전쟁에 휘말릴 경우 서로 중립을 지킬 것을 약속했다.

독일과 러시아의 외교 관계에서 더욱 중요한 것은 독일이 이 특별한 관계를 이용하여 베르사유 조약이 금지한 재무장을 시도했다는 점이다. 독일군은 젝트 참모총장 휘하에 러시아 영토에서 비밀 훈련을 감행했다. 이에 대한 슈트레제만의 태도는 소극적 ·

**구스타프 슈트레제만**
1878년 5월 10일 베를린에서 태어나 28세에 최연소 국회의원이 되었고, 1923년 8월 13일 비로소 에베르트에 의해 수상으로 임명되었던 그는 분명 뛰어난 정치가 중의 한 사람이었다.

적극적 지원, 모두를 포함하는 양면작전이었다. 그는 국가의 실질적인 힘이란 군사적으로 육군과 해군이 강해야 가능하다고 보았다. 그래야만 유럽의 강대국인 영국·프랑스와 경쟁할 수 있고, 유럽에서 세력 균형을 유지할 것으로 보았다. 그러나 그는 정전조약을 수행해야 하는 외무부 장관이었다. 따라서 외교 정책의 실행에 있어서 그의 의도와 다른 정책을 실행하는 양면성을 볼 수가 있다.

1929년, 슈트레제만의 죽음 이후 1933년에 히틀러가 등장 하기 전까지 독일은 몇 가지 긍정적 변화를 경험하게 되었다. 1930년까지 독일 라인란트에 주둔하고 있던 모든 연합군 군대가 철수했고, 1932년에는 독일 보상금 지불 방식을 급격히 변형시키는 것은 부당하다는 판결이 내려졌다. 그러나 이 시기에 바이마르 공화국은 세계 경제대공황으로 정치적 안정이 위협을 받았고, 정권도 극우파 쪽으로 쏠리게 되었다. 이 극우파 정치인들은 슈트레제만의 화해·협력 정책을 반대했고, 히틀러는 공화국에 대한 비판의 수위를 점점 높여 나갔다. 그리하여 슈트레제만이 수상 시절 닦아 놓았던 온건성이 배제된 가운데 극우 수정주의가 독일 정계에 득세하게 되었다.


## 국방군의 재건

독일 정부는 연합군의 통제를 받고 있어 군사 재건계획에 관해 독자적인 계획을 갖고 있지 못했다. 그래서 경제인들의 지지를 끌어낼 수도 없었다. 독일의 군사 재건은 장교단 중심으로 이루어졌다. 그들은 현대식으로 무장된 군대를 재건하고, 특히 강한 육군을 부활하는 데 주력했다. 장교단의 노력으로 정부는 군대를 조직하고 이념과 목적을 설정하는 데 관심을 기울였다.

장교단은 독일을 통일하고 강한 국가가 된 프로이센 군대의 정신과 전통이 어떠한 형식으로든 다음 세대에 이어져야 한다고 믿었다. 이 이념을 실행한 사람은 1919년 7월 3일, 육군 참모총장에 취임한 젝크H.v. Seeck였다. 그는 임기 동안 강력한 군대의 필요성을 느꼈고 재무장 계획을 세워 정부의 지원을 약속받았다.

젝크는 외교적 방법을 통해 베르사유 조약을 변형시켜 합법적으로 독일이 재무장하는 방법을 취하거나 강경책으로 독일이 강한 군대를 소유하여 연합국이 더 이상 독일 국내 문제에 간섭하지 못하게 해야 한다는 생각을 가지고 있었다. 젝크는 독일에게 가해진 여러 가지 제한들을 짧은 기간에 외교적으로 해결하는 것이 불가능하다고 믿었다. 그래서 외교적으로 우회적인 강경노선을 취하여 외국은 물론, 국내 정부도 모르게 제3국에서 재무장하는 등 백방으로 노력했다.

독일은 러시아와 군사비밀조약을 체결하여 베르사유 조약에 의해서 금지된 탱크·공군·화학무기 같은 현대전에 필요한 무기를 러시아에서 생산하여 실험했고, 군사기술을 개발할 수 있는 무기생산 체제를 갖추었다. 독일은 1928년에 100명의 장교들을 러시아에 파견하여 첨단 군사훈련을 시켰다. 교육은 1929년과 1930년에도 계속 실시되었다. 그래서 히틀러 시대에는 더 많은 예산을 투자하게 되었다. 베르사유 조약의 통제로부터 벗어나려는 국방군 참모부의 노력은 장교들의 사기를 강화시켜 국민과 국가를 위해 봉사할 각오를 가지도록 했다.

독일군은 지상군 총력화 필요성을 느끼고 미래에 다가올 현실에 대비해서 군사 요새와 산악 지대에 자동차를 배치했다. 자동차는 기동력 면에서 무기와 병력을 신속하게 이동시키는 중요한 임무를 수행했다. 국방군이 기병 부대를 현대화하여 동력화를 실현한 시기는 1927년이었다. 군대의 동력화는 군사학적 의미에서 대단한 발전이었다. 기병 부대를 기존의 기마 부대에서 탱크나 장갑차로 기계화했는데, 지금까지 기병 중심으로 치러졌던 방식에서 점차 기계화 전쟁으로 대치되어 가는 추세를 반영한 것이었다. 비밀과 보안을 유지하기 위해 군사제품과 무기를 제작하는 과정에서 원본과 제도를 외국에서 제작하였고, 상황에 따라 완제품도 이와 같은 방법으로 만들었다.


## 독소 군사협력

소련과 군사적 공동작업을 위한 접촉은 1920년대 초 시작되었나. 1921년 초에 독일과 소련 양 국가는 '특별팀-R Sondergruppe-R'을 러시아에 설립하고 군사공동협력을 진행했다. 이로써 독일은 베르사유 조약에서 제한하는 무기기술 개발을 외국 영토인 소련에서 감행할 수 있게 되었고, 비행기 · 화학무기 · 탱크 · 잠수함 등 현대 무기 기술을 소유하지 못하고 있던 소련은 독일에서 이 분야와 관계되는 첨단기술을 도입할 수 있는 절호의 기회를 얻은 셈이었다.

1922년 11월 26일 독일의 항공기 제작회사인 융커스 사가 비행기 생산 공장을 소련에 건설했으며, 그 밖에도 스웨덴과 페르시아 항공노선 운항계약을 체결하고 항공거리 측량권도 취득했다.

독일 군사 대표단과
소련 군사 사절 독일
영토에서 군수 산업을
육성할 수 없어 소련
과 비밀조약을 통해
재무장했다.

소련과 융커스 항공사와의 계약 내용은 융커스 사가 소련에서 30
년 동안 비행기와 모터를 생산하기로 하고, 융커스 사는 제품 생
산을 위해서 모스크바 근교의 도시 필리에 있는 러시아-발틱 공
장Russisch-Baltisches Werk을 임대하여 연간 300대의 비행기와 450대의
모터를 생산하기로 한 것이다. 비행기 견본 시험 운행에 성공한
이후로 1923년 10월부터 비행기 생산을 시작했고, 모터는 1924년
부터 생산이 이루어졌다.

소련에 설립된 공장은 독일이 재정적 지원을 하고 원자재도
독일에서 구입했다. 독일 국방부는 1923년 러시아에 있는 군수
공장의 재정을 지원하기 위해 독일의 수도 베를린과 러시아의 수
도 모스크바에 상주하는 산업진흥회사Gefu를 설립하고 러시아에
서 군수품을 생산하는 데 필요한 모든 재원을 지원했다.

그러나 융커스 사와 스톨젠베르크 사가 공동으로 소련에서
제작하기로 합의한 항공기 생산은 정치적 이유에서 계획대로 순

은 독일과 군사비밀조약을 체결한 후 중화학 공업이 급격히 발달했다.

탄하게 진행되지 못했다. 항공기 생산이 군수 산업인 관계로 양국의 정치적 상황과 밀접하게 관련되어 있었기 때문이다. 특히 소련의 비밀경찰청장 드제르진스키F. E. Dzerzinskij의 보고서의 영향이 컸다. 그는 보고서에서 독일 정부와 왕조 옹호주의자, 민족주의자들은 소련에서 볼셰비키 혁명에 의해 국가가 설립되는 것을 저지하고 군주 국가가 수립될 수 있도록 측면 지원하고 있다고 밝혔다.

특히 군수 산업 분야에 종사하는 독일의 종업원들이 광범위한 첩보 활동을 통해 러시아가 독일의 식민지가 되도록 지하 작업을 하고 있다고 주장하며, 개인 의견서에서 융커스 사가 참여하고 있는 항공기 제작사업을 축소하든지 그렇지 않으면 사업 진행을 전면 재검토해야 한다고 밝혔다. 이에 1927년 3월에 소련은 독일의 융커스 사와 체결한 계약을 취소하고, 필리에 있는 항공기 제작 공장은 소련 소유로 전환한다고 밝혔다. 이러한 소련의 독단적인 결정과 행동은 결국 전투기 공동생산에 차질을 가져왔다.

영국은 1927년 5월 27일 소련과 외교 관계를 파기했고, 이로써 영소 관계는 최악의 상태로 악화되었다. 이 상황에서 소련 정부는 독소 군사협력을 완전히 취소하는 것에 대해 불안하게 생각하기 시작했다. 따라서 소련은 독일 정부에게 지금까지 민간 차원에서 이루어졌던 독소 군사공동협력을 정부 차원에서 공식으로 합법화하자고 제의했다. 러시아 노동적위대 대변인 베르신J. K. Berxin은 1927년 2월 26일 이 문제를 가지고 국방군 밀사와 러시아에서 접촉을 시도했고, 1927년 5월 6일 러시아 외무위원회 부위원장 막심 리트비노프Maxin M. Litvinov가 모스크바 주재 독일 대사 브로크도르프-란트차우Brockdorf-Rantzau와 회담을 가졌다.

1927년 8월 독일 대사 브로크도르프-란트차우는 소련의 외교위원장 시세린에게 독일 정부는 러시아 칸잔Kanzan의 기갑학교 훈련소 내 군사공동훈련을 반대하지 않으며, 독소 군사공동협력이 공개되어 한 번의 소용돌이가 있었지만 독소 군사협력 관계는 유지한다고 밝혔다.

1920년대 후반의 군사공동협력은 1920년대 초반과는 달리 군수제품 생산보다는 군사훈련에 중점을 두었고, 특히 현대전에 필요한 첨단전술을 습득하기 위해 상호 교환하여 위탁교육을 실시했다. 그러나 소련의 경제 정책 변화와 독일 아에게AEG 사가 소련에서 파업하는 등 독소 군사공동협력은 다시 위기를 맞았다.


## 재무장과 경제

1930년대 초반부터 정치적·경제적 필요에 의해서 미래 독일군의 무장에 대한 강한 의견이 표출되었다. 1929~1930년 이래 경제 위기 결과에 따른 불만족과 정권에 대한 반항으로 민족 사회주의 성향으로 전환된 것이다. 독일 노동자들은 정치적으로 강력한 지도자가 등장해야 연합국의 체제에서 벗어나 국제경쟁력을 회복할 수 있을 것이라고 판단했다. 이러한 사회적 분위기에서 국민들은 히틀러가 이끄는 나치 당NSDAP이 집권하게 된다면 재무장하게 된다는 사실을 누구도 의심하지 않았다.

베르사유 조약이 정치·경제·군사적으로 독일에게 압력을 가하면 가할수록 지도자들은 보수파나 개혁파를 막론하고 군대를 소유하고 있지 않다는 단점을 피하기 위해서 모든 국민을 정신적으로 무장해야 한다는 필요성을 느끼게 되었다. 동시에 정치가들은 베르사유 조약에서 가해진 부담을 경감시키고, 한편으로 국방

**독일의 대표적인 전자 회사 아에게(AEG) 공장 내부 전경** 지멘스 등과 함께 경제 발전을 주도했던 기업이다.

이야기 독일사

군의 지위와 병력을 강화하려 했다. 군대는 주변 국가와 비교한다면 절대적인 열세에 있었고, 지휘관들은 독일이 주변 국가로부터 지속적인 위협에 노출되어 있어 빠른 시일 내에 군사력을 보강하여 국력을 강화해야 한다고 생각했다.

국방군 지휘관들은 교육의 필요성을 인식하고 소련과 독일 정부의 양해 아래 가장 먼저 현대 무기의 제조와 사용법에 관해 소련의 붉은 군대와 공동으로 협력했다. 독일군은 베르사유 조약에서 탱크와 기갑차, 공군을 소유할 수 없고 가스를 이용한 폭탄 제조나 이를 이용한 전쟁마저도 할 수 없었다. 그러나 독일군은 이와 같은 분야에서 소련군과 공동 협력할 수 있으므로 현대전에 필요한 군사적 기술을 습득할 수 있게 되었다.

1928년에는 국방군 100명이 소련에서 군사교육을 받았으며, 1929년과 1930년에는 많은 예산을 책정하였다. 국방군은 젊은 장교의 체력과 심신 단련을 위한 교육에 있어서 획기적인 변화를 필요로 했다. 국방군이 연합국에 대한 통제로부터 벗어나기 위해서는 국방군을 재정적으로 지원하여 사기를 북돋아야 한다는 주장이 제기되었다. 젊은 장교들이 조국을 위해 그들의 생명과 재산까지도 희생할 수 있도록 조국애를 이끌어내야 한다는 것이었다.


## 경제적 상황

바이마르 공화국 시대 초기에는 당장 급한 전후 복구 문제 때문에 산업 분야의 투자가 위축되었고, 후기에는 세계적 공황과 국내 정치 위기 때문에 투자가 적극성을 띠지 못했다. 1920년대의 투자 위축 현상은 비단 독일에서만 나타난 것이 아니라, 유럽의 다른 나라들에서도 똑같이 나타났다. 1919년부터 1922년까지는 전쟁 복구 차원에서 어느 정도 투자가 이루어졌지만, 1923년에는 정치적 문제와 루르 점령에 대한 국내 정치의 위기 때문에 투자가 이루어지지 않았다.

1924년에도 이러한 현상은 극복되지 않았다. 독일 제국은행의 엄격한 대출제한 정책 때문이었다. 그러나 1925년 가을부터 경기 회복 조짐이 나타나기 시작했으며, 이러한 경기 회복 추세는 1927년까지 계속되었다. 하지만 경기는 1928년에 약간 감소했고, 1929년과 1930년에는 대공황으로 인해 위기 상태에 빠지게 되었다. 1932년부터는 급격한 가격 하락이 나타나게 되었으며 모든 분야에서 가격이 붕괴되었다.

바이마르 공화국 시대 공업과 농업, 산업 분야의 투자는 전쟁 전처럼 적극적으로 진행되지 못했다. 그러나 예외적으로 공공건물 건축에 대한 투자는 활발하게 이루어졌다. 전쟁 기간에 많은 건물이 파괴되었고, 건설 경기의 활성화를 통해 단기적인 면에서 노동 문제와 다른 산업에서 경기 회복을 기대했다.

독일에는 전쟁 동안 약 87만 3,000명의 포로가 있었으나, 전쟁이 끝나면서 약 36만 명의 외국인이 독일을 떠나 귀향했다. 루르 지역에서 일하던 폴란드 노동자는 독일에서 양도받은 새로운 폴란드 영토에 정착했고, 프랑스와 벨기에 포로들은 자기 나라의 산업에 종사하게 되었다. 한편 프랑스와 벨기에에서 석방된 독일 포로들은 대부분 루르 지역에 정착했다.

노동 시간은 하루에 8시간을 근무하는 것이 일반적이었으나, 약 20퍼센트 정도는 일주일에 48시간 정도 근무했다. 그러나 경제 공황 무렵에는 경제 위기로 소비가 위축되어 일주일에 40시간을 다 채우지 못하는 경우도 있었다. 노동 시간이 단축되면서 노동 생산성은 증가했다. 생산성이 향상될 수 있었던 바탕에는 바로 기계화의 도입이라는 요인이 크게 작용했다. 1913년까지 기계화는 2퍼센트 정도에 불과했으나, 1932년에는 90퍼센트 정도 기계화가 이루어졌다. 기계화가 가장 잘 이루어진 분야는 철강 산업이고, 가장 뒤진 부분은 경공업 분야에서 신발 산업이었다.

점차 경제 구조가 변했는데 농업 · 임업 · 어업이 1차 산업, 광산업 · 공장제 생산업 · 수공업 분야가 2차 산업, 사회 간접자본 · 서비스 산업이 3차 산업이었다. 인구 분포면에서 보면 1925년도에 2차 산업 종사자가 40퍼센트로 가장 높은 비중을 차지하였다. 그다음으로 사회간접자본 분야의 종사자가 28.4퍼센트였다.

독일이 소유하고 있는 화물선은 전쟁 배상비 명목으로 연합국에 양도해야만 했고, 독일의 서부 영토인 알자스-로트링겐 지방은 프랑스에 넘겨 주어야 했다. 이들 지역을 양도함으로써 이 지역에 있는 광산과 중공업 및 섬유 공장도 함께 프랑스에 양도되어 산업 생산은 현저히 감소할 수밖에 없었다.


## 루르 점령과 경제 위기

두 번째 내각의 외무부 장관 비르트가 1922년 6월 극우파 장교에 의해 살해되자 독일 화폐는 폭락하였다. 그가 죽기 전해 1월에 1달러는 200마르크였으나, 그가 죽은 지 한 달이 지나자 500마르크가 되었고, 1923년 1월에는 1만 8,000마르크로 크게 폭락했다. 화폐 가치 하락은 이미 전쟁 중에 예견된 일이지만 전쟁 비용과 전쟁 후 물자 공급 부족 등으로 현실로 나타났다. 국내에 불어닥

친 경제 위기는 연합국에게 약속한 전쟁 배상비를 지불하는 능력마저 잃게 했다. 결국 경제 위기를 감당할 능력이 없었던 비르트 내각은 1922년 가을 총사퇴했고, 후임으로 우익 성향의 경제인 빌헬름 쿠노가 수상에 취임했다.

쿠노 내각도 역시 당면한 위기인 화폐 가치 하락과 전쟁 배상비 문제를 해결하지 못했다. 쿠노 내각의 비적극적인 행동에 프랑스 푸앵카레 국무장관은 독일은 의도적으로 마르크화를 평가절하하여 파산을 조장했다고 비난했다. 쿠노 수상은 연합국에게 전쟁 배상비 지불유예 기간을 5년으로 연장해 줄 것을 요구했으나, 프랑스의 푸앵카레는 거절했다. 또한 이를 실행하지 못할 경우 독일의 루르 지방을 점령하고 여기에서 생산되는 지하자원을 착취할 것이라고 선언했다.

결국 프랑스 군 5개 사단과 벨기에 2개 사단이 베르사유 조약에서 약속했던 전쟁 배상금을 충분히 이행하지 않았다는 명목으로 1923년 1월 11일에 독일 최대 산업단지인 루르 지방을 점령했다. 루르 지방은 독일의 제철과 화학공업의 중심지로 알려졌지만, 철광석과 석탄 등 지하자원 매장량이 풍부한 곳이기도 했다. 그러나 같은 연합국인 영국과 이탈리아는 프랑스와 함께 루르 점령에 참가하지 않았고, 프랑스의 강경한 행동에 대해서 염려스러운 모습으로 지켜보고 있었다.

프랑스와 벨기에 군이 루르 지역을 점령하자 독일은 강한 항의 표시로 연합국에게 배상금 지불 등 모든 약속을 중단했다. 그리고 이 지역에 근무하는 공무원은 외국 점령군에게 거부하는 행동을 취했다. 독일 공무원이 반발하자 프랑스 점령군 사령관은 공무원을 면직했고, 독일의 철도를 제거했다.

이에 독일 국민들은 탄광의 입구를 모두 막았고, 프랑스 군대는 갱 내에서 석탄을 운반하지 못하게 되었다. 프랑스 군이 진주하면서 탄광 소유주에게 강제적으로 탄광을 개방하도록 했다. 그러나 노동자들이 작업을 거부하고 파업에 가담함으로써 탄광 소유주들은 재산의 피해를 예방하게 되었다. 민족적인 집단 저항이 루르 지방에서 벌어졌던 것이다.

이에 격분한 프랑스 군대는 루르 지방에서 생산되는 석탄을 다른 지역으로 이동하지 못하게 금지하는 조치를 취했다. 그리하여 루르 지방에서 생산되는 석탄은 지역 주민들의 난방과 공업용으로만 사용하게 되었다. 그러나 다른 지역도 석탄 재고량이 충분한 관계로 석탄 공급에 차질을 빚지는 않았다.

나중에 프랑스 점령군이 독일 당국과 협상을 통해 루르 지역에서 생산되는 석탄을 다른 지역으로 공급하도록 허용했다. 프랑

**전쟁 후 독일** 전쟁 배상비 명목으로 독일의 산업 시설이 프랑스로 양도되었다.

스는 애국적인 광산 소유자들의 채광을 제한하거나 방해했으나 채광 자체는 금지하지 않았다.

프랑스 군대의 루르 점령 아래 132명의 사망자와 11명의 사형수, 5명의 종신형을 선고받은 독일인이 발생했다. 그 밖에도 수많은 감금과 벌금형이 부과되었고, 15만 명이 추방되어 수많은 사람들이 귀향길에 올랐으며 35억 금본위 마르크화의 경제적 손실을 가져다 주었다.

쿠노 내각은 루르 점령의 결과로 발생한 피해를 해결하지 못한 채 1923년 8월 12일 물러나고 사민당과 독일국민당DVP의 연립내각이 구성되어 슈트레제만이 수상에 취임했고 본인 스스로 외무부 장관을 겸직했다. 슈트레제만은 적대적 관계에 있는 프랑스와 새로운 외교 관계를 수립하여 루르에서 벌어지고 있는 전쟁 상태를 중단했다. 슈트레제만이 적대국인 프랑스와 화해하고 새로운 관계를 수립하자, 극우파는 프랑스에 대한 항복이라고 정의하고 슈트레제만을 증오했다.


## 실업자 문제와 사회의 동요

바이마르 공화국 초기 1919년부터 1922년까지 실업자는 약 4퍼센트 미만이었고, 1923년에 루르 지방을 점령 후 실업자 수가 증가하여 약 20퍼센트 이상이 되었다. 1924년부터 1925년에는 약 4퍼센트로 줄어들었고, 1926년에는 약 10퍼센트 정도로 증가했다. 1927년부터 1928년도에 실업자 수는 6퍼센트 이하로 떨어지지 않았다. 1931년부터 1932년은 세계적인 대공황으로 실업자 수가 갑자기 증가하여 약 30퍼센트에 도달했다. 이로써 독일은 최고의 위기 상태에 직면했다.

바이마르 공화국 시대에 출생률은 전반적으로 감소했고, 전쟁 사상자 때문에 노동자는 노령화되었으며, 여성들의 취업률이 증가했다. 취업자 비율은 전쟁 전에 전 국민의 45퍼센트였지만, 전쟁 후인 1925년에는 최고치로 51.3퍼센트가 생업에 종사했다. 실업자 수가 줄고 고용이 증대된 큰 이유는 전쟁 전에는 근무시간이 48시간이었는데, 1920년대 후반부터 세계 경제공황의 여파가 독일까지 영향을 미쳐 실업자 문제를 해결하기 위해 주당 노동 시간을 40시간으로 단축했기 때문이다. 노동 시간의 단축은 노동 환경을 개선시켰고 제품의 질을 높이는 데 직접적인 영향을 미쳤다.

1925년, 독일에는 약 15만 2천 명의 부유층이 있었다. 이 중에서 12만 명은 기업가였고, 약 3만 2천 명은 농업자본가였다. 전 국

민의 절반은 노동자였는데, 이들 중 농업 노동자는 150만, 산업 노동자는 약 1천 2백만 명이었다. 그 밖에 전체 인구의 30퍼센트 정도는 자영업자로 수공업자나 소상인이었다.

사회의 상층부에 해당하는 부유층은 오랫동안 권위주의적인 국가의 전통에 안주했던 계층이다. 이들은 바이마르 공화국 시대에 일어난 도시화, 노동 운동, 좌익화 운동 등 신분의 평등화를 향한 요구가 거세지자 위기감을 느끼게 되었다. 또한 사회의 중간에 위치하고 있던 수공업자, 소상인들 또한 노동 운동이 활성화되고, 독점적 산업 자본가 세력이 강화되자 위기감을 느꼈다. 또 화폐 가치 하락과 인플레이션으로 경제가 요동치며 벼락부자가 생기는 현실에서 과거 그들에 의해 구축되었던 가치 규범인 성실·근면·절약의 미덕이 사라지는 것을 안타까워했다.

자본과 노동에 의해 정치 세력이 집단화되는 가운데 자영업자들은 자신들의 입지가 약화되는 정치적 무력감에 빠졌다. 이들은 권익을 위해 영업행위에 대한 과세 철폐 · 행상의 제한 · 백화점 설치의 반대 · 무리한 사회 정책의 반대를 주장했다. 이것들이 실효를 거두지 못하자 바이마르 공화국의 정치에 회의를 느낀 나머지 나치 당이 주장하는 반백화점 · 반소비조합 투쟁에 협력자가 되었다.

## 공화국의 위기와 나치 당의 탄생

정치권도 경제권과 마찬가지로 1929년 후반부터 비교적 안정적인 시기가 끝나고 세계적인 경제 불황으로 위기의 조짐들이 나타나기 시작했다. 1930년 3월, 대통령 중심의 정치 체제로 전환된 것도 위기를 부르는 요인이 되었다. 특히 경제적 위기로 급진좌파와 극우파의 정치적 입지가 강화되었다.

극우파인 국가사회주의자들은 위기를 극복하기 위해 민족주의에 호소했고, 그들의 지지 기반은 점차 확대되었다. 극우파의 대표적인 정당인 국가사회주의당NSDAP은 1919년 초반에는 거의 존재가 미미하게 출발했지만, 10년 후인 1929년에는 비약적인 발전을 거듭했다.

여기서 주목할 만한 인물이 부상하기 시작했는데, 1921년부터 당내에서 주도적인 역할을 한 아돌프 히틀러이다. 그는 초기에는 과오를 범하기도 했다. 1923년부터 1924년까지 쿠데타를 추진하기만 했을 뿐, 당을 정비하고 정책을 개발하여 선거에 나가서 국민들의 심판을 받으려 하지는 않았던 것이다. 결국 쿠데타는 실

Unsere
letzte
Hoffnung:

HITLER

1932년 대통령 선거에
서 히틀러 지지를 바
라는 포스터 '우리의
마지막 희망은 히틀러
다'라고 쓰여 있다.

패했고 당 조직은 한때 어려움을 겪었다. 하지만 이를 통해 히틀러는 그 후 독일을 지탱하는 데 크게 영향을 준 세 가지 중요한 교훈을 얻었다. 첫째, 권력을 장악하기 위한 수단으로 쿠데타 대신 군중을 동원하는 선동 정치를 하는 것이다. 둘째, 당의 기반을 안전하게 구축하기 위해 당원을 여러 층과 여러 지역으로 확대하는 것이 필요하다는 점을 인식했다. 셋째, 당의 모든 조직을 지도자의 의지에 무조건 따르도록 체계화했다. 그 결과 히틀러는 대중 선동가로 국가사회주의당 내부에서 개인적 권위를 확보하여 독재자로서의 첫걸음을 내딛었다.

1920년대 후반부터 히틀러와 국가사회주의당은 전 국민을 상대로 선동 정치를 실행한다. 선동 정치는 심리적인 계략과 함께 민족주의적이고 인종주의적이며 반마르크스적이었으며, 반유대주의적 복수심에 호소했다. 히틀러가 권위를 유지할 수 있었던 것은 뛰어난 웅변술을 통해 표현하는 수사력과 유세 능력이 뒷받침되었기 때문이다.

국가사회주의자들은 1925년 2월 27일, 당을 새로 탄생시킨다. 뮌헨의 호프집에서 회합을 가진 당은 히틀러에게 충성심을 서

1930년 10월 제국의
회 가운데에 유니폼을
입은 사람들이 나치
당 의원들이다.

약하고 당 지도부는 당 내부 문제를 제거하고 당의 결속을 다지는
데 전념하게 된다. 당은 비교적 순탄하게 성장했고 내분이나 세력
다툼은 없었으며 활동범위도 제한되었다. 당의 활동은 국민들로
부터 좋은 반응을 얻기 시작했고, 재정은 중앙에서 일괄처리함에
따라 당의 무게 중심이 중앙으로 집중되어 히틀러가 당권을 장악
하고 유지하는 데 유리하게 전개되었다.

　　당은 선전과 광고, 조직 분야에서 체제를 강화하기 위해 적극
적으로 노력했다. 그러나 이러한 활동은 초기에는 사회여론을 환
기시키지 못하고 여론의 집중도 받지 못하였다. 당 간부들은 지속
적인 활력과 성장을 위해 아이디어를 끊임없이 창출했다. 이러한
작업의 일환으로 1926년 두 개의 조직, 독일국가사회주의 대학생
연합과 히틀러 유겐트가 구성되었다.

　　1929년에는 국가사회주의 학생 단체를 조직하여 김나지움

상급학생을 당의 하부조직 안으로 끌어들여 당의 이념과 정신을 파급했다. 김나지움에서 조직이 성공하자 대학생을 당원으로 확보하기 위해 대학에 조직 결성을 서두른 결과, 1929년에 대학자치회에서 나치 당이 15퍼센트의 지지를 확보하게 되었다. 이후 대학에서 국가사회주의 당원은 계속 증가하여 1930년에는 7개 대학에서 과반수 이상을 차지하게 되었다.

이후 각 직업 분야로 하부조직을 확대했다. 가장 먼저 1928년에 법조인 조직을 만들어 민족사회주의적 의미에서 법의 재조명 필요성을 선전했다. 그리고 이듬해에는 국가사회주의 독일의사연합, 교사연합, 독일문화투쟁 단체를 구성했다. 그리고 농민들의 관심을 끌기 위해 1930년부터 농업 정책 전문기구를 만들어 농민과 농촌 지역에 당원을 확보했다. 나치주의자들은 농민을 지지 세력으로 확보했고, 비교적 짧은 시간에 농민 단체를 당의 직업 단체에 귀속시키게 되었다. 당이 농민 정책에 비중을 높이 할애한 것은 농민을 주요 세력으로 끌어들이지 못할 경우 독일공산당의 지지층으로 전락할 우려가 있었기 때문이다.

회사원 단체는 1927~1928년 사이 베를린과 루르 지역, 작센에서 구성되었다. 노동자당과 노동조합에 거부적인 반응을 가지고 있는 작업장에서 장인Meister, 전문기술자, 회사원들은 나치 당에 가입했다. 회사원 조직체는 각 직업 단위로 구성된 결과 전국적으로 수천 개의 지방조직체를 가질 수 있었다.

나치 당은 당 정비를 새롭게 한 후 1928년 총선에서 기존의 민주적인 정당을 반박하고 공략했음에도 유권자들의 지지나 반응을 불러일으키지 못하고 소수당에 머물게 되었다. 그러나 491명의 의원 중에 12명의 의원을 배출한 것을 희망 삼아 거대 당으로 성장하기 위한 조직을 갖추기 시작했다. 당 핵심부는 국민의 기대에 부응하기 위해 새로운 전략을 구상한다. 1928년에 짧은 시간 안에 당이 정치적·경제적·대중심리적인 조직 체제를 갖춘 것은 빠른 시일 내에 국민들의 지지를 받을 수 있는 체제를 완비했음을 의미했다.

　1929년에 접어들면서 정치권의 고립에서 벗어나, 기존의 정치 체제를 와해시킬 수 있는 기회를 가지게 되었다. 그것은 바로 국민들의 발의에 의해 영플랜Young-Plan을 거부하려는 조짐이 일어난 것이었다. 그리고 세계 경제공황이 시작되어 독일에도 그 여파가 미치게 되었으며 경제 위기에 직면한다. 1929년 영플랜의 거부는 독일의 외교와 국내 정치에서 가장 핵심적인 문제였다. 특히 이때 경제대공황이 나치 당에게 유리하게 작용하여 당의 대중적 기반은 날로 팽창했다.

　결국 1930년의 선거는 나치 당의 대성공으로 막을 내렸다. 이

**나치 당 대회** 히틀러가 이끄는 나치 당의 1933년 9월 뉘른베르크 전당대회 모습이다.

**나치 당의 포스터**
1932년, 대통령 선거
에서 히틀러 지지를
위한 포스터이다. 당의
정책보다는 개인임을
부각시키고 있다.

선거에서 나치 당은 무려 107석을 확보하여 두 번째로 의석이 많
은 당이 되었다. 히틀러는 이 성공에 힘입어 우파 정당, 군, 실업
가들과 협력 관계를 형성했다.

　　히틀러의 자신감은 최고조에 달하여 1932년 선거에서 힌덴
부르크와 대통령 자리를 놓고 경쟁하기에 이르렀다. 선거 결과 힌
덴부르크가 1,870만 표, 히틀러가 1,130만 표를 획득하여 히틀러
의 패배로 끝나고, 히틀러는 차선으로 수상직에 도전했다. 복잡한
외교술과 계략이 혼합된 이 선거 운동에서 히틀러는 힌덴부르크,
슐라이허 장군, 파펜에 대한 로비를 통하여 결국 수상으로 선출되
었다.

# 8
# 제3제국

## 제3제국

독일 역사에서 히틀러 통치 기간은 의회민주주의 질서의 일탈이었다. 나치는 1933년 의회를 해산하고 헌법의 기능을 마비시켜 내무부와 다른 정부 주요 기구들을 장악하고 새로 또 하나의 경찰조직을 창설하였다. 결국 독일 정치는 민주적인 요소를 상실한 채 친위대, 비밀경찰 같은 자치 기구들이 장악하였고, 이들은 헌법이 상정한 기구들과는 정반대였다. 결론적으로 독일 정치 구조는 합법성과는 거리가 멀어졌다. 히틀러는 어떠한 수단을 써서라도 그의 독재에 도전하는 세력을 무력화시켰다. 법의 기본정신은 급격한 변화를 겪었으며, 강제와 공포의 기관들이 창설되었다. 나치 친위대는 부차적 역할만을 수행할 뿐이었으나 훗날 독일이 전 유럽에 걸쳐 전선을 형성했을 때는 점령한 모든 지역에서 노동력을 착취하고 특정 민족을 말살했다. 친위대의 부속 단체인 비밀경찰 또한 초인간적으로 효율적이고 절대적인 임무 수행 능력을 보유하고 있었다.

공포 정치 못지않게 나치주의자들은 선동 정치를 계획적으로 조장하였다. 괴벨스는 정치에서 선동의 역할을 가장 우선적이고 중요한 것으로 보았고, 선동은 사회의 모든 영역에 영향을 미친다고 생각하였다. 교화는 교육부를 통해 학교나 일터, 군대에서 주로 실시되었고, 선동은 공보부가 모든 종류의 미디어를 통해 주도하였다.

히틀러 정책의 근간에는 게르만 민족의 우월성이 깔려 있고, 아리아 족 주도의 사회에 도전하거나 오염시키는 행위를 결코 용납하지 않았다. 나치 정부의 반유대 정책은 게르만 족의 영원한 지배를 근거로 하고 있다. 1941년부터 1945년까지 히틀러의 반유대 정책은 극에 달하여 민족 말살 정책이 나타났다. 유대 인을 강제 수용소로 압송하였고, 1942년 중반부터 약 3,400만 명의 유대 인을 가스실에서 죽게 했다. 그러나 나치 정부는 이런 상황을 비밀로 할 필요성을 인지하고 진행하였으나, 1945년 러시아가 폴란드의 강제 수용소와 연합군이 서쪽의 수용소를 해방시킴으로써 세상에 공개되었다.

# 히틀러 통치 시대

## 히틀러의 성장 배경

독일 역사에서 의회민주주의 체제를 처음 시도한 바이마르 공화국은 세계 경제공황과 극우파인 히틀러의 등장으로 더 이상 존속되지 못하고 14년의 역사를 간직한 채 종말을 고하게 된다. 바이마르 공화국의 종식은 히틀러의 독재 체제를 의미하며, 이는 독일 역사는 물론, 유럽 전체에 비극을 초래했다. 군인과 정치가로서 경력이 화려하지 못했던 히틀러가 정치권력을 장악하고 불과 몇 년 사이 세계 정세를 그토록 변화시키고, 엄청난 피해를 남긴 일은 세계 역사상 전례가 없다.

히틀러는 1889년 4월 20일 독일과 가까운 오스트리아의 브라우나우라는 작은 도시에서 세무공무원인 아버지와 세 번째 부인이었던 어머니의 네 번째 아들로 태어났다. 그의 아버지는 58세로 정년퇴직한 후 레온딩에서 생활했다. 어느 날 동네 술집에서 포도주를 마시다 갑자기 죽었는데 그 후 아돌프는 어머니의 권유로 학교를 옮겨 다니다가 성적이 형편없자 자퇴하고 만다. 미술에 관심이 많았던 히틀러는 예술학교에 들어가기 위해 두 번의 시험을 보지만, 꿈을 이루지 못하고 생활도 어려워 품팔이 노동이나 그림을 팔아 끼니를 이어가게 된다.

빈에서의 생활은 궁핍을 벗어나지 못했다. 그는 1913년 어렵고 궁핍했던 빈 생활을 청산하고 뮌헨으로 이주하여 광고 간판이나 포스터 등 돈이 되는 것은 모두 그리면서 생계를 꾸려간다. 불안하고 어려운 생활은 계속되었지만 빈 시절보다는 형편이 나아

**신문을 읽고 있는 히틀러** 그는 정권 획득을 위해 선동 정치를 수단화했다.

졌다. 뮌헨에 정착한 그다음 해 군대에 지원했다. 영양실조로 부적격 판정을 받자 탄원서를 제출하여 입대가 허용되어 6년간 병영 생활을 하게 되었다. 군대에서도 사교적이지 않은 성격 탓에 친구를 사귀지 못하고 외롭게 지냈다. 군 복무 중 가스탄에 맞아 부상당해 후송치료를 받은 후 오스트리아 국경 근처에 있는 포로수용소의 경비병으로 근무했다. 이후 포로가 모두 송환되고 수용소가 폐쇄되자 다시 뮌헨으로 돌아온다.

전쟁에서 지고 구질서가 붕괴되자 바이마르 공화국의 재정이 무너지면서 정치적 혼란이 계속되었다. 독일 전역에서 공산당 정권 수립을 위한 혁명의 물결이 강하게 일자 좌경화를 경계하여 병사들을 군국주의 사상으로 무장했다. 히틀러는 교육 요원으로 선발되어 훈련을 받은 뒤 정치교육 강습회에 참여했다. 바이에른 지방의 정치 선전 과장 마이어 대위의 보좌관이 된 그는 친공적인 부대에 파견되어 보수적 민족주의 사상을 교육시키고, 한편으로는 정치 활동과 노동 운동을 감시하고 사찰하기 시작했다.

히틀러가 나치 후반 무렵 정치적으로 성공한 것은 능률적인 조직과 고도로 능숙한 선동 정치를 통해서 가능했던 것이다. 그는 대중심리를 꿰뚫고 있었다. 히틀러는 조직을 통해 대중이 소속감을 느끼게 하였고, 중요한 매개체로서 대규모의 행진과 시위를 주도했다. 이런 일련의 과정이 결국은 정권을 획득하기 위한 기본 운동이었던 것이다.

히틀러는 정권 획득을 위해 독일 국민 전체가 호응할 수 있는 이슈에 대해 강한 수사학을 구사하기 시작했다. 독일인 전체가 반감을 가지고 있는 베르사유 정전조약을 체결할 당시 지도부를 '11월의 대역죄인'이라고 명하며 독일은 뒤에서 비수를 맞은 것으로 표현했다. 또한 독일 전체에 만연하던 반유대주의를 '유대 인 공화국'이라는 용어를 만들어내 대중의 인기를 끌었다.

## 나치 당의 지지 기반

나치 당의 지지 기반은 중산층과 일부 노동 계급, 사회 고위층까지 망라할 만큼 광범위했고, 연령, 성, 종교 등에 관계없이 여러 계층으로 폭넓게 구성되어 있었다. 중산층이 가장 큰 지지 기반이었으며 이들의 지지가 나치 당이 다수당으로 될 수 있게 한 결정적인 요인이었다.

중산층이 나치 당 지지로 돌아선 것은 경제공황이 시작된 1920년대 말부터였다. 공황이 독일의 중산층에 가한 정신적인 타격은 엄청난 파장을 초래하여 온건중도파를 지지하던 그들의 정치적 성향에 대전환을 가져왔다.

상류층도 나치 당을 적극적으로 지지했다. 지주와 사업가들은 공산주의나 사회주의의 세력 확대에 두려움을 가지고 있었다. 그들은 히틀러가 바이마르 공화국이 시행하고 있는 복지 정책의 대부분을 제거해 주기를 은근히 기대하고 있었다. 나치 당은 수적으로는 미미하나 영향력 있는 사회계층이 제공하는 자금, 선전, 명성으로부터 많은 혜택을 누렸다.

신교도들이 구교도들보다 나치 당을 더 지지했다. 신교도들은 전통적으로 지지하던 정당이 없었으며 노동 계급과 구교를 인정하는 바이마르 공화국에 거리를 두고 있었다. 그래서 체제 변화에 대해 반감이 없는 동시에 황제가 통치하던 제국의 시대에 향수를 가지고 있었다.

1930년대에는 여성 유권자들이 남성보다 더 우파적 성향을 띠고 있었기에 나치 당은 여성 유권자들에게서 얻은 표가 남성 유권자의 표보다 더 많았다. 나치 당의 파격적인 주장과 기존 세력에 대한 공격은 젊은 세대들에게 더 많은 공감을 얻었다.

1928년 이후 히틀러는 기존 사회에 실망한 사회 각계각층의 지지자들을 모으는 데 성공했다. 이렇게 형성된 지지 기반은 히틀러가 권력을 장악하는 데 주요한 요소이기는 하나 이것만으로는 충분치가 않았다. 1929년 이후 공화국이 권위주의 지배 체제로 흘러가자 공화국 내 보수우파와 나치 당 사이에 정치적 공감대가 형성된다. 보수우파는 나치 당을 이용하여 민주주의를 붕괴시키고 보수권위주의를 강화하고자 했다.

1933년 1월 30일, 히틀러의 취임은 역사의 비극을 예고하는 서곡이었다. 히틀러의 취임 후 국민들의 호응이 다소 의기소침해져 있을 때, 그는 국가 · 정당 · 경제 · 행정 · 제국의 군대 등 모든 분야에서 새로운 활기를 찾으려고 했다. 그러나 오히려 사업에 종사하는 중산층과 중소기업인들이 불만을 갖게 되었다.

히틀러는 바이마르 공화국과 같은 정치적 혼란을 경험하지 않기 위해 강력한 정부의 상징인 총통 국가를 건설하고자 했다. 이를 실현하기 위해 나치 당은 합법적으로 권력을 장악하기 위해 노력했다. 목적을 실현하기 위해 대농장을 소유한 지주 · 경제

인 · 관료 · 군대의 도움이 필요했다.

히틀러와 그의 제휴자들은 독일 정치가 마르크스주의적 사고
방식에서 해방되는 것이 목표였다. 선거에서 공산주의자들은 17
퍼센트의 지지를 받았다. 즉 앞으로 위험의 대상이 될 수 있으므
로 정치권에서 공산당을 제거해야만 했다. 사민당은 20퍼센트의
지지율을 얻었지만, 노동자 계급과 연대해 있기 때문에 언제든지
나치 당을 위협할 잠재력을 가지고 있었다. 히틀러가 강압적인 지
도력을 발휘하기 위해서는 총통 국가의 탄생이 필요했다. 이를 위
해 제국의회를 해산하고 의회의 역할을 약화시켰다.

## 제3제국의 탄생

히틀러가 1933년 수상에 올랐을 때부터 그의 권력이 막강했던 것
은 결코 아니었다. 내각에 나치 당원은 단 3명뿐이었으며, 그와
대통령 간의 접촉은 파펜 부수상을 통해 이루어지도록 되어 있었

**선전용 포스터의 히틀러** '아돌프 히틀러는 승리한다'라고 쓰여 있다.

다. 또 하나의 문제는 히틀러는 힌덴부르크가 헌법 제48조에 의거해 허락하는 비상권한 외에는 어떠한 비상권한도 발동할 수 없다는 것이었다. 그러므로 파펜 부수상은 히틀러가 그들의 요구에 맞게 길들여지리라 믿었다. 파펜은 두 달 이내로 히틀러를 완전히 통제할 수 있으리라고 장담했지만, 6개월 후 히틀러는 그를 권력으로 올려준 사다리를 내팽개치는 데 성공하고, 영구 비상 체제를 통한 독재정권을 이룩했다.

히틀러의 첫 번째 목표는 의회에서 나치 당의 지위를 향상시켜 헌법 개정을 가능하게 만드는 것이었다. 즉 민주주의의 절차에 충실하여 민주주의의 붕괴를 계획했다. 그리하여 히틀러는 즉시 의회선거를 요구하며 수상이 된 지 이틀 만에 의회를 해산했다. 뒤따른 선거 운동에서 히틀러에게는 다른 정당이 가지지 못한 두 가지 이점이 있었다. 그 이점은 그가 대중매체, 즉 라디오를 직접 이용할 수 있었다는 것과 그의 정적들의 입장을 약화시킬 수 있는 비상권한을 보유하고 있었다는 것이다. 게다가 국회의사당을 불지르겠다는 협박이 불거짐에 따라 히틀러는 이 상황을 최대한 이용하여 정적들의 선거 운동과 입지를 압박했다.

선거 결과 나치 당이 1932년보다 더 많은 지지를 얻어 43.9퍼센트의 지지율을 얻었다. 나치 당이 선거에서 추가한 표들은 공산

**히틀러 정권 시대** 법
관들이 충성을 서약하
고 있다.

당과 다른 중산층 중심의 정당 지지자들로부터 온 것이었다. 히틀
러의 성공은 세 가지 이유로 설명될 수 있다. 첫째, 선거를 갑작스
럽게 실시함으로써 그의 정적들을 동요시켜 불안정한 상태로 유
도했다. 둘째, 의회권한보장위원회가 제 기능을 발휘하지 못하자
의원들 사이에서도 체념하는 분위기가 팽배했던 것 또한 히틀러
의 조기 선거 공략을 가능하게 했다. 셋째, 나치 당의 대중매체 독
점은 반대파의 효과적인 반론을 방해했다. 그러나 이 선거에서 성
공했다고 바로 독재정권이 수립된 것은 아니었다. 나치 당은 여전
히 의회의 과반수에 미치지 못했기 때문이다.

　　1933년 3월 나치 당원과 비밀경찰은 행동을 개시하여 시청과
경찰서, 신문사를 점령했다. 이로써 파생된 혼란은 중앙 정부가
내무부장관을 통하여 개입해야 될 정도로 대단했다. 나치 당원들
은 각 경찰서의 위원장으로 지명되어 독일 각처에서 실제적인 나
치 지배가 이루어졌다. 그럼에도 히틀러는 나치 대원들의 활동을

자제시켰다.

1933년 3월에 의회가 재소집되자 히틀러는 의회의 권한을 제한하는 법령 통과를 추진했다. 그러나 이런 중대한 개헌 사항은 전체 의원 3분의 2의 동의가 필요했다. 나치 당과 그 연립당은 거기에 미치지 못하는 실정이었다.

이 문제를 타개하기 위해 히틀러는 먼저 공산당 의원들을 해임하고, 중앙당과 협상을 시작했다. 협상 내용은 중앙당이 히틀러의 법안 통과에 협조하는 대신 히틀러는 교회에 특별한 권한을 부여한다는 것이었다. 히틀러는 기독교가 사회를 지탱해 주는 가장 중요한 단체라는 것을 인식하여 교육과 교회에서 영향력을 행사하는 것은 당연한 것이라고 주장했다. 그 결과 그는 교육계와 교회를 나치 당의 지지 기반으로 끌어들일 수가 있었다.

이러한 단체의 지지를 확보한 나치 당은 선거에서 승리하여 그들의 통치를 위해 법령들을 개정했다. 1933년 3월에 개정된 법령은 의회의 실제적인 모든 권한을 부정하고 수상에게 모든 입법권을 위임하는 내용으로 구성되었다. 이 법령에 반대표를 던진 정당은 사민당뿐이었다. 정치적 분위기가 우익화된 상황에서 사민당의 저항은 역부족이었고, 독재화로 가는 길은 서서히 표면화되고 있었다.

이 법령의 등장으로 7월까지 나치 당 외의 모든 정당은 자발적 해산을 강요당했다. 심지어 7월에는 나치 당 외에 정당 창설이 불법이라는 법이 제정되면서 독일은 1인 독재 체제 시대로 들어서게 되었다.

하지만 정당과 시민 단체들은 이를 저지할 수가 없는 상황이었다. 좌파들은 의회에 참가할 수 없었고, 중앙당도 종교의 자유를 덜미 잡혀 반대할 수 없는 입장이었다. 힌덴부르크 대통령도 자신에게 과격한 조치가 취해질 것을 두려워한 나머지 히틀러가 반대파를 탄압하는 것을 저지하지 않았다. 그러나 이때까지도 히틀러의 권력은 절대적이지 않았다.

히틀러는 나치 당 내의 극우익이나 군부에 의해 도전받을 위험을 가지고 있었다. 1933년 중반 나치 당 개혁을 요구하는 목소리가 당 내부에서 흘러나왔다. 개혁의 골자는 나치 당과 비밀경찰을 더욱 확장하여 독일 군대가 이 두 단체 내로 편입되도록 하자는 것이었다. 그러나 히틀러는 군부를 자극하는 이 계획을 철저히 반대하고 있었다.

그 배경에는 힌덴부르크의 뒤를 이어 대통령에 오르려는 그의 계획과 군부를 자극할 경우 군부가 히틀러를 견제하여 다른 사람을 대통령으로 지명할 수도 있다는 계산이 숨어 있었다. 군부가 히틀러를 제거하기 위한 쿠데타를 일으키면 히틀러는 나치 당을 전면에 내세워 쿠데타를 진압할 능력이 있었다.

**히틀러 정권 시대** 충성을 서약하는 군대의 모습이다.

하지만 그럴 경우 그는 급진주의자들의 우두머리로 낙인 찍힐 수 있으므로 군부를 상당히 조심스럽게 대하고 있었다. 반대로 히틀러는 군부와 손을 잡고 급진적 과격 단체 나치 당을 제거하고 군부에 영향력을 행사할 수도 있었다. 군부 또한 히틀러와 제휴할 여러 가지 이유가 있었다. 군부는 과격 단체인 나치 당이 주장하는 군부 편입계획에 당연히 반감을 품고 있었고, 그것을 저지하기 위해 히틀러와 협력할 준비가 되어 있었다. 히틀러의 친위대에 의해 돌격대가 해산되자 군은 히틀러에게 감사를 표하기 위하여 힌덴부르크 대통령의 유고와 함께 히틀러를 국가 원수의 자리에 추대하고 충성을 맹세하기에 이르렀다.

## 히틀러로 이동한 국가 권력

1933년과 1934년 사이 히틀러는 합법적 절차에 따라 정권을 장악했다고 볼 수도 있다. 적어도 '기술적으로는' 헌법이 정하는 절차에 따라 이루어졌기 때문이다. 그러나 나치 당의 의도는 헌법이 정한 수단으로 헌법을 개정하는 것이 아니라 헌법의 기능을 마비시키는 데 있었다는 점에서 역설적이다. 즉 헌법을 존중하기보다는 헌법을 경멸하는 태도에서 출발했다. 헌법의 문자적 의미에는 충실했으나 헌법이 내포한 정신에는 그렇지 못했다.

히틀러가 의도한 것은 궁극적으로 바이마르 공화국의 붕괴였다. 히틀러는 비상 권한을 상시 권한으로 변경하고 의회의 입법 권한을 수상에게 귀속시키며 일당 독재를 정착시킴으로써 그의 목적을 달성했다. 그러나 헌법 제48조의 비상 권한은 대중의 행동주의를 저지시키고 사회 안정을 유지하기 위한 목적으로 고안된 것이지 대중을 선동하여 헌법기구에 압력을 행사하는 것을 인정하기 위한 것이 아니었다. 히틀러는 위로부터의 개혁을 시작함과 동시에 여러 헌법기구에 상당한 압력을 행사하고 있었다. 그러므로 히틀러식 개혁이 헌법에 충실한 합법적인 것이었다는 주장은 성립되지 않는다.

나치는 내무부와 다른 정부 주요 기구들을 장악하고 또 하나의 경찰조직을 창설했다. 이 비밀경찰조직Gestapo은 돌격대SA와 친위대SS 회원들을 망라하고 있었다. 군중 운동과 돌격대원들의 행동 또한 합법적이라고 보기 힘든 혁명의 요소들이다. 물론 돌격대 지도부가 혁명 완성 단계 직전 히틀러의 손에 의해 축출되었고, 폭동의 주범은 그들이라고 주장할 수도 있었다. 그러나 히틀러가 돌격대 지도부를 제거한 것은 합법성의 기준을 만족시키기 위해

**히틀러 반대자를 숙청하는 모습** 히틀러는 1933년부터 정적들을 제거하기 시작했다.

서가 아니라 정치적 편의를 추구하기 위해서였다.

히틀러는 1934년 말까지 바이마르 공화국의 잔재를 완전히 제거했다. 1919년 헌법은 공식적으로 폐지된 것이 아니었으나 나치 당의 일당 독재와 헌법기구들의 해체, 국민 권리의 제한 등으로 민주주의는 독재와 조직화된 공포에 의해 말살된 것이나 다름 없었다.

정부·정당의 관할권 충돌과 더불어 친위대·비밀경찰·복합조직의 활동이 내정의 혼란을 가중시켜 결과적으로 비효율적 통치를 초래했다. 각 조직의 구성원들은 실수를 두려워하여 책임을 회피했으며, 관료는 많으나 실질적 행정이 이루어지기 힘든 상황이었다. 지방과 중앙 정부 사이의 권력 경쟁이 심화되어 중앙 정부의 정책에 서로 불평하는 경우가 비일비재했다. 이 모든 혼란은, 특히 고위관리들 간의 반목과 마찰은 히틀러 한 사람에 의해서만 해결될 수 있었으므로 히틀러의 권한은 더욱 커졌다.

히틀러는 어떠한 수단을 써서라도 그의 독재에 도전하는 세력을 무력화시키려 했다. 그가 란스베르크 감옥에 있을 때 자신의 정당이 해체된 것을 환영한 것과 마찬가지로 공화국의 혼란도 잠재적 경쟁자의 등장을 견제하기 위해서 의도했을 가능성을 부정할 수 없다. 히틀러가 공화국이 일정 수준의 혼돈을 경험하도록 방치했다는 것은 그 혼돈에서 오는 이점이 분명히 있었기 때문이다.


## 공포 정치와 선동 정치

법은 이론과 적용, 두 차원에서 모두 변형되었다. 자유와 논리성에 바탕을 두었던 기존 법은 국민 정서와 민족공동체의 번영이라는 새로운 기본 원칙에 의해 교체되었다. 나치 당원이 아니었던 구르트너 사법부 장관이 죽은 후 정부는 사법부를 완전히 장악했고, 판사를 임명할 때도 공화국에 대한 충성도와 정치적 성향을 기준으로 삼았다.

히틀러 집권 당시 나치 친위대는 부차적 역할만을 수행했다. 그러나 훗날 독일이 전 유럽에 걸쳐 전선을 형성했을 때는 독일이 점령한 모든 지역에서 노동력 착취와 특정 민족 말살을 수행했다. 친위대의 부속 단체인 비밀경찰 또한 초인간적으로 효율적이고 절대적인 임무 수행 능력을 보유하고 있었다. 그러나 실제로 비밀경찰은 과도한 업무와 빈약한 인력으로 만성 업무 과다에 시달리고 있었다. 이 현상은 독일이 영토 팽창을 추구하면서 더욱 악화되었다.

독일의 전쟁 도발은 유능한 관리들을 일선에 내보내고 무능하고 경험 없는 자들로 그들을 대체함으로써 친위대의 비밀경찰 단체의 기능을 비효율적으로 만들었다. 비밀경찰의 인원은 3만 2천 명에 지나지 않았으며 그중에서 절반만이 정치경찰로서 활동했다. 그러므로 알려진 바와는 상이하게 러시아 비밀경찰과 비교하여 나치 비밀경찰의 효율성은 떨어지는 편이었다.

공포 정치 못지않게 나치주

**혼자 타는 것은 히틀러와 함께 타는 것** 히틀러를 절대화한 내용의 포스터이다.

의자들은 선동 정치를 계획적으로 조장했다. 괴벨스는 1933년 어느 기자회견에서 독일 국민이 현 정부에 중립적인 것을 넘어서 적극적인 지지의 필요성을 주장했다. 그는 정치에서 선동의 역할을 가장 우선적이고 중요한 것으로 보았고, 선동은 사회의 모든 영역에 영향을 미친다고 생각했다. 이러한 나치주의자들의 생각은 교육부와 공보부의 역할 증대를 가져왔다. 교화는 교육부를 통하여 학교나 일터, 군대에서 주로 실시되었고, 선동은 공보부가 모든 종류의 미디어를 통해 주도했다.

나치 정부는 여러 미디어 채널 중 특히 라디오 방송으로 국민과 지도자와의 친밀도를 높인다는 인식을 갖고 있었다. 라디오 보급률이 1932년 25퍼센트에서 1939년에는 75퍼센트로 증가하자 선동 정치의 충족조건이 갖추어졌다. 대부분의 가정이 정보를 라디오 방송에 의존하고 있기 때문에 라디오 전파를 독점한 정부는 집단 충성을 유도할 수가 있었다.

나치는 전통적 문화를 불신하면서도 그것을 대체할 만한 어떤 문화 스타일을 창조하는 데는 실패했다. 문화에 대한 나치 정부의 검열은 일시적인 문화 진공 상태를 만들었다. 나치 정부는 이 공백을 독특한 나치 문화로 채우길 희망했으나 결과는 음악, 미술, 문학에 있어서 질적 저하를 가져왔다. 특히 사전 검열이 문학에 미친 악영향은 결정적이어서 당시 독일 문학은 맥이 끊어진 것과 마찬가지였다. 미술은 선전을 위해 여러 가지 수단으로 활용했다. 즉 미술 교육은 예술창조보다는 묘사와 선전에 주력했다. 문화 영역 중에서 히틀러가 가장 애착을 가진 것은 건축이었다. 그는 한때 베를린과 뉘른베르크를 재건축하려는 계획을 세울 정도로 건축에 관심이 많았다.

## 교회 정책

종교개혁 이후 북부 독일에는 신교도, 남부 독일에는 구교도가 자리 잡고 있었다. 가톨릭 교회는 로마 교황청과 유대 관계를 바탕으로 통일된 구조로 움직였지만, 개신교는 침례교 · 감리교 · 루터파 · 구프로이센 연합교회 등 여러 종파로 나누어져 있었다.

히틀러는 가톨릭 신자였지만 가톨릭 교회가 민족 문제에 대해 인식이 결여되었다는 비판적인 입장을 갖고 있었다. 그는 정권 초기 교회와 국가와 평화적인 관계를 유지하기를 희망했다. 또한 교황청과도 좋은 관계를 유지하기를 원했다. 가톨릭 신자들 역시 나치 정부와 협력할 의사가 있었다. 구교도들의 지지당인 중앙당 Zentrum은 구교 보호를 명목으로 나치 당의 독재정권 수립을 지원했다. 따라서 중앙당은 구교와 교회 학교의 종교 자유 보장을 담보로 히틀러와 타협하여 자진 해산했다. 그러나 히틀러는 곧 이 조약을 무효화시키는 일련의 조치를 취했다. 날조된 가톨릭 조직들로 하여금 나치 당의 원리 원칙들을 구교 내부에 주입시키는 것, 사제와 수녀들의 도덕재판을 시행한 것 등이 그것이다.

히틀러는 1933년 7월 단종법을 공포하여 가톨릭 교회를 탄압

**히틀러와 나치 정권 시절의 교황 피우스 11세** 그는 히틀러의 가톨릭 탄압에 대해 파괴적인 종교전쟁이라고 말했다.

하기 시작했다. 가장 먼저 가톨릭청년연맹을 해산했고, 수년 동안 가톨릭 교회의 수녀와 신부 · 성직자 · 민간지도자를 체포했다. 1937년 상황이 더욱 악화되자 정치에의 중립을 선언했던 교황 피우스 11세는 이러한 정부 조치들에 대해 강도 높은 비난을 담은 〈깊은 고뇌 속에서〉라는 회칙을 각 교회에 송부했다. 교황은 히틀러가 펼친 교회 정책을 파괴적 종교전쟁이며, 종교의 파멸을 가져오는 것으로 이해했다.

탄압의 시대에 어디에서나 볼 수 있듯이 나치의 교회 탄압 정책 때도 이에 굴복한 성직자들이 나타났다. 일부 교회는 정권의 시녀로 전락했는데, 나치에 협력한 전적은 시간이 지난 후 적지 않은 부담이 되었다.


## 히틀러의 지지자

히틀러에 대한 지지는 여러 가지 형태로 나타나 적극적, 소극적, 명시적, 암묵적으로 표현되었다. 히틀러는 정권 초기 대중들의 적극적인 지지를 한몸에 받았다. 그 이유 중 가장 절대적인 것은 히틀러 개인의 힘이었다. 그는 다변적 연설로 여러 계급의 청중을 그의 비전 안에 하나로 통일시켰으며, 바이마르 공화국의 여러 기관과 정치가들을 비판함으로 대중의 심금을 울렸던 것이다. 또한 아이러니하게 대중에게 각인된 온건한 이미지도 인기를 유지하는 데 한몫했다.

나치를 가장 광범위하게 지지한 계층은 독일의 최상류층이었다. 주로 기업가들로 구성된 최상류층은 나치 정권이 공급하는 노동력과 노동조합의 금지를 환영했으며, 나치 정권도 최상류층의 금전적 지원을 필요로 하고 있었다.

나치 당에 대한 중산층의 태도는 무어라 단정할 수 없다. 일부는 나치 정부를 지탱하는 주요 그룹이었으나, 일부는 뚜렷한 지지나 반대 없는 입장으로 일관하고 있었다. 새로운 중산층, 소위 화이트 컬러들은 나치 정권에서의 경제 회복을 환영하며 정권에 호의적이었다.

오직 노동자 계급만이 나치 정권의 정책에서 오는 불이익 때문에 소극적으로나마 저항을 펼쳤다. 그들은 노동조합을 결성할 권리를 박탈당하여 기업가와 공장주들에게 노동력을 착취당할 수밖에 없는 실정이었다. 또한 1933년 경제 회복에서도 노동 계급은 별다른 혜택을 누리지 못하여 불만 세력으로 자리 잡고 있었다. 그러나 중산층과 마찬가지로 노동 계급의 대부분은 불만도 지지도 표출하지 않는 부동층이었다.

여성들은 특이한 그룹으로 나치 당에 가장 확고한 지지를 보낸 것으로 알려져 있다. 나치 정권은 여성에게 더욱 늘어난 사회 진출 기회를 제공했다. 1935년 독일 전체 여성의 3분의 2가 나치 당의 회원이었고, 나치의 사상과 신조를 지지하고 있었다.

군대는 대부분 나치 정권에 장악되었다. 1934년까지는 힌덴부르크가 군 최고사령관이었으므로 적어도 군에게 히틀러를 제거할 수 있는 선택권이 주어져 있었다. 그러나 히틀러의 처세술로 인하여 군은 히틀러 취임 당시 유례없는 충성을 맹세하기에 이르렀다. 이러한 충성의 맹세가 향후 어떤 반대도 반역으로 간주될 수 있는 근거를 마련했다.

나치 정부는 알려진 것보다 훨씬 광범위한 지지를 받았다. 독일 국민들은 다른 계층의 사회 일원에게 나치 정권의 과오를 떠넘

기려 했으나 나치 정권에 대한 지지는 한 계층의 일방적 지지로
이루어진 것이 아니었던 것이다.


## 히틀러의 반대자

당시 저항이나 반대가 전혀 없었던 것은 아니었다. 현실적으로는
정권 반대 및 저항이 가능했으며 비밀경찰도 이 사실을 알고 있었
다. 일상적 불평불만은 상당히 보편적인 것으로 대부분 현실에서
느끼는 불평등이나 경제적 어려움, 정치적 속박에 기인하는 것이
었다. 그러나 이러한 반대 세력의 표출은 저자세적인 경우가 대부
분이었다. 또한 현실에서 오는 불만도 이전 바이마르 공화국 정권
에 대한 분노와 패배감과 비교하면 견딜 만한 것으로 대다수의 독
일 국민은 받아들이고 있었다.

**연합국 측의 포스터**
결속을 다져 히틀러
정권을 붕괴시킨다는
메시지를 담고 있다.

　　이러한 소소한 불평불만과
달리 교회가 나치 정권의 교회
정책에 반발하여 항의한 것처럼
특정한 정부 정책에 대한 불만도
공공연하게 이루어졌다. 적극적
인 불만의 표출은 대부분 과거
노동자들의 대표 정당이었던 공
산당과 사회민주당에 의해 주도
되었는데, 모두 소기의 목적을
달성하지 못한 채 대부분 비밀경
찰에 의해 제재되었다. 또한 독
일 공산당의 입지는 독일이 소련

과 불가침조약을 체결함으로써 약화되었다.

　사회에서 히틀러 정권을 전복시킬 만한 힘은 없었다. 오직 가능한 수단이 있다면 군사 쿠데타였다. 그러나 많은 장성들이 히틀러를 지지하고 있었고, 반대파의 히틀러 축출 계획은 이렇다 할 성과를 거두지 못하고 실패했다. 정작 정권을 당혹시킨 반대 행동은 독일 젊은이들의 일탈 행동으로, 주로 히틀러 유겐트라는 청년 교화조직을 통해 광범위하게 분출되었다.

　이론상 나치 정권은 전체주의에 기인하고 있었고, 반대와 불만의 표출은 집회와 조직을 금지하고 비밀경찰을 운영함으로써 차단된 것으로 알려져 있었다. 그러나 실제로 반대는 공공연히 표출되었으며 정부는 이러한 반대에 대응하여 일련의 조치를 강구해야 했다.


## 나치의 경제 정책

히틀러는 경제에 대해서 식견이 없는 정치적 선동가에 불과했다. 따라서 마르크시즘과는 달리 나치즘의 사상 근저에는 경제적 구성요소가 포함되어 있지 않았다. 그러므로 나치즘에서 독자적인 경제논리를 찾는 것은 부적절한 것이다.

　그런데도 히틀러의 경제 정책은 몇 가지 기본 사상을 가지고 있었는데, 이러한 사상은 그의 저서 《나의 투쟁》에서 찾아볼 수 있다. 그는 유럽 전역에서 패권을 보장해 줄 자급자족 체제를 옹호했고, 농지는 동유럽 국가를 합병하여 확보하려 했다. 이러한 두 가지 목적을 달성하기 위해 독일 경제는 군수 산업을 강조하고, 국민의 지지를 위해 안정된 생활 수준을 보장하는 데 초점을 두었다.

히틀러의 경제 정책은 실용적인 정책으로 기초 생활 영역 확대에 초점을 맞추었다. 그는 집권 초 사회의 심각한 문제 중 하나였던 실업과 공장의 비효율성을 극복하는 데 중점을 두었다. 재무장과 경제개발계획은 원료 공급의 부족과 시장 부족을 극복하기 위한 것이었다.

히틀러 시대의 경제 정책은 대략 4단계로 나누어진다. 1단계인 1933년에서 1934년은 부분적 파시즘의 기간이라고 불린다. 이 기간 중 정부는 실업률을 낮추기 위해 일자리를 마련하는 한편 임금을 통제하고 노동조합의 권한을 폐지하기 위해 노력했다. 그는 발칸 반도에 위치한 국가들과 라틴 아메리카 국가들과의 양자 무역 협정을 통해 독일의 국제수지 균형과 향상을 우선순위로 두었다. 이렇게 새롭게 개척한 무역 관계에서 독일은 원료를 수입하고 자본과 상품을 수출했다.

2단계가 시작된 1936년부터 히틀러는 4개년 계획을 시작으로 자급자족 체제를 구축하는 것을 새로운 경제 정책의 주안점으로 제시했다. 이 계획은 1937년에 히틀러가 전쟁을 계획함에 따라 그 중요성이 더욱 부가되었다. 이 계획은 국방비 증가를 가져와 1939년에는 독일의 국방비가 1936년보다 16배가 증대되었다. 이러한 과다한 지출 증대는 당연히 정부 예산 적자로 귀결될 수밖에 없었다.

3단계는 1939년부터 시작되었다. 당시 전쟁의 특징인 기습작전의 특성이 경제 전략에도 사용되어 독일은 합병된 국가의 경제를 빠르게 잠식하였다. 1941년 폴란드, 덴마크, 노르웨이, 프랑스의 경제가 붕괴되었다.

4단계에 들어 소련 침공을 시작으로 독일 경제는 전쟁을 위해 완전 가동되었다. 그러나 독일의 생산력은 미국과 소련에 비해 미미했고, 결국 독일은 전쟁에서 패배했다.

히틀러의 경제 정책이 사회 각 분야에 미친 영향에는 차이가 있었다. 가장 영향을 많이 받은 계층은 산업 노동자 계층으로서 그들은 경제 정책의 시행으로 인해 일자리를 얻었다. 따라서 전체적인 실업률은 크게 감소했다. 노동자 계급은 국가 소득의 최고 공헌자였으나 그들이 임금으로 받는 소득은 계속 감소 추세를 보였다. 노동 임금의 저하는 독일 경제 전반이 소비자 상품을 등한시하는 결과로 나타났다.

경제 정책이 농촌 경제에 미친 영향은 세 가지로 나누어 생각해 볼 수 있다. 첫째, 소작인과 소형 지주들은 게르만 족의 중추로 지칭되었으나 실제 부과된 중요성과 혜택은 미미한 것이었다. 이러한 나치 정부의 수사학 뒤에는 소작인들을 불변의 계층으로 동결시키려는 의도가 숨어 있었으나 이는 실패했다. 둘째, 농업 노동자 계층 또한 혜택을 거의 누리지 못했다. 셋째, 농촌의 부유한 지주 계층으로 나치 정권의 농업 정책에 있어 유일한 수혜자였다. 토지 가격의 급격한 상승은 그들의 경제적 부를 증가시켰고, 그들의 정치적 영향력의 상실은 증가된 경제력에 의해 어느 정도 상쇄되었다.

산업 분야는 두 주요 계급으로 형성되어 있었다. 보통 중산층을 형성하는 소자본가들은 초기에는 독점에 의한 위협으로부터 중소기업을 보호한다는 나치 정부의 공약을 적극적으로 지지했으며, 이들은 혜택을 누렸다. 그러나 이러한 혜택은 나치 정권의 통제된 노동 정책 때문이었고, 나치 당은 대체로 대기업을 지원하는 것을 우선시하여 중소기업을 대기업의 위협에서 보호해 주지 못했다.

1933년에 실업 정책을 실시한 후 독일의 실업률은 눈에 띄게 감소했다. 많은 실직 노동자들이 일자리를 얻었고, 독일의 국가수입은 증가했다. 그러나 이러한 경제 전반의 향상이 히틀러의 정책 결과라고만 인식하는 것은 무리가 있다. 히틀러 경제 정책의 많은 부분이 바이마르 공화국 경제 정책의 연장선에 있었기 때문이다. 1936년, 독일이 재무장을 위한 군수 산업에 박차를 가함으로써 실업률은 더욱 감소했다. 민주주의 체제에서는 불가능한 의무 근무가 시행되어 실업자들은 일자리가 있는 곳에서 선택권 없이 일해야 할 의무를 지게 되었다. 이것은 미국 루스벨트 대통령의 뉴딜 정책과는 동떨어진 것으로 전체주의에서 개인의 선택권이 박탈당한 예이다.


## 인종 차별주의와 반유대주의

히틀러 정책의 근간에는 게르만 족의 우월성이 깔려 있다. 그는 인류를 문화의 창조자, 문화의 향유자, 문화의 파괴자 세 가지로 분류했다. 아리아 인은 당연히 최상위 그룹인 창조자였다.

나치 인종 이론가에 따르면 전형적인 아리아 인은 키가 크고 날씬한 체형에 좁은 얼굴과 코, 잘 생긴 턱과 건강한 피부에 황금색 머리카락을 가졌다고 한다. 히틀러는 점진적으로 독일 민족을 순화시켜 국민 전체가 이런 모습이 되도록 변화시키는 것을 목표로 하고 있었다. 이 목표는 인종 간 혼합을 근절하고 나치가 추진하는 특별 번식 프로그램에 의해 달성될 수 있는 것이라 믿었다.

따라서 인종 차별은 모든 교화 내용에 포함되어 있었다. 이러한 목적 달성에 가장 위협이 되는 것은 아리안 민족을 오염시키는 열등 민족이었고, 이 중에는 아리아 인의 영원한 적인 유대 인도 포함되어 있었다. 나치 정부의 반유대 정책은 세 가지 단계를 걸쳐 시행되었는데, 각 단계가 하나같이 혹독하다.

1단계인 1933년에서 1938년 사이, 유대 인의 활동을 제한하는 광범위한 입법이 시행되었다. 유대 인은 공무원직에서 추방되었고 병원과 사법부에서 일하는 것이 금지되었다. 1935년 제정된 법은 유대 인들에게서 독일 시민권을 박탈하고, 독일인과 유대 인의 성관계와 결혼을 금지했다.

우크라이나에서의 유대 인 처형 모습 히틀러는 1941년 6월에 소련에 대해 공격을 시작하면서 이 지역에 사는 유대 인을 대량 학살했다.

2단계인 1938년부터 1941년까지, 반유대주의가 더욱 폭력적으로 전개되었다. 1938년 7월 유대 인은 그들의 마지막 희망인 상업 활동마저 금지당했다. 이에 격분하여 폴란드계 유대 인이 파리의 독일 대사관에 근무하는 관리를 암살하자 그 보복으로 돌격대와 친위대는 독일 전국의 유대 인 가게와 기물을 파괴했다.

3단계인 1941년과 1945년 사이, 히틀러의 반유대 정책은 극에 달하여 민족 말살 정책이 출현했다. 이 정책의 기본조건으로 모든 유대 인에게 다윗의 노란별을 달게 했고, 유대 인을 강제 수용소로 압송했다. 인종 말살은 1942년 중반에 시작되어 약 300~400만 명의 유대 인이 가스실에서 사망했다. 특히 아우슈비츠 수용소의 학살 시스템은 너무나 잔인해서 보통 사람들의 상상을 초월하는 것이었다. 비밀로 진행되던 나치의 유대 인 학살은 1945년 러시아가 폴란드 강제 수용소를, 연합군이 서쪽 강제 수용소를 해방시킴으로써 세상에 공개되었다.

## 히틀러의 외교 정책

히틀러는 외교 정책이 신중하고 온건하게 수립되어야 한다고 믿었다. 그 이유는 유럽에서 여전히 취약한 독일의 위치 때문이었다. 서방 국가들은 독일을 제1차 세계대전의 패전국으로 여러 가지 제한을 감내해야 하는 국가로 인식하고 있었다. 게다가 독일 정부는 프랑스의 불신과 동유럽에 조직되어 있는 광범위한 프랑스 동맹과 직면하고 있었으나, 여기에 대항할 어떤 형태의 동맹도 형성하지 못하고 있었다. 가장 유력한 동맹국이었던 이탈리아는 당시 국경을 알프스까지 확장할 야심을 품고 있었던 탓에 그에 반하는 독일의 오스트리아 계획에 대해 반감을 가지고 있었다. 따라서 1933년과 1935년 사이 히틀러는 유럽 각국의 의심의 눈초리를 피하기 위하여 화해적인 외교 정책을 구사할 수밖에 없었다.

히틀러의 초기 외교 정책 기조를 파악할 수 있는 좋은 예는 1932~1933년 제네바 군축회담이다. 바이마르 공화국 시대 정치가들은 유럽 전역에서의 군축을 주장했으나, 히틀러는 유럽의 독일 무장 해제 압력에 대한 국민의 반감을 고려하여 그와 같은 주장을 철회했다. 단지 영국 수상이 프랑스 군의 축소와 독일군의 증강을 제의했을 때 히틀러의 기대에는 미치지 못하는 것이었으나, 프랑스 쪽의 반대를 예상하고 영국 수상에게 동의함으로써 온건한 지도자의 이미지를 구축했다.

그러나 동시에 히틀러는 독일 병력을 베르사유 정전 조약에 허락된 규모의 두 배로 증강했고, 1935년 3월 독일은 정전 조약을 준수하지 않을 것이라고 공식 선언했다. 다른 국가들의 반응은 히틀러 정부에 난해한 외교적 문제를 제기했고, 독일은 국제연맹에서 상당한 비판을 감수해야 했다. 1935년 4월 영국·프랑스·이탈리아는 독일 정책에 대항하여 연합 전선을 형성했다. 같은 해 5월, 프랑스는 소비에트 연방과 상호원조조약을 체결했다. 독일은 완전히 유럽에서 고립되는 듯했다.

**이탈리아와 독일의 정치 군 대표단** 1938년 히틀러가 로마를 방문했을 때 환영식 사진이다.

그러나 1935~1937년 사이 히틀러에게 여러 번의 기회가 찾아와 독일은 고립에서 탈출할 수가 있었다. 그 첫 번째 기회는 영국이 대륙에서 책임을 회피하면서 시작되었다. 1935년 히틀러는 영국과 영독 해상조약을 체결하여 독일 함대가 영국의 35퍼센트를 넘기지 않도록 약속했다. 영국의 배신은 프랑스와 이탈리아를 상당히 자극했으나, 잇따라 터진 에티오피아 사태가 이탈리아의 관심을 대륙에서 멀어지게 했다. 이탈리아의 관심이 유럽에서 멀어짐에 따라 독일은 이탈리아와 연합했고, 스페인 내전에서 프랑스에 극히 적대적인 프랑코를 지원하여 프랑스를 자극했다.

**독일 육군의 롬멜 원수** 1941~1943년에 북아프리카 사막에서 기갑 부대를 지휘하여 영국군을 대파시켜 '사막의 여우'라는 별명을 얻었다.

이즈음 히틀러의 외교 정책은 은연중에 독일의 확장을 암시했다. 그는 이런 목적이 프랑스와 영국의 저항에 부딪힐 것이라는 예상을 하고 있었고, 독일 군대의 우월성이 1943년 후에는 지속되지 않을 것이라는 계산이 서 있었으므로 공격적인 외교 정책은 곧 수면 위로 부상했다.

1938년, 오스트리아와 체코슬로바키아가 목표로 설정되었다. 1938년 3월, 히틀러는 오스트리아를 공화국에 편입시켰다. 그 결과 중부 유럽에서 급격한 세력 균형의 변화가 일어났다. 당시 오스트리아는 소국이었으며 게르만 족이었기 때문에 독일과의 합방을 원치 않았

다. 이탈리아와 프랑스가 합병을 격렬히 반대했고, 베르사유 조약
에서도 영구히 금지한다고 명시되어 있었다. 이에 히틀러가 오스
트리아에 있는 나치 당원들을 동원하여 수상을 암살하고 무력을
앞세워 강제적으로 합방을 실현했다.

히틀러의 외교 정책은 1920년대 바이마르 공화국 정치가들
이 베르사유 조약의 수정과 강대국과의 화해를 위하여 노력하고
있을 때부터 기본이 수립되었다고 볼 수 있다. 히틀러는 이전 정
부들이 정해진 경계선이라는 관념하에 제한되어 있었으며, 1914
년 당시 독일의 국경선 역시 불완전한 것이었다고 주장했다.

비스마르크의 국경 확정이 미래 권력 확보를 위한 교두보로
써 필요불가결한 것이었다고 히틀러는 인정했다. 그러나 비스마
르크 정권 후임 공화국들이 국경 확정 이후 수반되어야 할 영토확
장 정책에 제동을 거는 오스트리아와의 동맹 체결과 영국과의 해

**구소련의 반독 선전
포스터** 1941년에 발행
된 것으로, '나폴레옹
에 이어 히틀러도 패
배할 것'이라고 예고
하였다.

**뮌헨 회담** 1938년 9월 29일 영, 프, 독, 이 4강국 대표가 모여 수데텐 문제를 협의하고, 다음 날인 30일 뮌헨 협정을 체결했다. 이 협정의 결과 체코 영토에 있는 수데텐이 독일 영토가 되었다. 앞줄 왼쪽부터 체임벌린, 달라디에, 히틀러, 무솔리니, 치아노 등이 참석했다.

전을 추진함으로써 역사적 오류를 범했다고 평가했다. 이 오류를 수정하기 위한 정책이 필요하다는 판단하에 동유럽에 대한 공격이 감행되었다. 히틀러는 그의 저서에서 다음과 같이 기술했다.

> 영원불멸의 자연법 논리에 따르면 영토에 대한 권리는 그 영토를 정복한 자에게 귀속된다. 그러므로 기존 국경선은 특정 민족의 팽창에 충분한 공간을 할당하지 못하므로 의미가 없는 것이다. 건전하고 활기찬 사고를 가진 모든 개개인은 영토 획득이 범죄적인 것이 아니라 일상적이고 자연에 순응하는 것으로 여기고 있다. 그러므로 우리 게르만 족은 유럽의 남부나 서부로의 팽창을 중지하고 우리의 시야를 동부로 전환시켜야 한다. 우리가 유럽에서 새로운 영토라고 말하는 것은 사실상 러시아와 그 주변국을 지칭하는 것이다.

## 제2차 세계대전 발발

히틀러는 전쟁을 최후의 방편으로 인지한 것이 아니라 인종청소와 아리아 인의 우수성을 보전하기 위하여 효율적인 방편으로 생각했다. 히틀러는 개인적인 신념에서 제2차 세계대전을 일으켰다. 독일의 활동 범위를 확대하기 위해 오스트리아와 체코슬로바키아를 합병했다. 그 결과 독일 민족의 생활권은 동유럽으로 확대되었다. 또한 1939년 당시 상황을 고려해 볼 때 독일군은 일련의 군축조약으로 인해 영국과 프랑스를 압도할 만한 병력을 보유하지 못했으므로 전쟁 준비가 되어 있지 않았다.

영국 수상 체임벌린은 모든 전쟁을 부도덕한 것으로 보고 이를 예방하기 위해 외교적 수단의 중요성을 강조했다. 그는 정치적 도덕성을 깊이 고려하지 않은 채 평화를 너무 추구한 나머지 히틀러 초기 외교 정책에서 나타난 적대적 야망에 대해 올바르게 대처하지 못했다. 특히 히틀러가 제한된 목적만을 가지고 있다고 생각하고 그에게 양보한 것은 결정적인 실수로 평가된다.

독일은 영국과 프랑스 정부의 외교적 양보를 악용하여 최대의 수확을 거두었으며, 점차 공격의 강도를 높여나갔다. 그러나 히틀러는 이렇게 독일 주변 약소국을 잠식하는 것이 프랑스와 영국의 저항에 부딪히리라는 예상을 하지 못했다. 1939년, 영국이 결국 독일에 대하여 완강한 태도를 취했을 때도 영국의 결정을 과소평가했다.

독일은 제2차 세계대전에서 '전개 전쟁'이라고 불리는 폴란드와의 전쟁, 서유럽에서 거둔 속전속결식 승전, 전면전으로 소련과 영국·미국 등 연합국을 상대로 대대적인 장기전 상태에 돌입한 것 등 매우 다른 양상의 두 가지 전쟁을 경험했다. 어쨌든 우수한 장비들을 갖춘 연합국에 맞서 독일이 그토록 오랫동안 대항할 수 있었던 것이 놀라운 일이다.

독일 군대는 1939년 9월에 폴란드를 침공했다. 러시아와 맺은 상호불가침조약 덕분에 러시아의 보복으로부터 자유로웠으며, 영국과 프랑스는 전쟁을 선포했으나 1940년까지는 어떤 행동도 취하지 못했다. 독일의 폴란드 침공은 세계 역사상 최초로 전문적으로 계획된 전쟁으로 탱크와 사전 공중 폭격 등이 동원된 기계화 전이었다. 폴란드 군은 패주했고 바르샤바는 함락되었다. 소련의 스탈린은 곧 러시아를 위해 할당된 영토를 점령하기 위해 개입했고, 폴란드는 역사상 네 번째로 분단의 비극을 맛보게 되었다.

1940년 6월까지 히틀러는 서유럽에서 영국과의 조절을 제외하고는 모든 목표를 달성했다. 이때 히틀러는 영국과의 문제 해결

**프라하에 입성한 독일군** 1939년 3월 15일에 독일군이 체코슬로바키아를 점령함으로써 수데텐뿐만 아니라 체코슬로바키아가 독일의 지배하에 들어간다.

을 위해 전쟁을 의도하고 있지는 않았고 평화적인 결말을 희망하고 있었다. 역사적으로 영국은 항상 유럽 문제에 대해서는 거리를 유지하려고 했고, 영국이 무력을 사용할 만한 국가의 존재 없이 유럽 문제에 개입한다는 것은 희박한 시나리오였다. 프랑스의 붕괴는 영국의 칼이 절단된 것이었고, 영국이 고립과 중립노선으로 우회할 것이라 예상한 것은 무리한 일이 아니었다.

히틀러는 영국에 대하여 아무런 적대적 감정도 가지고 있지 않다고 공공연히 선언했고 대영 제국을 붕괴시킬 어떠한 의도도 없음을 명백히 했다. 그러나 히틀러의 이러한 우호적 제안을 영국 수상 처칠은 단번에 거절했고, 독일은 어쩔 수 없이 영국과의 전쟁을 계획하게 되었다. 독일의 영국 정복 전략은 지금까지의 전격전 가운데 가장 야심찬 것으로 대대적인 공중 폭격 이후 지상군을 투입한다는 작전이었다.

1941년에 진행된 일련의 사건들은 전쟁이 시작된 후 독일의 첫 후퇴였다. 후퇴의 가장 결정적인 이유는 히틀러가 영국과의 화해 가능성을 배제하지 않고 영국 정복에 총력을 기울이지 않았으며, 영국군의 저항이 미약할 것이라고 과소평가한 데서 비롯되었다. 독일의 사전 공중 폭격 또한 너무 많은 목표물을 정하여 영국군의 비행 시설에

**1944년의 폴란드** 독일의 공격으로 폐허가 된 바르샤바 시가지의 모습이다.

집중되지 못했다. 이는 나중에 영국군의 공중전 우세로 이어져 독일의 공습작전이 연기되어야 하는 지경에 이르렀다. 그런데도 1941년 당시 영국은 독일에 직접적인 위협이 되지 못했고, 독일과 대대적인 지상전을 펼칠 능력이 없었다.

**히틀러와 무솔리니의 의전** 독일과 이탈리아는 1936년 10월 협정을 체결하고 다가올 전쟁에 대비하여 동맹 관계를 구축했다.

또한 1941년에는 독일군의 사기를 제고시키는 몇몇 상황이 전개되었다. 이탈리아의 무솔리니는 1941년 북아프리카와 그리스, 유고슬라비아에서 몇 가지 실수를 자행하여 영국군의 공세에 직면하게 되었다. 독일은 자국의 남부 방위선을 보호하고 무솔리니를 구하기 위하여 롬멜 보병대를 북아프리카에, 독일의 장갑 부대를 발칸 반도에 파견했다. 그와 동시에 영국은 북아프리카에서는 이집트로 후퇴했고, 그리스와 그리스 군도에서도 철수하게 되었다.

그러나 이러한 전세 역전은 영국군의 패배를 만드는 계기로 작동하지 않았다. 히틀러는 이 문제에 대해 다른 접근 방법을 택하여 러시아에 대해 전격 공격을 감행했다. 이 선택은 결정적 실수로 평가받는다. 그러나 그 당시에 동유럽에서의 세력권 획득과 러시아의 항복은 독일에게 유라시아 대륙과 세계 정복을 위한 발판을 제공하는 계기가 될 것이라고 계산한 결과였다.

히틀러가 영국 문제를 매듭짓기도 전에 다른 적을 상대로 제2

의 전선을 구축했던 것은 중대한 실수였으며, 그에게 패배를 안겨주는 결과로 이어졌다. 히틀러는 독일이 서유럽에서 자유롭지 못하면 러시아에 대적할 수 없다는 생각을 갖고 있었다. 그러나 히틀러는 영국과의 일전에서 패배한 후 영국이 칼로 사용할 수 있는 러시아를 제거하여 영국이 미래에 유럽 문제를 좌지우지 못하게 하는 것이 더 이득이라는 계산을 했을 것이다.

전후 영국 독일 공군의 폭격으로 파괴된 런던 시가지를 돌아보는 처칠의 모습이다.

또한 점점 뚜렷해져 가는 소비에트 연방의 위협을 견제하기 위해 독일의 선제공격이 유리하다는 계산도 했을 것이다. 개전 초기 러시아의 미미한 저항에 독일은 최단시간 내에 진격할 수 있었다. 그러나 러시아의 저항이 대오를 갖춰나가기 시작하자 독일군은 레닌그라드 외곽 지역에서 흑해를 잇는 전선을 형성했다. 그러나 러시아를 단시간에 점령하는 데 실패함으로써 제3제국은 파멸의 길로 접어들고 있었다.

## 나치 시대의 유럽

히틀러는 독일 순수 혈통에 의한 유럽 제국 건설을 위해 동유럽으로 세력권을 확장했다. 이는 20세기 유럽 역사에서 가장 큰 재앙을 가져왔다.

동남부 유럽에서의 상황은 이탈리아의 지배, 독일의 이탈리아 원조 임무, 꼭두각시 정권과 명백한 정복 등이 뒤엉켜 대혼란을 초래했다. 독일은 이탈리아가 발칸 반도와 동부 지중해를 지배하는 것에 대해 상당히 만족해했다. 그러나 1943년 이탈리아가 붕괴되면서 독일은 무솔리니를 지원하기 위해 병력을 투입해야 했다.

덴마크 · 노르웨이 · 네덜란드 · 벨기에 · 룩셈부르크 등 서유럽은 1940년 나치 정권의 지배하에 떨어졌다. 독일은 동유럽 국가들이 상대적으로 생산력과 문화적 수준이 낮다는 것을 이유로 이 지역에서 독일생활권Lebensraum 구축을 정당화했다. 독일 제국에 점령당한 동서 유럽의 민족들은 독일의 전쟁 수행을 위해 강제적으로 노동에 동원되었다.

동유럽에서 들어온 노동자들은 불결한 주거환경과 부실한 식사, 과도한 노동 등 열악한 조건에서 착취당하고 있었다. 서유럽 출신 노동자도 이와 비슷한 상황에 처해 있었다. 점령당한 국가들의 국고는 독일 제국에 의해 탈취되어 금과 해외 재산은 모든 은행에서 몰수되었다. 프랑스는 600억 마르크와 철 생산량의 74퍼센트를 강탈당했고, 벨기에와 네덜란드는 국가 수입의 3분의 2를 착취당했다.

독일인들은 히틀러의 인종 차별 정책의 영향으로 다른 유럽인들을 매우 경멸했고, 유대 인들은 최하위 인종으로 분류했다.

이런 독일인들의 사고방식은 점령국 국민에 대한 잔혹한 탄압으로 이어졌다.

　어마어마한 수의 유럽 인이 수용소에서 학살되었다. 특히 아우슈비츠 수용소에서는 백만 명의 유대 인과 그 외의 소수 민족을 합해 약 200만 명이 학살되었다. 더욱 끔찍한 일은 수용된 사람들이 의학 실험 대상으로 사용되었다는 것이다. 이런 실험은 인류 문화와 문명의 발달에 기여하지 못했고, 오히려 인간이 얼마나 잔학해질 수 있는지를 증명했을 뿐이다.

　히틀러의 점령국 통치 정책은 아무런 원칙도 없이 수행되어 혼란, 그 자체였다. 히틀러는 독일 정복국에서의 정책은 첫째, 점령하고 둘째, 통치하고 셋째, 착취하는 것이라고 강조했다. 그러

**독일군 점령 후 바르샤바 게토에서 가스실로 이송되는 유대 인들** 나치의 반유대주의 정책에 수많은 유대 인들이 가스실에서 목숨을 잃었다.

**1942년 독일 군대의 퇴각** 크림 반도에서 생존자들이 사상자 중에서 가족을 찾고 있다.

나 이런 미비한 통치 정책은 점령당한 국민의 혼란과 반감을 가중시켜 대대적인 저항 운동으로 연결되었다. 이것은 독일 정부가 의도한 것과는 반대의 상황이었다.

## 전면전과 제3제국의 위축

1942년부터 전쟁은 동서 양면에서 펼쳐진 전면전으로 확대되었다. 특히 미국의 연합군 참여는 독일에게 엄청난 부담이었다. 히틀러는 미국이란 나라는 다민족공동체 국가로 더럽혀지고 부패한 나라이며, 항상 혁명의 위협 속에 있다고 미국의 힘을 과소평가했다. 따라서 미국의 참전을 예상한 독일이 사전 협상을 통해 참전을 저지할 수 있었는데도 어떠한 조치도 취하지 않았다. 그러나 미국의 참전을 사전에 차단하지 못한 것은 히틀러의 결정적인 실수였다. 유럽에서 러시아와 영국이 독일에 패배할 경우 미국 혼자서 독일을 상대해야 할지도 모른다는 계산에서 루스벨트는 유럽에서의 전쟁을 포기할 수 없었다. 미국의 참전은 히틀러가 상대해야 할 연합국의 군사력이 그만큼 강화되었다는 것을 의미한다.

1942년과 1943년, 제2차 세계대전의 향방을 결정짓는 중요한 전황들이 전개되었다. 근대 전쟁사에서 가장 중요한 전투 중 하나인 스탈린그라드 전투에서 독일은 러시아에 패배했고, 북아프리카에서는 롬멜 보병대가 패배하여 위기에 처해 있었다. 북아프리카에서 패배함으로써 독일은 러시아의 전투력 회복을 저지하기 위해 충분한 병력을 투입하지 못했다. 그리고 연합군이 이탈리아에 침입하여 무솔리니 정권을 붕괴시키자 이탈리아는 제2차 세계대전에서 후퇴하게 되었다. 따라서 러시아와의 전투에서 가장 필요한 핵심 부대들이 이탈리아 전에 투입될 수밖에 없었다.

또한 독일은 공군력과 해군력에서 우위를 점하지 못했다. U 보트를 이용한 대서양에서의 상선 공격은 초기에는 성과를 거두었으나, 1943년 대서양 해전에서 패했다. 이 해전에서 패하여 전쟁은 연합국에게 유리한 양상으로 흘렀다. 공중전의 승

**1944년 영국군 공습으로 폭격당한 시내를 둘러보고 있는 히틀러** 결국 그는 전쟁에서 승산이 없다는 것을 알게 되었다.

패는 독일에게 더 큰 영향을 미쳤다. 독일의 작전 실패는 대영 전투에서 영국 공군에게 승리를 안겨주었다. 이 승리는 영국 공군의 전력 증강에 직접적인 영향을 미쳤다. 미국의 참전 이후 미국 공군은 낮에, 영국 공군은 밤에 독일 주요 도시와 시설들을 집중 폭격했다.

독일군은 막판에 두 전투에서 성공을 거두었지만, 연합군의 진격을 멈추는 데 영향을 주지 못했다. 히틀러는 전쟁에서 승산이 없자 1945

**1944년 10월 12일** 독일이 퇴각하자 연합군과 프랑스 군이 파리 시내로 입성하고 있다.

년 4월 말 자살했고, 1945년 5월 독일군은 연합군에 무조건 항복했다. 결국 전쟁은 실패로 끝났고, 이로써 히틀러는 역사에서 독재자와 유럽 질서 파괴자로 남게 되었다.

# 9
# 연합군 통치 시대

## 연합군 통치 시대

1945년 5월 9일, 독일이 항복함으로써 제2차 세계대전이 끝나고 독일은 연합국에 의해서 통치가 시작되었다. 패전국인 독일의 무정부상태를 막기 위해 1945년 6월 5일부터 4개국에 의해 분할 통치가 불가피했다. 따라서 독일의 행정권과 통치권은 연합군이 수행하게 되었고, 군대는 해산되었으며, 나치의 지도자들도 모두 체포되었다.

전쟁 동안 약 500만 명의 독일인이 희생되었고, 이 중 50만 명은 폭격으로 사망했다. 패전 이후 독일 동부 지역의 영토는 소련과 폴란드에 양도되었고, 이 지역이 공산화되자 약 1천 200만 명의 피난민이 자유를 찾아 서독으로 건너왔다. 1945년 8월에는 하루에 2만 5천 명에서 3만 명의 피난민이 독일 영토로 이주하였다. 수도 베를린에는 1945년 7월부터 10월까지 130만 명의 피난민이 있었다. 식량 보급은 사실상 마비된 상태로 지하경제가 성행하였고 범죄가 증가하였으며, 위생 시설의 부족으로 전염병이 돌았다.

연합국은 독일에서 민주 정치를 실현하기 위해 민주적인 정당의 활동을 적극 지원하고 지방자치단체를 시행하였다. 민주주의 발전을 위해 표현의 자유와 언론과 종교의 자유를 보장하고 교육 제도 · 재판 제도를 민주주의 체제로 전환하였다.

한편 연합국은 독일에서 전쟁 배상비를 받아야 했는데 독일은 현금으로 지불할 능력이 없었다. 이에 따라 각자의 점령 지역에서 산업 시설을 철거하기로 하였다.

미국과 소련은 그들의 목적을 유럽에서 실현하려 했으나 양국의 합의하에 독일 문제를 해결하는 것이 불가능했다. 그리하여 서방연합국 점령 지역은 자유시장원칙에 의한 독일연방공화국을 탄생시켰고, 소련군 점령 지역에서는 계획 · 통제경제를 고수하는 독일민주공화국이 탄생하였다. 그 결과 독일은 냉전의 시대 대립과 갈등을 경험하였다. 그리고 마침내 1990년 10월 3일 통일됨으로써 독일은 물론 유럽에서 냉전이 종식되었다.

# 과거 청산과 새로운 시대의 도래

## 전쟁 종식과 독일의 상황

1945년 5월 독일의 항복으로 제2차 세계대전은 종식되었고, 독일은 연합국의 통치를 받기 시작했다. 패전국인 독일의 무정부 상태를 막기 위해 연합국은 1945년 6월 5일부터 4개국이 분할 통치를 시작했다. 따라서 연합군이 독일의 행정권과 통치권을 수행하였고, 군대는 해산되었으며, 나치의 지도자도 모두 체포되었다.

전쟁 동안 약 500만 명의 독일인이 희생되었고, 이 중의 50만 명은 폭격으로 사망했다. 패전 이후 독일 동부 지역의 영토는 소련과 폴란드에 양도되었고, 이 지역이 공산화되자 독일인들은 자유를 찾아 서독으로 피난왔다. 약 1천 200만 명의 피난민이 서독 지역으로 이주했다. 수도 베를린에는 1945년 7월부터 10월까지 130만 명의 피난민이 있었다. 식량 보급은 사실상 마비된 상태였고, 지하경제가 성행했고 범죄가 증가했으며, 위생 시설의 부족으로 전염병이 증가했다.

1945년부터 1949년까지의 독일 역사를 경제적인 면에서 고찰한다면 '위기의 시대' 또는 '궁핍의 시대'라고 할 수 있다. 전쟁의 피해로 공장의 시설들이 제대로 가동되지 않아 독일 경제는 파탄에 처해 있었고, 식량이 충분히 공급되지 않아 국민들은 기아로 고통받는 시기였기 때문이다.

황폐화된 토지가 많아 식량 문제는 빨리 해결되지 못했다. 가축 사육이 감소하여 충분한 자연비료를 공급하지 못한 것과 1946년 겨울의 강추위로 파종된 종자들이 동사하여 1947년도 수확량

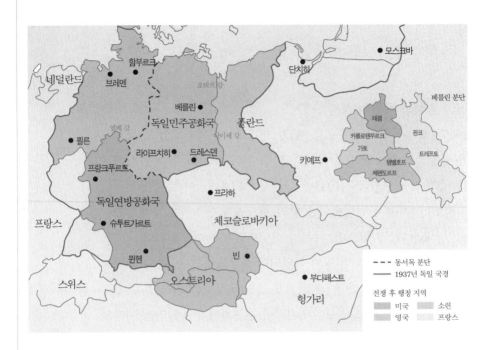

**전쟁 후 독일의 국경**

이 감소한 것이 식량 문제를 더 심각하게 했다. 1947~1948년의 농업 생산량은 1939년 수준의 약 72퍼센트에 그쳤다. 곡물과 식료품 부족으로 1947년과 1948년 사이 국민들은 하루에 필요한 식료품의 약 60퍼센트 정도밖에 소비하지 못했다. 계속된 영양 부족으로 기아와 고통이 일반화되어 충분한 영양분을 섭취하지 못한 국민들은 전염병에 쉽게 감염되었다.

이 기간 동안 미국은 독일에 곡물과 식료품 공급을 위해 재정적 지원을 했다. 미국의 곡물 지원은 대부분 옥수수였지만 독일인들이 기아의 위기에서 탈출하는 데 도움이 되었다. 연합국은 부족한 양의 곡물을 충당하기 위해 식량을 수입했는데, 독일이 현금지불 능력이 없다는 것을 감안하여 독일이 외국에 소유하고 있는 재산과 지적소유권, 독일이 전쟁에 패한 후 외국으로 데려간 독일

의 학자나 기술자들을 곡
물 대금으로 환산해서 지
불하는 방식을 채택했다.

한편 폭격으로 대부
분의 산업 시설은 잿더미
속에 묻혀 가동이 중단되
었다. 1945년 제2차 세계
대전이 종식되었을 때 독
일의 교통 시설은 40퍼센
트, 주거 시설은 15퍼센
트, 산업 시설은 20퍼센
트가 파괴되었다. 1945년
당시 독일의 산업 생산량
은 1938년 전쟁 전의 3분
의 1 수준에 불과했으며,

**1947년의 피난열차**
전쟁이 끝나고 구독일
의 동부 영토가 폴란
드와 소련에 양도되자
독일인들이 독일의 영
토로 들어오고 있다.

시장경제는 제대로 운영이 되지 않았다.

연합군 공격의 첫 번째 목표는 교통 시설이었으며, 그다음이
도시의 주거 시설이었다. 그 결과 교통 시설과 주거 시설은 연합
군 공격으로 인해 가장 많은 피해를 입었다. 산업 시설의 피해는
교통 시설과 비교하여 많지는 않았지만, 물건을 운반할 교통 시설
이 모두 파괴되었기 때문에 수송에 어려움이 있었다. 특히 루르
지방에서 교통 시설의 파괴가 심각하여 이 지역에서 생산되는 석
탄을 다른 지역으로 수송할 수가 없었다.

1945년 전쟁 후 4개국 연합군 점령 지역에는 약 5천만 명의
인구가 살고 있었다. 1946년에는 피난민과 구제국에서 추방된 독

일인의 유입으로 인구가 6천 600만에 이르렀다. 짧은 기간 동안에 인구는 약 30퍼센트 이상 증가하여 주택 수급에 대한 문제가 드러났다. 전쟁 기간 동안 225만 세대의 주택이 완전히 파괴되어 사용하지 못하게 되었고,

**1945년 2월 얄타 회담** 루스벨트, 처칠, 스탈린은 크림 반도 얄타에서 회담을 갖고 독일의 무조건적인 항복과 전후 질서를 논의했다.

250만 세대의 주택은 수리와 복구를 하면 주거할 수 있었다.

미군 점령 지역에서는 현재 존재하고 있는 주택의 65퍼센트만 주거용으로 사용할 수 있었으나, 피난민의 증가로 주택 사정이 더욱 악화되어 긴박한 상황이었다. 미군 점령 지역에서 주택 문제를 해결하기 위해 주택 건설을 활성화하고 1945년 겨울이 오기 전에 파괴된 주택을 복구하기로 했다.

전쟁 후 총체적 위기에 처한 독일은 에너지 공급에서도 많은 어려움을 안고 있었다. 중요한 에너지 자원은 석탄·전기·가스·목재 등이었다. 석탄은 전쟁 배상비 지불 명목으로 현물 지급을 해야 하기 때문에 국내에서는 충분한 공급이 이루어지지 못했다.

의약품 공급과 의료 혜택도 여유롭지 못해 인구 1천 명당 10명이 사망하는 재앙을 겪었다.

1945년 5월 7일, 독일 군 장성 알프레드 조들이 무조건 항복 문서에 사인하는 모습 독일이 전제조건 없이 항복함으로써 전쟁이 종식되었고, 독일은 연합국의 통제를 받게 되었다.

## 포츠담 협정

전쟁 후 독일 문제를 포함한 세계정치 질서를 새로 정립하기 위해 미국의 트루먼, 영국의 처칠\*, 소련의 스탈린이 1945년 7월 17일부터 8월 2일까지 베를린 근교에 있는 포츠담에서 협정을 시작했다.

\* 처칠 : 포츠담 협정 도중 정권이 교체되어 7월 28일부터 노동당 출신 애틀리가 수상이 되어 협정에 참가했다.

포츠담 협정에서 합의되었던 내용은 독일의 민주 정치 실현과 나치 잔재 청산, 독일 군대 해산, 기업의 카르텔 해체, 중앙집권주의적 정치 체제 대신 지방 분권주의 정치 체제로의 전환 등이었다. 이 외에도 나치 시대 때 종교를 억압하고 자유로운 정치 활동을 방해하고 인종 차별을 정당화했던 법률 조항들을 폐지하기로 결정했다. 전쟁 종범들은 체포하여 법정에 세우기로 했으며, 이 밖에도 나치 정권의 정치 지도자, 나치 정권의 추종세력, 나치 치하의 정부조직과 단체의 고위 간부들도 모두 체포하기로 했다.

독일에서 민주 정치를 실현하기 위해 민주적인 정당과 정당

의 활동, 지방자치 단체 등을 적극 권장하고 이를 시행하기로 했다. 민주주의 발전을 위해 표현의 자유와 언론과 종교의 자유를 보장하고, 교육 제도·재판 제도를 민주주의 체제로 전환하기로 했다. 독일 기업의 집중화와 카르텔을 해체하기로 하고, 독일이 겪고 있는 기아 문제를 해결하기 위해 농업을 적극 육성하기로 했다. 독일의 모든 군수 산업을 철거하기로 했으며 군수 산업과 관련되지 않은 평화적인 산업*을 적극 육성하기로 했다.

**포츠담 협정** 영국의 애틀리, 미국의 트루먼, 소련의 스탈린 등 정상들의 모습이다. 이 회담에서 독일의 분할 통치와 통제에 대한 구체적인 합의가 이루어졌다.

\* 가구와 식료품 산업, 전쟁 복구를 위한 건축과 토목 분야.

포츠담 협정에서는 또한 독일 영토의 분할 점령과 구독일 제국의 동부 영토와 점유권에 관해서 정리했는데, 오데르-나이세 강 동쪽 지역의 영토를 폴란드 영토로 인정했고 오데르-나이세 강의 경계선을 국경선으로 실제적으로 인정했다.

연합국은 전쟁 배상금을 독일에서 받아야 했는데, 독일이 지

이야기 독일사

불 능력이 없어 연합국은 각자의 점령 지역에서 산업 시설을 철거하여 가져가기로 했다. 그런데 이때 소련은 농업 지역과 경공업 지역을 점령했기에 만족할 수가 없었고, 이 때문에 추가로 서방연합군이 점령했던 루르 지방에서 공동으로 철거하자고 제안했다. 서방연합국은 루르 지역 대신 부동항이 필요한 소련에 쾨니히스베르크와 그 주변을 양도하기로 했다.


## 뉘른베르크 재판과 나치 청산

전쟁이 끝나고 포츠담 협정에서 나치 잔존 세력들을 처벌하기로 했지만 구체적인 내용은 언급하지 않았다. 1945년 8월 8일 연합국은 전쟁 종범들을 처벌하기 위해서 조약을 체결했다.

군사재판의 재판관들은 미국·영국·프랑스·소련에서 파견한 법무관으로 구성되었으며, 재판 대상자들은 세계 평화를 파괴한 전범들과 전쟁 동안 민간인을 학살한 사람이었다. 피고인 외에도 나치 정부 때 중추적인 역할을 했거나 나치 정부를 지원했던 단체, 기관들도 재판의 대상이었다. 24명의 전범자들에 대한 공판은 1945년 10월에 베를린에서 열렸는데, 이들 대부분은 나치 당의 주요 간부와 정치가들, 군대 지휘관이었다. 같은 해 11월 재판 장소를 뉘른베르크로 옮겼다.

재판 결과 총 24명의 피고인 중 12명에게 사형이, 3명에게 종신형이, 그 외 각각 10년형, 20년형의 판결이 내려졌다. 1명은 재판 전 자살했다. 정부기관이나 협력 단체에 대해서는 관계된 사람들에게 도덕적 책임을 물어 공직에서 추방했다.

뉘른베르크 재판에 이어 각 점령 지역마다 따로 군사재판이

**뉘른베르크 전범 재판
장** 1945년 11월에서
1946년 10월까지 나
치 추종자와 협력자들
을 응징하기 위해 설
치된 법정으로 12명이
사형, 3명이 종신형을
선고받았다.

열렸다. 1946년부터 1949년까지 미군 점령 지역의 군사재판에는
나치 친위대의 의사와 외무부의 외교관, 나치 정권에 협력했던 기
업들이 회부되었다. 이 재판에서 36명에게 사형이 선고되었고, 나
머지는 자유형에 처해졌다. 영국과 프랑스 점령 지역에서도 이와
같은 방법으로 군사재판이 이루어졌다. 서방연합군 점령 지역의
재판에서 총 794명이 사형을 선고받았으나, 이 중에서 486명만
사형이 집행되었다. 군사재판에 회부되었던 기업은 이게 염료IG-
Farben, 플릭Flick, 크룹Krupp 등이었다.

　　포츠담 협정에서 합의되었던 나치 청산 작업은 연합국 점령
지역별로 각각 다르게 진행되었다. 미국은 독일의 사회 제도를 변
화시키지 않고 나치 세력들을 개인적으로 도의적 책임을 물어 근
절시키고자 했다. 그래서 반인류적인 행동을 했던 사람은 재판을
통해 사형을 집행하거나 자유형에 처했다. 미국은 점령 후 나치

잔존 세력들을 정부 관공서를 비롯해 모든 공적인 업무에서 떠나도록 조치를 취했고 일부는 사회로부터 격리시켰다.


## 경제 정책

연합국은 포츠담 협정에서 독일의 재무장 불가로 의견을 모으고, 독일이 군수 산업을 육성하지 못하게 했다. 협정의 결정에 따라 중화학 공업이 주축이 된 독일의 대기업을 해체하고 농업경제를 발달시켜 국민들을 기아에서 빠른 시일 내에 구제하기로 했다. 전쟁과 관계되지 않은 생활필수품과 관련된 산업을 육성하고, 경제를 지방으로 분산하여 발전시키기로 했다. 정치적으로 독일이 비록 연합국에 의해 분할 통치된다 하더라도 경제적인 면에서는 전 독일에서 통일적인 경제를 실현하여 일상 생활에 필요한 생활필수품을 점령 지역에 차별 없이 균등하게 배분한다는 것이다.

미국은 1943년부터 전쟁 종식 후 독일 점령에 대한 정책을 준비했다. 미국의 경제 정책은 독일의 모든 군수 산업을 해체하고 소비제 산업을 육성하여 국민들이 풍부한 소비 생활을 누릴 수 있도록 한다는 방침이었다. 그리고 독일의 대외무역은 미국 중심으로 이루어지도록 조정했다.

연합국 경제 정책의 기본 목표는 독일 경제의 잠재력을 파괴하여 다시는 전쟁을 일으키지 못하도록 하는 것이었다. 이를 위해 전쟁의 토대가 되는 모든 중화학 공업을 철거하게 했다.

포츠담 협정에서 독일 기업들의 카르텔을 해체하기로 결정했다. 이 협정에 의해 이게 염료공업주식회사 IG Farben와 약 50개 회사와 크룹 그룹이 해체되었으며, 여러 탄광회사와 공장들도 연합군에 압수되었다. 공장이 가동되지 않자 전국적으로 많은 실업자가 발생하여 생활의 고통은 이루 말할 수가 없었다.

1946년 말까지 소련군 점령 지역에서 약 1,000개의 공장 시설들이 철거됐는데, 대부분 금속 공업과 화학 공업, 광학 산업과 관련된 공장들이었다. 소련의 산업 시설 철거 작업은 방대하게 이루어졌다. 소련은 산업 시설 파괴 외에도 동독 지역에서 산업 생산 활동을 방해했다. 그리고 독일의 유명한 과학자의 실험실을 강제로 철거해갔고, 그것도 부족해서 철도 레일까지도 걷어서 수집해갔다.

독일 경제발전계획과 관련하여 서방을 대표하는 미국과 소련은 심한 의견 차이를 가지고 있었다. 서방연합군은 독일 점령 기간 동안 독일을 다시 재건하여 경제적으로 자립하는 것을 고려했다. 반면 소련은 자국의 실리를 위해 전쟁 때 입은 피해를 만회하는 것에 관심을 가지고 있었다.

1946년 3월 26일, 연합군 군사조절위원회는 독일 경제를 조직적으로 통제하기 위해 전후 복구와 경제개발에 관한 계획을 발표했다. 이 계획안에 의하면 군수 산업과 가장 밀접하게 관계되는 철 생산량이 연간 580만 톤을 초과해서는 안 된다고 했다. 그리고 군수 산업과 관련된 14개의 산업 분야에서 생산을 금지하고 12개의 산업 분야에서는 그 생산량을 전쟁 이전 수준에서 생산할 수 있도록 했다.

전후 복구 목표는 생산량을 통제하는 것으로 전쟁 전 생산량의 50~55퍼센트 수준에 도달하게 하는 것이었다. 1946년의 생산량은 1932년 수준에 머무르게 했다. 산업계획안이 중요한 산업의 생산을 금지하고, 생산량을 제한하자 국민들과 경제인들은 사기가 약화되었거나 의기소침해졌다. 특히 군수 산업에서는 항공기 조립 공장, 조선소, 암모니아 생산, 베어링 공장, 대형 기계 생산 공장과 대형 자동차 공장은 생산 활동을 금지했다.

산업의 기초가 되는 철강석, 공작 기계, 전자 기계, 자동차 산업에서 생산을 일부분 제한했다. 그러나 예외를 적용하여 건설 분야만 생산 시설 제한을 하지 않았다. 건설 분야는 전후 폐허가 된 모든 시설들을 복구하는 데 반드시 필요했기 때문이다.

이때 언론 · 노동자 · 노동조합은 연합국의 계속되는 제한 · 금지 정책을 강력하게 항의했다. 강력한 항의 결과 서방군 점령 지역에서는 1949년 말까지 323개의 공장만 철거했다.

미국과 영국은 이게 파르벤 콘체른과 크룹 기업, 다수의 탄광 회사, 제철회사를 압수하여 포츠담 협정에서 이미 언급했던 독일 기업의 카르텔과 대기업을 해체하기로 했다. 이 밖에도 대규모 은행들을 소규모 은행으로 전환시켰다. 서방연합군 점령 지역에서 경제 질서를 유지하기 위해 연합국은 가격과 임금, 생산 금지, 생산 제한, 생필품 배급표, 주택 배당, 대외경제에 관한 새로운 규칙을 제정하여 전후 경제를 운영했다.

독일에 있는 자연과학과 산업연구소들도 전부 폐쇄되었다. 그 결과 독일이 자랑하는 물리학, 화학, 기계공학이 점점 그 명성을 잃어가게 되었다.

미국은 다른 연합국이 산업 시설 철거를 통해 자국 산업 발전의 터전을 닦고 있는 사이 미래 첨단산업의 발전을 위해 독일의 자연과학자들을 미국으로 데려가 기초과학의 발전에 기여하게 했다. 그 대표적인 성공작품은 1958년, 미국이 인공위성을 발사한 것이다. 이 성과에서 기술과 학문적 이론은 독일의 베르너 폰 브라운Wernher von Braun과 그 연구소팀에 의해서 이루어졌다.


## 미군과 영국군 지역 통합

1947년 1월 1일부터 미군과 영국군의 점령 지역이 하나로 통합되었다. 양국의 점령 지역이 통합됐다는 것은 미국의 독일 정책 변화를 의미한다. 미국의 독일 주둔 사령관이 처음으로 서독West-deutschen이라고 불렀다. 이는 소련과 독일 점령 정책의 통일을 기할 수 없다는 것을 예고하는 것이었다.

1947년 4월 모스크바 외무부 장관회의가 결렬되자 미·영 통합 지역에서는 경제위원회를 구성했다. 경제위원회는 1947년 6월 25일에 구성되어 프랑크푸르트에 상주했다. 이 기구는 52명의 위원으로 구성되었으며, 인구 75만 명당 1명의 위원을 선출했다. 소속당을 보면 기독교 연합에서 20명, 시민당에서 20명이 선출되어 양당이 균형을 이루었으며, 나머지는 군소 정당이 차지했다. 경제위원회는 경제, 교통, 우편, 재정, 농업에 관해서 법률을 제정할 수 있는 권한을 소유했다. 미국과 영국도 이 기구의 활동을 인정했지만, 본국에서 파견된 약 900명의 전문가들이 독일 경제를 통제하고 감시했다.

기민당은 시장경제를 고수한 반면 사민당은 계획경제를 선호했다. 두 당의 경제 정책 노선이 다른 관계로 혼선이 있었다. 기민당과 기사당이 시장경제를 강력하게 원하자 사민당은 현실적인 면에서 최소한 국가 기본 산업만이라도 국유화할 것을 제의했다. 영국은 노동당이 집권하고 있어 사민당 계획안을 지지했지만, 시장경제를 희망하는 미국의 반대에 부딪혀 실현되지 못했다.

1947년 5월 바이에른 주는 광산업, 에너지, 교통 산업을 국유화하기로 했으나 미국의 군사위원회가 허용하지 않아 끝내 실현되지 못했다. 미국은 양국 점령 지역을 통합한 후 미국식 경제 정책의 시행을 강력히 주장했다. 미국의 무조건적인 시장경제원칙은 노동당이 집권하고 있는 영국에서는 빈번히 반대에 부딪혔다. 영국의 점령 지역인 노트라인 베스트팔렌 주도 석탄 탄광의 국유화를 선언했으나 미국의 반대로 실현되지 못했다. 이 문제로 영국과 미국 사이에 불협화음이 있었으나, 1948년 11월 양국은 독일의 석탄과 제철 공업을 앞으로 수립될 독일 정부에서 결정할 사항이라고 합의하면서 양국 간의 앙금은 풀리기 시작했다.

## 마샬 플랜

미국은 모스크바 외무부장관 협정이 결렬되고 소련의 팽창 정책 야욕이 드러나자 소련과 합의하에 독일 문제를 평화적으로 해결하기 어렵다는 결론을 내리고 유럽에 미국식 자본주의 파트너 구축에 노력했다. 1947년 6월 5일 미국의 국무장관 마샬은 하버드 대학 연설에서 전후 유럽의 경제 재건을 위해 차관을 양도할 용의가 있음을 밝혔다. 그러나 소련과 동유럽 국가들은 경제적으로 미국에 의존하면 정치적으로도 종속된다고 제안을 거절했다.

마샬 플랜은 미국의 독일에 대한 정책이 변화했다는 것이다. 즉 부유한 유럽 건설을 위해 독일이 반드시 경쟁력 있는 국가가 되어야 한다는 것이다. 독일의 경제 재건을 위해 1947년 8월 서방 연합국은 독일에 가했던 산업 생산량의 제한을 해제했다. 마샬 플랜의 단기적인 목적은 전쟁 후 어려움에 처해 있는 유럽을 굶주림과 배고픔, 가난과 절망, 혼란에서 구출하는 것이고, 장기적인 목적은 서유럽의 경제와 정치를 안정시켜 서방 세계가 자본주의 체제를 확고히 다지는 것이다. 그리고 서유럽의 정치적, 경제적 안정은 소련의 영향력이 서독까지 확대되는 것을 조기에 차단하는 것이다. 마셜 플랜은 미국의 주둔 정책의 일환으로, 이제까지 독일 주둔 정책은 미국 행정부 관할이었으나 앞으로 의회의 승인을 받게 하여 행정부의 부담을 덜어주게 되었다.

마셜 플랜은 서독의 경제 재건에 절대적으로 기여했다. 마셜 플랜에 의한 원조는 1948년 5월에 시작되었고, 산업 분야의 시설 투자는 1948년 10월부터 시작되었다. 마셜 플랜의 초기 지원은 식료품과 구호물품이 대부분이었으나 나중에는 산업용 제품이 주를 이루었다.

마셜 플랜은 국고가 바닥난 상황에 외국환 발행의 도움으로 수입대금을 결제할 수 있게 함으로써 독일 경제에 기여했다. 독일은 재원 마련이 확실해지자 투자 계획을 수립하여 전후 피해 복구에 전념했다. 그리고 독일 경제가 전쟁 피해를 극복하고 자유시장 경제 체제에 편입될 수 있는 계기를 마련했다. 독일은 전통적으로 식료품과 농수산물, 원자재 수입 의존국인데 당시 수입대금의 대부분을 미국의 원조금으로 결제했다.

마셜 플랜에서 제공한 차관은 산업 분야에 투자되어 산업 발달에 크게 기여했다. 정유 산업(석유화학)과 각 지방자치 단체 주민들의 삶의 안전을 위해 가스 공급과 상수도 설치 비용, 기간 산업 확충을 위해 연방 철도와 지방 철도, 내륙 운하와 국제무역을 위한 해상 운송에도 투자가 이루어졌다.

공산주의자는 서유럽이 미국의 영향권 아래 편입된다고 마셜 플랜을 반대했다. 소련은 마샬 플랜이 동유럽까지 확산되는 것을 저지하기 위해 1947년 9월에 서둘러서 코민포름Kominform을 결성했고, 1948년 1월에는 공산주의 국가들의 경제협력 단체인 상호경제협력위원회RGW, Rat für Gegenseitige Wirtschaftshilfe를 구성했다. 상호경제협력위원회를 결성한 결과 동유럽 사회주의 국가들은 정치에 이어 경제도 소련에 의존하게 되었다. 이로써 소련은 미국의 자본주의가 동유럽 사회주의 국가에 파고드는 것을 차단했다.

독일 내에서도 마샬 플랜에 대해 찬반 여론이 있었다. 1948년 6월 레클링하우젠에서 개최된 독일 노동조합임시회의는 마샬 정책과 친서방 정책에 대하여 활발한 토론장이었다. 이 대회에서 공산당 출신의 광산노동조합 대표 빌리 아가츠W. Agatz는 독일이 정치적, 경제적으로 친미 성향으로 흐르고 있다고 경고했다. 반면 한스 뵉클러를 중심으로 한 많은 회원은 독일에는 경제적 도움이 필요한데 마샬 플랜 이외 다른 방법이 없다며 마샬 플랜의 필요성을 강조했다.


## 화폐개혁

전쟁이 종반에 이르렀을 때부터 독일 기존 화폐에 문제점들이 나타나기 시작했다. 화폐의 대량 유출로 실질적인 경제는 위축되었으며, 제국 화폐에 대한 신뢰는 점점 땅에 떨어졌다. 그 결과 인플레이션이 나타나기 시작했다. 이를 막기 위해 나치 정부는 가격 통제 정책을 실시했다. 전쟁 종반 증가하는 부채 때문에 제국의 화폐는 그 기능과 역량을 상실했다. 따라서 전쟁이 끝난 후 연합군 행정당국은 나치 시대 때 재정 정책을 그대로 수용할 수가 없었다.

　미국과 소련은 화폐 가치 회복을 위해서 화폐개혁의 필요성을 공감하고 있었다. 그러나 화폐 발행 장소에 대한 의견이 일치하지 않아 합의 하에 화폐개혁이 불가능하게 되었다. 미국은 화폐 발행 장소를 4개국이 공동으로 점령하고 있는 베를린을 지목한 반면, 소련은 자국의 점령지인 라이프치히를 주장했다.

　소련은 화폐개혁에 대한 토론 과정에서 독일중앙은행과 재무행정관청을 그들의 점령 지역에 상주시킬 것을 요구했다. 미국을 중심으로 한 서방연합국은 소련의 요구를 수용하지 않았고, 방어적 자세를 취하면서 더 이상 4개국의 합의로 화폐개혁은 불가능하다고 판단했다.

　1947년 10월, 미국과 영국은 독일중앙은행을 그들의 점령지에 상주시킨다는 것에 합의했다. 뒤이어 프랑스도 이 제안을 수용했다. 1948년 3월 1일 중앙은행 본부를 프랑크푸르트에 있는 구제국은행 본부에 설치하기로 결정했다. 화폐 발행 장소가 정해지자 독일중앙은행은 화폐개혁 작업을 주도적으로 수행하도록 전권을 위임받았다. 중앙은행의 준비작업을 거친 후 서방연합국은 1948년 6월 20일, 국가 건설 예비단계로써 서독 지역에서 화폐개혁을 실시한다고 선언했다. 이는 곧 서방군 점령 지역에서 자유시장경제가 출발한다는 것을 의미한다.

　미국에 의해 주도적으로 진행된 화폐개혁은 성공적인 마무리를 위해 모든 것이 극비리에 진행되었다. 미국은 독일에서 새로 사용하게 될 화폐를 1947년 10월부터 본국에서 인쇄하기 시작했다. 그 해 11월부터 인쇄된 화폐는 독일로 운송되었고, 독일에 도착한 화폐는 프랑크푸르트에 있는 구제국은행 지하 창고에 철제

박스에 은폐된 가운데 1948년 6월까지 보관되었다. 서방연합국은 화폐개혁을 4개국 점령 지역 전역에서 실시하고 현재 유통되고 있는 화폐의 양을 약 20분의 1로 감축시킨다는 법안을 마련했다. 미국은 1948년 3월 독일 전역에서 화폐개혁을 실시하는 것이 불가능하다는 것을 알고 서방연합군 지역에서만 실시하기로 했다.

화폐개혁이 단행되자 제국마르크는 폐지되었고, 제국의 모든 채무 관계는 백지화되었다. 은행에 예금했던 예치금은 10분의 1만 환불받을 수 있게 되었다. 5,000제국마르크를 교환하기 위해 은행에 신청하면서 돈의 투명성을 확인하기 위해 세금설명서와 자금의 출처를 설명해야만 했고, 돈의 출처가 투명할 경우 250독일마르크를 지불받을 수가 있었다.

소련군 점령 지역에서는 중앙집권주의적 계획경제를 통해 국가가 생산계획과 가격, 월급을 결정하고 있을 때 서독 지역에서는 화폐개혁을 통해 시장경제 체제로 빠르게 전환했다. 연합국은 에르하르트에게 사회적 시장경제로 전환하기 위해 전권을 위임했다. 연합국은 화폐개혁 과정에서 기업, 사업가, 채무자의 입장을 고려하여 구독일 제국의 소유 관계를 세습했다. 그 결과 화폐개혁은 엄격히 금전에만 관련된 단순한 화폐개혁이 아니라 경제개혁의 성격이 강하게 내재하고 있었다.

미 군정은 소유 관계의 공정성을 보장하고, 사회의 균형적인 발전과 시장경제의 정착을 위해 독일연방공화국(서독)이 건국되고 나서 긴급 구제금융을 통해 약 1천만 명에 해당하는 실향민과 피난민들의 경제적 고통을 해소하는 데 노력했다. 이리하여 독일 경제는 사회시장경제를 수용할 수 있는 법적 제도를 단계적으로 준비하고 있었다.

화폐개혁은 위기에 처한 독일 경제를 구해냈고, 새로운 화폐, 즉 독일마르크DM가 등장하여 새로운 자유시장경제 질서를 위한 기초를 마련하였다. 화폐개혁의 실시로 지하시장과 사재기를 통해 영리를 추구했던 상인들은 더 이상 영업 행위가 불가능하게 되었다. 즉 화폐개혁은 지하경제를 종식시키는 데도 이바지했다. 화폐개혁 후 물가가 상승하고 실업자가 증가하는 문제점이 나타났으나 가격 통제 정책을 통해 진정되었다. 독일 경제는 화폐개혁으로 자유주의에 입각한 시장경제 원칙을 제도화했으며, 미국의 원조로 효율적인 경제를 운영하게 되었다. 이렇게 서독이 탄생함으로써 미래의 경제 방향에 대해 긍정적인 기대를 걸게 되었다.

## 냉전의 출발, 베를린 봉쇄

1946년 10월 베를린 선거에서 동베를린의 통합사회당SED은 어느 정도 의석을 확보함에 따라 시 행정에 강한 영향력을 행사하려고 했다. 유감스럽게도 시청사를 비롯해 시의 공공 건물들은 대부분 동베를린에 위치하고 있었다. 소련은 민주적인 원칙과 주민의 자유 선택을 무시한 채 소련군 사령관 예하에 경찰의 지휘 체제를 예속시키려 했으나 시의회의 반발로 무산되었다.

1946년 12월, 베를린 시의회는 사민당, 기민당, 통합사회당, 자민당이 연합으로 사민당 출신의 오스트로부스키를 시장에 선출했다. 그러나 그가 사회 여론과 당의 의견을 무시한 채 소련 요구에 무조건 순종하자 자유 진영의 정당은 그를 해임시켰다.

베를린 시의회는 사민당 출신의 로이터를 시장에 임명하려고 했으나 소련이 반대했다. 1917년 러시아 혁명이 일어났을 때 그는 볼셰비키주의자였으나, 1922년 러시아가 독일 공산당을 간섭하자 탈당하여 사민당으로 옮겼기 때문이다. 로이터는 바이마르 공화국 시절 교통 정책 전문가였으며, 나치 시절에 터키로 망명하여 터키 교통의 근대화에 많은 영향을 주었던 사람이다. 소련이 로이터를 거부하자 베를린 시행정은 사민당의 슈뢰더가 임무를 대행했다.

1948년 봄 런던에서 열린 외무부장관 회의가 결렬되자 소련은 서독과 서베를린과의 통로를 단절했다. 지배권을 지키기 위해 서방연합군은 매일 60~100톤의 물건을 베를린으로 공수했다. 생필품 수송이 민간 항공기에 의해서 이루어졌고, 연합국은 안전한 운행을 위해 공군기를 동원하여 호위했다. 베를린으로 수송된 물건은 생활필수품과 창고, 화력 발전소를 지을 건축 자재 등이었다. 서베를린으로 송출되는 전기는 소련군 점령 지역에서 발전했기 때문에 서방연합국은 에너지 자급자족을 위해 발전소 건설을 추진했다. 서방연합국은 외무부장관회의 결렬과 트루먼 독트린, 마샬 플랜 등으로 소련과 관계가 대립적으로 발전하자 서둘러 서방연합국 점령 지역에 발전소를 건설하였다.

서방연합군이 서독 지역과 서베를린에서 화폐개혁을 실시하자 소련은 노골적으로 불만을 표현하면서 본격적인 베를린 봉쇄를 시작했다. 1948년 6월 20일, 서독 지역과 서베를린에서 화폐개혁을 실시하여 국가 체제를 수립하기 위한 준비 작업이 시작되었다. 소련은 베를린 봉쇄령을 통해 서베를린을 서방 세계와 고립시켜 그들의 영향권 아래 편입시키고자 했다. 소련은 1948년 6월 24일 베를린 봉쇄령을 선포하여 베를린에서 서독으로 통하는 모든 교통로를 차단했다. 따라서 베를린은 외부 세계와 인적, 물적 교류가 중단된 채 완전히 고립되어 생활필수품 공수를 받지 못하게 되었다. 소련군 점령 지역도 이 기간에는 서베를린에 생활필수품을 공급해 주지 않았다.

베를린 위기를 해결하기 위해 서방연합국 베를린 사령관들은 소련의 베를린 담당 책임자와 대화를 시작했으나, 해결 방법을 찾지 못했다. 1948년 가을 슈뢰더의 지병이 악화되자 기민당 출신의 프리덴스부르크가 시장직을 대행했다. 그는 소련 점령군이 베를린 시행정을 계획적으로 방해하자 공공건물을 서베를린으로 이전했다. 그는 슈뢰더처럼 시행정 전체를 관할하고 있었다. 그러나 경찰청장 마르크그라프가 소련의 지시대로 움직이고 있어 경찰권 분리작업이 불가피했다. 통합사회당이 경찰권 분리를 방해하기 위해 시의회에 난입하여 기물을 파괴하고 회의를 방해했다. 슈르 시의회 의장은 통합사회당의 방해 때문에 더 이상 회의를 개최할 수가 없었다. 이에 따라 대부분의 시의원들이 지지한 가운데 시의회를 서방연합국 점령 지역으로 옮겼다.

소련은 베를린 외곽 지역에 철조망을 설치하고 베를린에 서방연합국 점령 지역과 경계선을 설정했다. 그들이 점령한 동베를린 9개 행정 구역의 단체장은 모두 친소련계 인사로 교체했다.

12월 1일, 동독의 경찰들은 베를린 시장 프리덴스부르크가 시청사에 들어가는 것을 방해했고, 소련은 서베를린에서 열리는 시의회를 서방점령군 지역으로 제한함으로써 베를린 행정은 동서로 분리되었다. 새로 구성된 시위원회는 새로운 법에 따라 선거법을 개정했고, 소련에 유리하게 법령들도 개정했다. 또한 법의 효력 범위를 전체 베를린으로 확대하기 위해 제일 먼저 소련의 허가를 받았다.

그러나 서방연합군은 소련의 행동을 폭동으로 간주하고 도저히 허락할 수 없다는 입장을 밝혔다. 베를린 시의 진로는 국민들의 자율적인 의사를 최대한 반영해야 한다는 입장이었으나 국민의 의사는 전혀 무시된 채 연합국의 이해관계에 따라 결정되었다.

## 소련군 점령 지역

소련군 점령 지역이 사회주의 국가로 전환되는 과정에서 국내 공산주의자들을 무시한 채 소련의 사주를 받은 친소련계 공산주의자들이 주역으로 등장했다. 히틀러 시대에 탄압이 심해지자 울브리히트는 소련으로 망명하여 국민위원회Nationalkomittees를 조직하여 반히틀러 운동을 전개했다.

**베를린에 있는 검문소**
동·서 베를린을 왕래하려면 반드시 검문소를 거쳐야 했다.

국민위원회는 40명의 위원으로 구성되었다. 25명은 전쟁 포로가 된 독일 장교들이었으며, 15명은 공산주의자들로 소련으로 망명한 사람들이었다. 이 중에서 유명한 인사로는 픽크와 울브리히트가 있었다. 국민위원회는 제2차 세계대전의 운명이 서서히 연합국 쪽으로 기울고 독일의 패배가 다가오자 전후 독일의 정치 질서에 대해 깊은 관심을 갖기 시작했다. 전쟁이 거의 종반에 이르자 스탈린은 수도 베를린을 먼저 선점해야 소련의 정치적 구상을 독일에서 실현할 수 있다고 믿고, 독일 공산주의자의 지원을 받으면서 베를린을 점령했다.

1945년 4월 30일, 히틀러가 자살하자 소련의 칼라우 군사기지에서 출발한 이들은 울브리히트 계열의 공산당원들로 독일의 행정 제도를 소련식으로 전환하는 데 일익을 담당했다. 이들은 행정뿐만 아니라 문화 영역까지 장악하기 위해 철저한 계획과 비전을 제시했다.

소련에서 귀국한 공산당원들은 사민당 좌파와 결탁하여 반히틀러 편에 있는 사람들을 자기편으로 영입하여 활동영역을 확대했다. 이 밖에도 공산주의자들이 사회주의 국가를 건설하기 위해서는 주민들의 지지를 필요로 했다. 제일 먼저 토지개혁을 실시하여 농민 계층을 사회주의 국가 건설의 지지 세력으로 이용했다. 또한 산업개혁을 실시하여 부르주아 계급이 소유한 공장과 나치주의자들이 소유한 재산을 몰수하여 국유화하거나 또는 소련 소유의 주식회사로 전환했다.

소련군 점령 지역에서 제일 먼저 독일공산당이 창당되었다. 창당 과정에서 소련으로 망명했던 울브리히트, 아커만, 소보트카가 중추적 역할을 했다. 사민당은 그로토벨이 중심에 있었다. 사민당의 지도부는 노동자를 지지 기반으로 하는 공산당과 경쟁하면 표가 분산되어 노동자를 규합하는 데 불리하다고 판단했다. 이 문제를 해결하기 위해서 사민당은 공산당과 합당을 선호했다. 그러나 공산당은 합당을 반대하는 입장이었다. 하지만 노동자들의 규합을 위해 두 당의 합당은 거역할 수 없는 역사적 운명이었다.

결국 소련군 점령 지역에서 두 당이 합당한 통합사회당이 가장 큰 정당이 되었다. 두 당의 합당은 소련의 점령 정책이 혼선 없이 계획대로 진행되게 했다. 그 밖에도 사회주의 국가 건설에 중추적 역할을 하게 될 노동자 계층을 통합했고, 노동자들의 활동영역도 확대되었다. 통합에 대한 필요성은 중앙당보다는 지방당에서 더 간절했다. 두 당이 통합되지 않을 경우 표가 분산되어 세력이 약해지기 때문이다. 울브리히트는 사민당과 합당하면 위치가 약화될까 봐 반대했으나 합당 후 지지율이 상승하는 것을 보고 더 이상 염려하지 않았다.

1948년 4월 개최된 공산당 전당대회에 공산당 대표 507명, 사민당 대표 548명이 참가하여 통합사회당으로 합당되었다. 그로테볼과 픽크 두 사람이 공동대표로 선출되었다. 공동대표에게 주어진 임무 중 최우선은 당의 화합이었다. 어느 당 계열도 자기의 색깔을 강하게 주장하지는 않았다. 당은 간부 중심 정책을 지양하고 당원의 의견을 최대한 반영하여 운영했다. 당의 간부와 조직의 구성에서는 공산당과 사회민주당이 균형을 유지했다.

그 결과 어느 계열로부터도 비난과 원성을 사지 않았다. 당의 목표는 독일 정당의 전통에 입각해서 사회주의 국가 건설하는 것이었다. 당의 이념은 레닌주의나 소련의 이념을 따르지 않고 마르크시즘을 수용하여 독일의 전통을 최대한 살리는 것이었다.

1955년 스위스 제네바에서 열린 4개국 회담 이 회담에서 독일 문제와 동서 관계에 대한 논의가 이루어졌다.

하지만 정당의 활동은 소련의 군사위원회 명령에 따를 수밖에 없었다. 통합사회당 창당은 소련 점령 정책의 전환점으로 모든 제도가 소련식으로 발 빠른 전환을 하게 됨을 의미한다. 이는 바로 동독이 소련의 모델에 의해 사회주의 국가로 전환하는 과정의 첫 출발이다.

서방연합국 점령 지역에서 독일연방공화국(서독)이 탄생하자 소련군 점령 지역도 사회주의 이념을 모델로 국가 건설을 서둘렀다. 소련군 점령 지역에서는 여러 경로를 통해 1949년 10월 9일 사회주의 체제를 국가이념으로 한 독일민주공화국(동독)이 탄생했다.

동독 헌법 발표 직전 9월에는 픽크, 그로테볼, 울브리히트, 웰스너 등 통합사회당 정치국 요원이 약 2주 동안 모스크바에 체류하면서 스탈린에게 충고와 자문을 구해 소련식 사회주의를 동독에 이양하게 되었다. 이로써 독일 땅에는 이념이 다른 두 개의 국가가 1990년 10월에 통일될 때까지 존재했고, 냉전 시대 두 나라는 서로 대립과 갈등의 관계를 지속했다.

두 개의 국가가 탄생함으로써 전통적인 독일의 정치적 · 경제적 · 문화적 결합 관계가 이완되었고, 독일이라는 동질성이 수면 아래로 사라지게 되었다.

미국과 소련이 대립함에 따라 동 · 서독은 서로 적대적인 관계를 유지하면서 냉전의 국제질서에 편입되었다. 소련은 전승국의 지위를 독일에서 계속 유지할 뿐만 아니라 동독에서 헤게모니를 계속 장악했다. 그리고 베를린에까지 영향력을 확보한다는 소신을 버리지 않았다.

# 10
# 독일연방공화국의 탄생

## 독일연합공화국의 탄생

1949년 5월 23일, 서방연합국 지역에서 독일연방공화국 기본법이 발표되어 연합군 점령의 시대가 끝나고 하나의 국가가 출발하게 되었다. 초대 수상 아데나워는 서독에서 민주 정치가 제대로 작동 주행할 수 있도록 기반을 마련해 주었다. 아데나워는 친서방 정책으로 먼 훗날의 외교를 위한 초석을 굳게 다져놓았고, 정치적으로는 패전의 허탈감 속에서 국민들에게 용기와 희망을 주었다. 경제적으로는 폐허가 된 상황에서 국가 경제를 선진국 대열에 올려놓았다.

아데나워가 서방 세계와 우호적인 협력 관계를 바탕으로 국가 기반을 구축했다면, 브란트 수상은 아데나워의 업적을 바탕으로 동유럽과 외교 관계를 정상화시켜 독일의 외교적 역량을 동ㆍ서유럽으로 확대했다. 과거 권위주의적인 정권이 저지른 만행에 대해 주변 국가에 용서를 빌어 신뢰 관계를 구축하였다. 브란트 수상이 노력한 결과 서독은 과거 역사에 대한 부담에서 벗어날 수가 있었고, 동ㆍ서유럽 국가와 우호 관계를 더욱 돈독히 다져놓았다. 이러한 그의 업적은 서독이 유럽에서 신뢰 관계를 회복하는 계기가 되었고, 이것이 바로 독일 통일의 기반이 되었다.

콜 수상은 경제 정책에 중점을 두었지만, 외교 정책에서는 사민당 정권에서 추진했던 동방 정책을 그대로 수용하였다. 기존 우방들과 유대 관계를 유지하고, 인간의 가치 회복과 인권 보호, 자유를 보장하고 준법 국가를 실현하는 데 기여하였다. 그는 소련을 비롯한 동유럽 국가와 지속적으로 우호적인 관계를 유지한 결과 1989년 동독이 붕괴되고 통일의 기회가 왔을 때 주변국의 동의를 얻어 평화적으로 통일을 이룩하였다. 이러한 그의 업적은 유럽에서 분단을 극복하고 냉전을 종식시키는 데 절대적인 기여를 했다.

# 아데나워 시대

## 기본법 탄생

서방연합군은 소련과 합의 아래 단일 정부의 구성이 불가능하다고 판단하고, 점령 지역에서 국가를 출범시키기 위해 준비작업을 시작하였다. 먼저 제헌의회Parlamentarischer Rat를 구성하고 헌법 작업에 대한 전권을 위임하였다. 제헌의회는 1948년 9월 1일 본Bonn에서 첫 모임을 가졌고, 평의회는 나치 시대 때 저항 운동을 했던 기민당 출신의 아데나워를 초당적으로 지지하여 의장으로 선출하였다.

의장을 선출하는 과정에서 서로 협력한 것과는 달리 정작 헌법 초안 작업에 들어가서는 각 당의 정치적 노선에 따라 많은 논란이 제기되었다. 사민당은 통일이 안 된 상황에서 과도기적 헌법을 주장했지만, 기민당은 기본법Grundgesetz으로 하되 기본법 전문과 146조에서 통일에 대한 조항을 삽입하도록 하였다. 이 안은 기민당의 안이 수용되어 기본법으로 채택되었다.

제헌의회는 때로는 협조적인 가운데 양보하기도 하였지만, 당의 이념과 기본 노선이 관계되면 합의점을 찾지 못하고 교착상태에 빠진 경우가 종종 있었다. 약 9개월 동안 헌법 준비 작업을 거쳐 최소한의 국가 기본 요소만 갖춘 채 1949년 5월 23일 기본법을 발표했다. 이로써 서방연합국 점령 지역에서 독일연방공화국이 탄생하였다.

독일연방공화국의 기본법에 의하면 연방의회는 민주적으로 운용하며, 의원의 임기는 4년으로 18세 이상의 국민이 민주선거

**1949년 5월 9일 제헌 의회 최종 모습** 이 회의에서 서독의 기본법을 작성했다.

원칙에 의해서 선출하도록 하였다. 연방의회는 국민의 대표기관으로 법을 제정하고, 수상 선출권을 가지며, 정부를 감독할 권한과 대통령 선출권을 갖게 되었다.


## 초대 수상 아데나워

아데나워는 1876년 쾰른에서 태어났다. 쾰른은 라인 강 하류에 위치한 도시로 그의 삶은 라인 강변을 떠나 생각할 수가 없었다. 두 명의 부인도 모두 이곳 출신이고, 학업과 나치 치하, 외국 체류 때만 잠시 이곳을 떠났을 뿐 대부분의 삶을 쾰른에서 보냈다. 그의 아버지 요한 콘라트는 하급관리로 집안은 부유하지는 않았으나 아버지 교육열 덕택에 네 명의 자식이 모두 대학교육을 받았다. 또 책임감을 높이 강조하였고, 의무 · 질서 · 규율을 중요하게 여겼다. 가정에서는 가톨릭 교회의 경건함을 실천하기 위해 매일

**아데나워 수상의 내각**
왼쪽 두 번째가 에르
하르트 경제장관, 그
옆이 아데나워 수상이
다.

기도를 했고, 저녁 미사에 꼭 참석했다.

아데나워는 1894년부터 프라이부르크 대학을 시작으로 뮌
헨, 본 대학을 거쳐 1901년 베를린 대학에서 사법시험에 합격하
여 법학 공부를 마치게 되었다. 테니스를 좋아했던 그는 테니스
클럽에서 엠마 바이어를 만나 28세인 1904년에 결혼했으며, 그녀
와의 사이에서 세 명의 자식을 두었다. 그를 정치적으로 성장하도
록 기틀을 마련해준 부인 엠마는 1916년 36세의 나이로 세상을
떠났다. 엠마와 사별 후 1919년 쾰른 대학 교수의 딸과 재혼하여
네 명의 자식을 얻었는데, 그녀도 백혈병으로 1948년 세상을 떠
나고 말았다. 아데나워는 자신이 나치 시대에 감옥 생활을 할 때
부인이 고생한 나머지 병을 얻게 되었다고 괴로워하였다.

아데나워는 아버지처럼 자식들을 권위주의적인 환경에서 교
육을 시켰으나 한편으로는 대화를 중요하게 여겼다. 그리하여 자
녀들에게 강압적이거나 강요하지 않고 대화를 통해 문제를 해결

**1957년 선거에서 군중에게 환호하는 아데나워 수상** 이 선거에서 그가 이끈 기민당은 절대적 지지를 받았다.

하는 편이었다. 자가용을 소유한 적이 없고 공무차량을 이용하지 않을 경우 항상 대중교통을 이용하였다. 근검절약 정신은 쾰른 시장이나 수상 시절 청렴결백한 정치가로 생활하게 해주었다. 수상의 청렴결백한 개인 생활은 전쟁을 겪은 독일 국민들에게 귀감이 되었다.

아데나워는 시간을 절약하고, 질서를 존중하며, 정돈된 생활을 하였다. 그는 아침 5시에 일어나 7시까지 신문을 읽으며 세상의 흐름을 파악한 후, 걸어서 라인 강 건너편에 있는 수상실에 9시 30분에 출근하였다. 오전에는 국내·외 언론의 동향을 파악하고, 또 민원서류를 검토하고 처리하였다. 점심 후에는 약 30분 정도 수면을 취한 뒤 수상청 근처 산책로를 따라 산책을 하였다. 오후 8시경에 퇴근하여 집무실에서 완성하지 못한 일을 정리하고 12시 이전에는 취침에 들어갔다.

74세의 늙은 수상 아데나워는 14년간이나 집권하면서 독일에서 민주주의 역사가 새로 시작할 때 첫 단추를 잘 채운 정치가였다. 그가 재임할 때 국가가 나아갈 길을 제대로 잡아주었기 때문에 서독의 민주 정치는 다음 세

1963년 연방의회에서 고별사를 하고 단상을 떠나는 아데나워 14년간 통치하면서 정치·경제적으로 선진국의 기반을 닦았다.

대의 정치가들에 의해 무사고로 예정된 목적지를 향해 주자를 바꾸어 가면서 주행할 수 있었다. 아데나워는 누가 뭐래도 독일에 민주 국가를 세운 건국의 아버지이다. 국토가 분단된 상황에서 강대국으로부터 고립될 처지에 놓였으나 친서방 정책을 통해 먼 훗날의 외교를 위한 초석을 굳게 다져놓았다. 정치적으로는 패전으로 사회적·경제적 위기가 팽배되어 있는 허탈감 속에서 국민들에게 용기와 희망을 주었다. 아데나워는 역사가 그에게 준 시기에 임무를 성실히 실천한 정치가였다.


## 전후 복구 문제와 경제 성장

전쟁을 겪어 모든 것이 폐허가 된 상황에서 가장 급한 것은 국가 경제를 정상적인 상태에 올려놓는 것이다. 아데나워 수상은 자유 시장경제를 제대로 운영할 적임자가 프라이부르크 대학교 경제학과 교수인 에르하르트라고 생각하고 그를 경제장관으로 임명하였다. 그는 상공부장관에 취임하여 통제경제를 거부하고, 사회적 시장경제를 도입하여 복지지향적 자본주의 국가를 건설하였다. 사

**폴크스바겐 조립 공장**
독일의 대표적인 자동
차 회사이다.

회적 시장경제 도입으로 국가 간섭을 최소화했고, 창의성을 보장하며 효율성과 생산성의 극대화를 기하면서 개인의 이익을 최대화했다.

사회적 시장경제가 성공함에 따라 짧은 기간에 전쟁 피해를 극복하였고, 경제대국으로 성장하여 국민의 생활수준이 향상되었다. 한국 전쟁은 사회적 시장경제의 성공과 독일 경제 성장에 크게 기여하였다. 초기 경제 정책은 기아와 생활필수품 문제를 해결하기 위해 소비제 공업에 중점을 두었으나 한국 전쟁 이후 중화학 공업 분야에 대한 투자가 활발하게 진행되어 산업 생산량이 급격하게 증가하였다. 산업 생산량의 증가는 1960년대 중반까지 지속되었다.

국민총생산량도 증가하여 1960년대 중반까지 약 세 배의 성장을 기록하였고, 경제성장률도 1950년부터 1960년까지 평균 8.6퍼센트를 기록하였다. 그러나 1960년대 중반 이후부터 경제성장이 계속 둔화되어 1960년부터 1970년까지는 약 4.9퍼센트, 1970년부터 1980년까지는 약 2.7퍼센트의 성장을 기록하였다.

특히 중화학 공업 분야의 성장이 눈에 띄게 나타났다. 한국 전쟁 기간에 군수물자가 부족하자 서방 세계는 저력이 있는 서독의 경제 제제를 해제하였다. 그 결과 많은 일자리가 생겨나 실업률이 감소하였고, 1950년에 급여가 평균 19퍼센트 상승하였다. 1965년에는 1950년에 비해 약 두 배의 실질 급여 상승이 이루어졌다. 경제 성장은 실업자 문제를 해결하여 1956년에는 거의 완전 고용이 이루어졌다.

계속되는 경제 성장은 인력 수급 문제를 가져왔다. 이러한 문제는 해외 근로자를 고용하여 해결하였다. 외국인 근로자는 1956년 이탈리아에서 가장 먼저 들어왔고, 그다음은 스페인, 그리스, 유고슬라비아였다. 터키에서는 1961년부터 이주했는데, 현재 독일에 가장 많은 근로자가 진출하였다.

## 베를린 위기

과거 독일 수도였던 베를린은 지리적으로 동독의 영토를 통과해야 왕래할 수 있어 자유 서방 세계와 소통이 원활하지 못한 편이었다. 냉전 시대 베를린은 '자유의 외딴 섬' 또는 '냉전의 피해 도시' 등 여러 가지 수식어가 따라다녔다. 베를린은 냉전 기간 동안 세 번의 위기를 경험하였다. 1948년 베를린 봉쇄령과 1958년에 베를린 통첩, 1961년 베를린 장벽 설치 등이 그것이다.

베를린 통첩*은 1958년 11월 27일 소련이 연합국에게 보낸 외교문서에서 시작되었다. 소련은 서방연합국에 보낸 외교문서에

* 베를린 통첩 : 서베를린을 무장해제된 자유 도시로 전환하는 것.

서 양 독일은 각각의 군사 공동체에서 탈퇴하고, 어떤 국제연합이나 동맹에도 가입해서는 안 되며, 독일 통일 때까지 서베를린은 무장해제된 자유 도시로 머물러야 하고, 현재 양 독일의 경계선을 국경선으로 인정하고, 오데르-나이세 동쪽 영토를 폴란드 영토로 인정하고, 독일은 영원히 오스트리아와 합병하는 것을 포기해야 하며, 핵폭탄과 핵탄두 미사일 그리고 전투기와 잠수함을 소유할 수 없으며, 모든 외국 군대는 독일에서 철수할 것 등을 주장했다. 또한 이러한 요구사항을 6개월 이내에 이행하지 않으면 베를린은 어떠한 물리적 압력도 감수해야 한다고 경고했다. 이러한 내용의 외교문서가 서방 측에 전해지자 동서 관계는 1948년 베를린 통첩 이후 다시 긴장 상태에 빠지게 되었다.

서방연합국은 베를린 통첩을 소련이 베를린에서 입지를 강화하고 동독의 위치를 국제 사회에서 향상시키려는 외교적 공격으로 간주하고 공동으로 대처하기로 하였다. 미국은 소련이 독일 문제를 포함하여 군축 문제, 핵확산 금지조약에 관심이 있다는 것을 알고, 서방 세계와 함께 소련이 제안한 베를린 통첩*을 거절하고, 어떤 경우에도 서베를린의 민주주의 정치 체제를 공산주의의 위협으로부터 보호한다고 약속하였다. 특히 미국과 영국은 베를린에 관한 그들의 권리도 포기하지 않고 핵경쟁 시대에 희생 도시가 되지 않아야 한다고 합의하고, 베를린 문제를 평화적 방법인 협상과 대화를 통해 해결하기로 했다. 그 결과 1959년 스위스 제네바 회담과 9월 캠프 데이비드에서 열린 미·소 정상회담에서 해결하였다.

마지막 베를린 위기는 1961년 8월 13일 설치된 베를린 장벽이다. 동독에서 농업집단화가 실시되면서 사유 재산이 완전히 금지되어 미래에 대한 희망이 사라진 사회에서 동독의 젊은이들은 새로운 삶의 터전을 찾아 서베를린으로 피난하였다. 1945년부터 1961년까지 300만 명 이상의 동독 주민이 서독으로 피난했다. 이들은 학문 · 기술 · 경제 분야에서 고등교육을 받아 자질과 능력을 가진 젊은 세대였다. 이들이 서독으로 피난한 것은 동독의 경제와 산업 발전에 절대적인 타격이었다.

이주민이 대량으로 발생하자 동독의 정치와 경제, 사회 전반에 걸쳐 위기의식이 대두되었다. 늘어나는 피난민 문제를 해결하기 위해 동독은 1961년 8월 13일 자정을 기해 포츠담 광장과 브란덴부르크 문 앞에 탱크와 장갑차를 배치하였다. 경찰과 직장민병대를 동원하여 철조망을 설치하고, 사흘 뒤부터는 콘크리트 장벽으로 대체하였다. 그 결과 베를린은 동 · 서로 완전히 분단되었으

마지막 **남은 베를린 장벽** 분단의 과거를 잘 보여주고 있다.

며, 같은 도시 내에서 자유 왕래는 불가능하게 되었다.

베를린 장벽의 설치는 아데나워 수상에게 정치적 타격을 주었다. 정치적으로 지명도를 잃은 아데나워는 2년 후 수상직에서 물러났다. 그러나 그가 추진했던 친서방 정책과 경제 기적은 독일이 전쟁의 피해를 극복하고 선진국으로 도약할 수 있는 기반을 구축하게 하였다.


## 에르하르트 시대

### 긴장 완화 시대

에르하르트는 아데나워 수상 시절은 경제장관으로 독일이 전쟁의 피해를 극복하고 선진국 대열에 가담할 수 있도록 경제를 이끌었던 장본인이다. 그 결과 국민들로부터 적지 않은 인기를 누리고 있었고, 일찌감치 아데나워의 후임자로 주목을 받았다.

아데나워 수상은 1959년부터 에브하르트를 후임자로 지명하려고 했으나 당 내의 반대에 직면하였다. 반대론자들은 에르하르트의 경제 정책의 성공이 개인의 능력 때문이 아니고, 시대적 상황에 맞아 떨어진 것으로 보았다. 또 다른 이유는 에르하르트는 정치적 경험이 풍부하지 않아 리더십이나 카리스마가 결핍되어 수상 후보자로서 적임자가 아니라는 것이다. 아데나워도 너무 빨리 후임자를 결정하게 될 경우 그의 통치 행위에 적지 않은 타격이 될까 봐 후임자 문제를 거론하지 않다가 임기가 거의 끝날 무렵인 1963년 4월에 당 내에서 투표를 통해 결정하였다.

에르하르트가 수상에 취임했을 때는 국제 정치 분위기가 전임자의 시대와는 달리 긴장 완화 구도로 가고 있었다. 이것은 변화하는 국제정세에 능동적으로 대처해야 할 임무를 부여받았다는 것을 의미하기도 한다. 쿠바 사태는 핵무기 경쟁 시대에 강대국 간의 전쟁은 승자도 패자도 없다는 것을 일깨워 주었다. 핵 강대국인 미국과 소련의 대립이 전쟁으로 이어진다면 지구가 파국에 이를 것은 자명한 일이었다. 이러한 현실을 잘 인식하고 있는 미국과 소련은 대립을 피하고 긴장 완화 정책과 동서교류 정책을 통해 서로 접근하였다.

미국과 소련의 긴장 완화 정책의 첫 번째 결과는 1963년 8월 5일 모스크바에서 체결된 핵실험 금지조약이었다. 핵실험 금지조약은 미국과 소련을 중심으로 핵무기 경쟁을 양극화했고, 지구가 핵실험을 통해 방사능에 오염되는 것을 방지하고, 제3의 국가 사이에서 신생 핵무장 국가가 등장하는 것을 저지하였다. 프랑스와 중국은 핵실험 금지조약에 가입하지 않았고, 미국과 소련이 세계 외교를 주도하는 데 반박하였다. 핵확산 금지조약 및 핵실험 금지조약의 결과 미국과 소련은 군사적 균형을 유지하게 되었고, 긴장 완화를 위해 대화 분위기가 한 단계 더 성숙되었다는 것을 보여 주었다. 아울러 군축 문제와 베를린 문제에 대해서 상호 의견을 교환할 수 있는 채널을 구축했다는 점에서 깊은 의미가 있었다. 미국은 동·서 분단을 극복하고 이로 인해 야기된 부정적인 영향들을 최소화하기 위해 정치와 경제 분야에서 공동 협력을 추진하였다.

긴장 완화의 시대가 되면서 미국은 소련에 대해 적대국이라는 인식보다는 평화 체제를 위한 군비 축소와 안보 문제에 관해 파트너라는 생각을 가지게 되었다. 미국은 소련을 군축회담에 끌어들여 군사적으로 상대방을 점령하여 굴복시킨다는 생각을 포기하고, 대화를 통해 문제를 해결한다는 원칙을 세웠다.

미국은 서방연합국의 관심사항에도 귀를 기울였다. 서방 국가 중에서도 정치·경제적으로 선진국인 영국·독일·프랑스 등과 협조 체제를 유지하여 우호적인 관계를 계속 유지하려고 했다. 그러나 프랑스가 미국의 일방적인 군축·군비 정책에 제동을 걸었다. 미국은 유럽에서 분단이 극복되면 독일의 통일이 현실적으로 가능하다고 보고, 독일을 미국의 안보 정책 지원국으로 적극 활용하였다.


## 동독과의 관계

기민당의 자민당과 연립 정부 구성은 동독 정책에 적지 않은 변화를 예고하고 있었다. 자민당은 아데나워 정부의 대동독 정책의 실패를 이유로 기존의 외교팀과 동독 정책의 교체를 요구했다. 자민당 총재 멘데가 직접 독일문제 장관에 취임하여 동유럽 및 동독과 경제교류 확대를 위해 동독에게 유리한 조건의 차관을 제공하기로 했다. 그는 차관을 제공하면서 전제조건을 제시하지 않고 단지 희망사항만 언급했을 뿐이었다. 그는 동독이 서독의 차관 제공에 대한 보답 차원에서 크리스마스 기간 동안 베를린 자유 왕래를 허용해 주기를 희망했다. 또 다른 희망사항은 동독 정년퇴직자의 서독 방문 허용과 동독 정치범을 서독으로 인도하는 것 등이었다. 이러한 시도는 실현 불가능한 정치적 접근보다는 양국이 활발한 교류를 통해 이데올로기로 이질화된 독일 정서를 문화적 공감대를 통해 극복하고자 하는 노력이었다. 멘데 장관은 재임 동안 동독 주민의 생활 향상, 동독의 민주화 발전, 인간 중심의 정책 실현을 위해 노력했다.

자민당은 홀슈타인 독트린이 양 독일 관계 개선에 방해가 된다고 보고 이를 폐지할 것을 요구했다. 그리고 연합국은 독일 문제를 해결하기 위해 위원회를 설치하여 정기적인 대화를 통해 상호 의견을 교환할 것을 제시하였다. 또한 연합국이 독일에서 소유한 점령군 지위도 시대의 변화에 따라 현실적으로 전환할 것을 제의하였다.

자민당은 중앙뿐만 아니라 지방에서도 독일 정책에 대해 어느 당보다도 우수하고 현실적인 정책을 제시하였다. 이러한 뛰어난 정책은 독일 문제가 냉전적 사고에서 벗어나 긴장 완화와 화해 시대의 분위기에 편승해야 한다는 사회적 분위기가 성숙되는 데크게 기여하였다. 이러한 정책 개발은 사민당의 소장파 의원과 베를린의 사민당에게도 크게 영향을 주었다.

정부 여당이 분단 극복을 위한 정책을 제시하지 못하고 독일 문제가 계속 냉전의 원리에 빠져 있자 사회는 분단을 극복할 수 있는 정책을 요구하였다. 이때 가장 적극적으로 분단의 문제점과 통일의 필요성을 제기한 단체는 기독교 인사와 대학생, 교수로 이루어진 지식인 그룹이었다. 기독교 인사로는 리하르트 폰 바이체커와 학계 인사로는 철학자이자 물리학자인 칼 프리드리히 폰 바이체커 형제였다. 당시 사회 단체는 통일은 불가능하기 때문에 원대한 통일보다는 동·서독이 활발한 교류를 통해 상호 이질감을 극복하고 동독 시민들의 생활 조건 향상에 기여할 수 있어야 한다고 주장했다.

1963년 12월 크리스마스에 서베를린에서 동베를린을 방문하는 시민 이 기간 동안 120만 명이 동베를린을 방문했다.

    이 문제에 착안하여 냉전 시대 가장 큰 고통을 감수하고 있는 서베를린에서 분단 극복을 위한 정책 개발이 시작되었다. 브란트 시장은 '작은 행보의 정치Der Kleine Schritt'를 제시하였다. '작은 행보의 정치'는 현실적으로 통일이 불가능하므로 현재 실현 가능한 것부터 단계적으로 실천해 간다는 것이다.

    브란트는 베를린 장벽 설치로 이 도시에서 자유 왕래가 불가능해지자 시장으로서 책임을 통감하고 자유 왕래 실현을 위해 노력하였다. 그는 1961년 국제적십자를 통해서 인도적인 차원에서 이산가족 상봉을 위해서 노력했으나 실현하지 못했다. 그렇지만 그는 포기하지 않고 지속적으로 동독에게 자유 왕래 실현을 위해 대화와 협상을 요구하였다. 서베를린의 끈질긴 요구와 강제적인 장벽 설치는 동독에게도 부담이었다. 그리하여 동독은 1963년 12월 크리스마스 기간* 친인척이 동베를린에 살고 있는 서베를린 시민에게 동베를린 방문을 허용하였다. 성탄절 자유 왕래 협정이

* 크리스마스 기간 : 1963년 12월 21일 ~1964년 1월 5일.

체결되어 제한적이나마 서베를린 시민은 베를린 분단 이후 28개월 만에 동베를린을 방문하게 되었다. 이 기간 동안 120만 명의 서베를린 시민이 동베를린을 방문했다.

이는 브란트 시장이 인도적 차원에서 가족상봉을 실현하기 위해 포기하지 않고 인내하고 노력한 결과이다. 이 자유 왕래 협정은 계속 확대되어 1964년 성탄절과 1965년 신년에도 동독 방문이 이루어졌다. 1965년 부활절과 성령강림절 기간도 방문이 허용되었다. 그리고 1965년 성탄절과 1966년 신년, 1966년 부활절과 성령강림절 기간까지 실현되었다. 그러나 동독은 1966년 성탄절 때는 자유 왕래를 금지하였는데, 서독이 동독을 합법적인 국가로 인정하지 않았기 때문이었다.


## 극우 정당의 출현과 정국 위기

에르하르트 시대에 국제 관계가 긴장 완화의 시대로 접어들면서 독일 문제는 긴장에서 해방될 징조를 보인 반면, 국내 문제는 어려움에 직면하게 되었다.

1950년대 라인 강의 기적으로 대표되는 고도의 경제 성장은 1965년 위기에 직면하게 되었고, 정치에서는 그 동안의 정국 운영 방식에 이의를 제기하고 민주주의 건설을 요구하게 되었다. 정치권에 등장한 새로운 이슈는 권위적이고 민족적인 성향으로 독일민족민주당Nationaldemokratische Partei Deutschland이 탄생하여 기존의 민주주의 체제를 위협하였다. 이들은 나치 전범자들의 명예 회복에 대해 문제를 제기하였다.

독일민족민주당은 1964년 11월 하노버에서 창단되었고, 대

NPD DEUTSCHLANDS ZUKUNFT NPD

NPD DAS GANZE DEUTSCHLAND SOLL ES SEIN

**극우 정당인 독일민족민주당의 집회 모습** 이 정당의 출범은 독일 민주 정치 질서의 위협을 의미한다.

부분의 당원과 당 간부들은 독일제국당Deutsche Reichspartei 당원이었다. 독일제국당은 1952년 연방헌법재판소에서 신나치주의 정당이라고 판결을 받아 해산된 사회제국당Sozialistische Reichspartei 후신이었다. 독일민족민주당은 극우보수파와 소수당과 접목하고 있었으며, 1946년에 창당된 독일우익당Deutsche Rechtspartei, 최종적으로는 나치주의자와 바이마르 공화국의 극우 정당에서 전통을 찾고 있다.

독일민족민주당의 구성원은 대부분 북부 독일의 니더작센, 브레멘, 슐레스비히-홀슈타인 지역의 군소 정당인 총독일당과 독일당 출신이었다. 이들의 지지 기반은 농촌의 유권자와 과거 독일 영토에서 추방된 사람들이며, 기민당과 자민당의 중간적 성향을 가진 유권자들로 구성되었다. 당 총재는 브레멘에서 벽돌 공장을 운영하는 프리츠 틸렌F. Thielen으로 과거에 기민당원이었고, 1958년에는 독일당으로 당적을 바꾸어 브레멘의 독일당 총재를 역임하였다.

부총재는 아돌프 폰 타덴A. v. Thadden으로 히틀러 시대 국가사회민주당원이었고, 1949년에는 독일우익당 출신으로 연방의회에 진출하였으며 1961년 이후 독일제국당 총재가 되었다. 타덴은 독일제국당 총재 시절 전국당을 추구하면서 대변인실을 통해 언론에 적극적으로 홍보하였다. 그가 독일제국당 총재가 되었을 때 이러한 방법을 새로이 당에 이식하였다. 타덴은 당 내분을 경험한 후 1967년 3월부터 독일민족민주당의 총재가 되었고, 프리츠 틸렌과 그의 추종자들은 당 내에서 세력을 잃게 되었다.

독일민족민주당은 초기에는 당의 강령이나 프로그램도 재정하지 못했으나 타덴이 취임하여 1967년 11월부터 당 차원에서 공식적인 당의 이념과 활동지침을 마련하였다. 이 당의 이념 노선은 가장 먼저 국가적 요구로써 집단책임의식을 거부하는 것이었다. 이는 나치에 대한 민족적 책임과 죄의식을 벗어버리자는 의도였다. 그리고 독일 통일을 이룩하여 민족 분단을 극복하고자 했으며, 반공산과 친미를 강요하는 아메리카주의를 거부하며, 연방의회의 다수 정당 체제를 반대하며 인정하려 하지 않았다.

국내 정치와 경제 정책에서의 프로그램은 국가 권력의 강화를 최대화하고, 공공의 도덕성과 개인의 도덕성을 중요하게 인정할 것 그리고 국가 경제에서 중산층을 최대한 보호하고, 특히 식품 산업을 촉진하여 국민과 조국을 자연 속에서 생활하도록 하며, 가족과 국가를 기본 토대로 교육 정책을 실시하는 것 등이었다. 이러한 당의 정책은 자립적인 중산층에게 파고들어 국가의 단결과 민심을 교란시킬 징조들이 나타나기 시작하였다.

독일민족민주당은 1965년 실시된 연방의회 선거에서 전국적으로 2.1퍼센트를 받아 원내 진출에는 실패했지만, 1961년 선거에서 얻은 0.8퍼센트에 비하면 많이 성장한 것이다. 독일민족민주당에 대한 위기의식은 지방의원 선거에서 나타나기 시작했다. 1966년 11월에 실시된 헤센 주, 슐레스비히-홀슈타인 주, 바이에른 주에서 지지 기반이 확대되기 시작하였다. 헤센 주에서는 7.9퍼센트의 지지를 받아 8명의 의원이, 바이에른 주에서는 7.4퍼센트의 지지를 받아 15명의 의원이 지방의회에 진출하였다. 1968년에 실시된 바덴-뷔르템베르크 주의 선거에서는 9.8퍼센트의 지지율에 12명의 지방의원을 배출하여 최고의 득표를 차지하였다.

독일민족민주당의 지지율 상승은 경제 위기에 기인하였다. 여기에서 1920년대 말 나치 당의 히틀러가 등장하는 것과 유사한 점을 발견하게 된다. 독일민족민주당의 당원은 자영업을 하는 중산층으로 개인사업자 · 수공업자 · 농민 · 소규모경영자 · 자유직업인 등이었다. 당원의 수는 1966년 전국에 걸쳐 1만 8천 명이었으나 1969년에는 약 5만 명으로 증가하였다. 그러나 1969년 실시된 선거에서 4.3퍼센트의 지지율에 그쳐 5퍼센트의 경계선을 넘지 못해 연방의회에 진출하지 못했다.

그 이후 독일민족민주당은 지방의회에 진출한 의원들의 활동과 민주적 신념 등 자질이 문제가 되어 국민들로부터 계속적인 지지를 받지 못했고, 따라서 정치권에 진출하는 것이 불가능하게 되었다. 그러나 독일에서 우익 급진주의자나 신나치주의자들이 사라진 것은 아니었고 위협적인 요소로 언제든지 다시 등장할 수 있다는 것을 보여 주었다.

## 경제 위기와 정권의 종말

1950년대에 경제는 고도 성장을 누렸지만, 1960년대 중반에는 성장이 서서히 둔화되기 시작하였다. 하지만 국민총생산은 지속적으로 성장하고 있었으며, 실업률도 1퍼센트 미만을 기록하였다. 그러나 1966년 가을부터 이듬해 여름까지 경제 위기가 나타나기 시작하였다. 위기의 원인은 공공 분야와 개인 기업에서의 투자 후퇴였다. 1965년 봄부터 기계 공업에서 국내 수요가 급격히 줄기 시작하였으며, 1966년부터 고층 건물과 공공 분야에서 토목 사업이 침체되었다. 경기가 침체된 상황에서 소비가 위축되어 재고품이 창고에 쌓이면서 물류비를 증가시켰다. 공장은 가동이 제대로 되지 않아 많은 실업자를 배출하였다.

1965년 국민총생산량은 전년도보다 5.7퍼센트 증가하였지만, 1966년도부터는 감소하기 시작하여 2.8퍼센트, 1967년에는 전쟁 이후 최저 기록인 0.2퍼센트의 성장만 이루었을 뿐이다. 경제 위기의 시대에 파산한 기업은 1965년에 2,928개, 1966년에는 3,301개, 1967년에는 3,930개나 되었다. 위기를 극복하기 위해 기업 합병도 활발하게 이루어져서 1964년에 36개, 1965년에 50개, 1966년에 43개, 1967년에는 65개에 이르렀다. 과잉 생산과 판매 시장의 위기는 바로 노동 시장으로 연결되어 1966년 여름부터 실업자 수가 점점 늘어나게 되었다. 실업자 수가 늘어나면서 해외 근로자 수도 점점 줄어들게 되었다.

불황 속에서 물가는 1965년 전년도 대비 3.4퍼센트, 1966년도는 3.5퍼센트 상승하였다. 연방은행의 소극적인 금융 정책은 경제 활성화에 도움이 되지 못하였다. 게다가 임금은 1965년에 9.1퍼센트, 1966년에는 7.3퍼센트가 상승하였다. 임금과 물가가 상승함에 따라 심각한 인플레이션 위기를 맞이하였고 이를 극복하기 위해 연방은행은 할인율을 4퍼센트에서 5퍼센트로 인상하였다. 이러한 조치의 결과, 은행 이자가 상승하였고 시중에서는 자금 부족의 압박에 직면하게 되었다. 따라서 기업들의 신규 투자가 줄어들었고, 개인 건축업자들의 경제활동이 둔화되어 건축시장이 불황에 빠져들게 되었다. 그뿐 아니라 정부기관에서 시행하는 프로젝트 사업도 감소하게 되었다.

위기에 빠진 경제를 살리기 위해 연방은행은 연방 정부보다 더 적극적으로 경기 부양 정책을 제시하였으나 에르하르트 수상은 국가 차원에서 경제계획이나 경제 위기 극복을 실시하는 것을 반대하고, 중장기적인 재정 정책을 펼치는 것도 반대하였다. 자유시장주의자였던 에르하르트 수상은 국가 위기 상황에서 문제 해결 방법을 제시하기보다는 생산자와 소비자, 봉급자에게 도덕적으로 호소하였다. 수상의 수동적인 경제 정책은 야당인 사민당과 같은 여당 내에서도 강도 높은 비판과 심각한 반대에 직면하였다.

침체된 경기는 1965년 가을 실시된 총선에서 에르하르트에게 불리하게 작용하였다. 특히 문필가 그룹에서 귄터 그라스G. Grass 와 마르틴 발저M. Walser, 롤프 호크후트R. Hochhuth 등은 에르하르트가 수상에 재추대되는 것을 강하게 반대하였다.

또한 1965년 연방의회 선거 전 기민당 내에서는 자민당과 연정의 한계점을 깨닫고 사민당과 대연정을 구성하여 경제적 위기를 극복해야 한다는 의견이 강하게 대두되기 시작했다. 정부 여당인 기민당은 경제 위기를 극복하기 위해 여러 가지 경제 법률 조항의 개정이 불가피하였는데, 이는 강력한 정당인 사민당의 도움 없이는 불가능한 것이었다. 그리하여 사민당과의 대연정을 통해 직면한 경제적 위기를 반드시 극복해야 했다. 그럼에도 1965년 9월 19일 실시된 연방의회 총선에서 기민당과 기사당은 47.6퍼센트의 지지를 얻었고, 9.8퍼센트의 지지를 받은 자민당과 연립 정부를 구성하게 되었다.

기민당과 자민당의 연립 정부는 서로의 필요에 의해서 구성되어 같은 해 11월 새로운 임기가 시작되었으나 예산 편성안과 세입 문제에 대해 갈등이 표출되기 시작하였다. 제2기 임기를 시작한 에르하르트 정부는 출발한 지 1년 후 자민당의 의원들이 세금 인상에 반대하여 장관직을 사직했다. 이로써 연립 정부는 끝나게 되었다.

# 키징거-브란트 시대

## 대연정 구성

연립 정부에 참여했던 자민당 출신의 장관이 사직함에 따라 에르하르트 정부는 최대의 위기를 맞이하였다. 결국 자민당과 연립 정부는 붕괴되었고, 정국 안정을 위해 사민당과 대연정을 구성하자는 의견이 서서히 수면 위로 부상하기 시작하였다. 자민당의 연립 정부 탈퇴 이후 사민당과 기독교연합은 협상을 통해 연립 정부 구성을 타진하였다. 사민당은 연립 정부 참여 명분으로 프랑스와 미국과의 지속적인 우호 관계 유지, 핵무기 개발 포기, 동유럽 국가와 관계 개선, 국제 무대에서 서독 외교가 동독보다 우위권 확보, 지속적인 경제 성장을 위한 법적 보완 조치, 국가 재정 질서 확립,

연방 정부와 지방 정부와의 재정 질서 재조정, 사회안전망 구축 등을 확보한다고 선언하였다.

사민당은 기독교연합과 충분한 협상을 가진 후 의견의 접근을 이룰 수가 있었다. 사민당 원내 총회는 대연정을 찬성하여 서독이 탄생한 이래 처음으로 정권을 담당하게 되었다. 제1여당인 기민당 출신의 키징거 총재가 수상에 취임하였는데, 당내의 유력한 경쟁자인 슈뢰더 외무부장관, 바르젤 원내총무, 게르스텐마이어 국회의장을 물리치고 총리에 선출되었다.

키징거가 총리 후보로 지명될 수 있었던 것은 8년간 중앙무대에서 떨어져 있어서 당내의 권력 암투에 개입되지 않았다는 점에서 유리했기 때문이다. 그리고 다른 후보들은 바이에른에 머물고 있는 슈트라우스를 견제했지만, 그는 지방에 머물면서도 기사당에서 막강한 영향력을 행사하고 있는 슈트라우스의 역할을 높이 평가하여 그와 동맹을 구축했고, 이로써 기사당 의원들의 지지를 받을 수가 있었다. 키징거는 수상 후보 결정전에서 그를 지원했던 기사당 출신의 슈트라우스를 재무부장관에 임명하였다. 사민당 출신 의원들은 슈피겔 사건의 중심 인물인 그에게 거부 반응을 가지고 있었으나 당의 정책으로 결정된 이상 받아들일 수밖에 없었다.

기독교연합과 사민당은 독일에서 일고 있는 네오나치주의자들의 세력을 저지하기 위해 대연정이 불가피했고, 당장 직면한 경제 위기 극복을 위해서도 강력한 정부가 필요했던 것이다. 사민당 총재인 브란트는 자민당과 연립 정부를 구성하는 것도 고려해 봤지만, 소수의 정부는 직면한 문제를 해결하는 데 많은 어려움이 뒤따를 것으로 판단하여 대연정을 선택했다.

**1966년 대연정 구성**
키징거 수상과 브란트
외무부장관이 악수하
고 있다.

대연정에서 사민당은 국내 정치와 경제, 외무, 동·서독 관계를 담당하였다. 사민당 총재 브란트가 외무부 장관, 함부르크 대학교 경제학과 교수 쉴러가 경제장관, 하이네만이 법무부장관, 베너 원내총무는 독일문제장관, 레버가 교통부장관에 임명되었다. 또한 대연정 내각에는 바이에른 출신의 슈트라우스가 재무부장관, 전직 외무부장관인 슈뢰더는 국방부장관, 뤼케가 내무부장관, 헥셔를이 농림부장관, 카쪄가 노동복지부장관에 취임하였다.

입각은 하지 않았으나 사민당의 슈미트는 원내총무에 임명되어 기민당의 바르젤 총무와 정치적 문제를 조율하고 새로운 비전을 제시하는 중요한 직책을 맞게 되었다. 두 젊은 원내총무의 정치적 운명은 대연정 기간(1966~1969)에는 같은 운명이었다.

그러나 대연정이 끝나고 사민당과 자민당의 연립 정부 시대(1969~1973)를 맞이하면서 야당으로 전락한 바르젤 기민당 원내총무는 브란트 수상에 대한 거부권 행사를 주도하다가 실패함으로써 정치적으로 하락의 길을 걷기 시작했다.

슈미트는 브란트 수상 시절 국방장관을 역임하고 수상청 간첩 기용 사건으로 브란트 수상이 중도하차하자 수상에 선출되었다. 이후 1982년까지 서독의 수상으로 연방 정부를 항해하는 기관사 역할을 하게 되었다.


## 키징거의 삶과 정치 행로

키징거는 1904년 슈바벤의 남쪽에 위치한 에빙겐에서 태어났다. 가톨릭 신자였던 아버지는 섬유 공장의 경리 담당 직원이었다. 어머니는 그가 태어난 직후 사망하였다. 키징거에게 아버지와 새어머니 사이에 태어난 6명의 형제자매가 있었다.

그는 아버지의 절약정신과 근검한 생활 습관 덕택에 경제적 여유는 누릴 수 없었지만, 어린 나이에 부족함 없이 성장하였다. 키징거는 어린 시절 고향의 산골 풍경에 대해서 아름다운 추억을 간직하고 있었다. 우편마차를 타고 말발굽 소리를 들으면서 푸른 골짜기를 지나, 맑은 시내를 지나던 모습을 회상하곤 했다. 그리고 고향 동네 모퉁이에 있는 물레방아가 사라지자 아쉬워하기도 했다.

그는 로트바일에서 초등교육양성 기관학교를 마친 다음, 대학 도시 튀빙겐에서 철학과 역사학을 시작으로 1926년부터 1931년까지 베를린에서 법학과 국가학을 전공하였다. 대학을 마친 1932년 마리-루이제 슈나이더와 결혼하여 슬하에 두 자녀를 두었다. 수도 베를린에 살면서 그는 바이마르 공화국의 정당 행태에 대해 실망한 나머지 정치에는 별 관심이 없었다. 그는 유명한 문학가인 토마스 만의 강의를 좋아했고, 미래의 직업에 대해서 고민하다가 법학을 전공으로 선택하였다. 아버지는 학비를 조달할 능력이 없어 아버지의 친구인 프리드리히 하욱스의 도움으로 학업을 계속하였다. 하욱스는 에빙겐의 제조업자로 경제적으로 여유가 있어 친구의 아들인 키징거를 지원했으며, 1928년 비행기 추락 사고로 사망하기 전까지 학비를 도와주었다.

키징거는 1933년 나치 당에 가입하였고, 1년 후 나치수송대에서 일하였다. 나중에 자리를 옮겨 전쟁 중에는 외무부 라디오 정책국 부국장으로 활동하였다. 과거의 행적은 정치가 키징거에게 적지 않은 부담이 되었고, 수상이 되었을 때는 재야 세력으로부터 비판의 대상이 되었다. 그는 외무부에 근무한 경력 때문에 1945년 전쟁이 끝나고 약 1년 반 동안 루드비히스부르크 수용소에서 수감 생활을 하였다. 그러나 1947년 3월 단순 가담자로 분류되어 죄가 없다는 판결을 받고 출소하였다. 같은 해 기민당 남뷔르츠부르크-호엔촐레른 지방의 명예회원이 되었다. 1948년 법적으로 명예가 회복되면서 뷔르츠부르크와 튀빙겐에서 변호사로 활동하였다. 1949년부터 1958년 바덴-뷔르템베르크 주지사로 선출되기 전까지 연방의원으로 활동하였다.

그는 문예 애호가였고, 매력적인 달변으로 포도주를 마시면서 대화하기를 좋아했다. 그는 모든 일을 급하게 처리하지 않고, 시간적인 여유를 갖고 대화로 자연스럽게 풀어가는 방법을 보였다. 대화와 협상을 중시하는 그는 최고의 권력에 오른 수상 시절 주장을 강하게 내보이지 않으면서 정부 여당 내 여러 계파와 의견을 조율하는 탁월한 모습을 보여주었다.

중앙 정치 무대에서 입지를 확보하지 못한 키징거는 1958년

**쉴러와 슈트라우스** 대연정 시대 경제 정책을 주도했던 쉴러 경제장관(왼쪽)과 슈트라우스 재무부장관(오른쪽)이 담소하면서 산책하고 있다.

바덴-뷔르템베르크 주지사에 도전하여 지방에서 정치적 기반을 닦았다. 주지사로서의 정치적 활동은 후에 중앙 무대에 진출하는 데 많은 도움이 되었다. 주지사로서 텔레비전에 자주 등장하는 그는 우아하고, 얌전한 인상을 국민들에게 심어주었다. 지방에서 예술가와 문화계 인사들과의 잦은 만남을 가지면서 딱딱한 정치인의 모습보다는 문화와 예술을 즐길 줄 아는 멋진 정치가로 평판을 받았고, 또한 다른 분야의 사람들을 이해하는 데 많은 도움이 되었다.

주지사로 재직하면서 그는 지방정치에서 벗어나 세계적인 정치가와 유명 인사들과 친분을 쌓아갔다. 외교 정책의 전문가였던 키징거가 세계적인 인사들과 만나는 것은 어쩌면 당연한 것인지도 모른다. 그는 엘리자베스 여왕을 만나 주지사로서 공식 만찬회를 베풀었고, 드골 대통령과 만나 독·프 우정에 대해서 진지하게 논의하였다. 당시 수상이었던 에르하르트는 친미주의 외교 정책을 선호한 관계로 프랑스와 다소 소원한 관계를 유지했지만, 미국 못지않게 프랑스와 관계를 중요하게 여긴 키징거는 나중에 수상 선거에서 드골주의 외교 노선을 지지하는 의원들의 도움으로 수상에 선출될 수 있었다. 특히 슈피겔 사건으로 본의 정치 무대에서 밀려나 잠시 뮌헨에서 활동하던 슈트라우스의 지원은 그가 수상으로 선출되는 데 절대적인 힘이 되었다.

수상이 된 키징거는 경제 위기를 극복하였고, 부가가치세를 실시하여 국가 수입을 증대시켰다. 국내 정치 안정을 위해 비상사태법을 제정하였다. 외교적으로는 홀슈타인-독트린을 완화 적용하여 동유럽의 루마니아와 유고슬라비아와 외교 관계를 정상화하였고, 동유럽과의 관계를 개선할 수 있는 기반을 다졌다. 안보적인 측면에서는 핵확산 금지조약 가입 문제가 사민당과 지속적인 논쟁을 야기시켰다.

1969년 사민당이 연정 파트너를 자민당으로 교체함에 따라 기민당과 사민당은 역사상 처음으로 야당으로 전락하였고, 그는 명예총재로 활동하였다. 그러면서도 의원직은 1980년까지 계속 유지하였다. 1984년에는 공식적인 활동을 모두 중단하였고, 1988년 3월 9일 그가 처음 대학 생활을 시작했던 튀빙겐에서 사망하였다.


## 위기 극복 정책

대연정이 출범했지만 당장 해결해야 할 문제는 경제 위기 극복과 극우주의 성향을 차단하는 일이었다. 실업자 수는 1966년 12월에 37만 명에서 한 달 후인 1967년 1월에는 60만 명을 넘어섰다. 완전 고용을 달성했던 경험이 있는 기민당 정부는 증가하는 실업자 문제 때문에 큰 고심에 빠졌다.

대연정 시기에 거대 여당과 정부는 경제 위기 극복을 위해 경제 정책에 초점을 맞추고 예산 정책을 수립하여 점진적인 세수 증액안을 발표하였다. 이 안에 의해 연방 정부와 지방정부의 세입규정안을 새로 수립하였다. 새로운 법안은 시장경제원칙에 충실하면서 가격 안정과 무역 증대를 통해 경제 성장을 이룩하여 사회적 안정에 크게 기여하였다.

키징거 수상은 경제 활성화를 위해 연방은행이 긴축재정에서 탈피하여 연방 정부 차원에서 추진하는 신규 투자 활성화 정책에 유연하게 대처해 줄 것을 요청하였다. 연방 정부는 경제 활성화를 위해 도로 건설, 연방 철도, 우체국 시설의 근대화를 명목으로 25억 마르크를 지원하였다. 노동조합과 경제인연합도 우호적인 관계를 유지하고, 경제 위기 극복을 위해 지혜를 모아 정부의 정책을 지원하였다.

연방 정부는 적극적인 경기 부양책으로 위기를 극복하는 데 초점을 맞추고 있었다. 대연정 경제 정책의 지휘관은 사민당 출신의 쉴러 경제장관이었다. 그는 케인즈주의자로 경제가 위기에 직면하면 경제 순환주기에 의존하지 않고 절감 정책보다는 재정지출의 극대화를 통해서 침체된 경제를 활성화하고, 산업 시설의 재가동률을 높여야 한다고 주장했다. 적극적인 지출 정책으로 발생하는 재정 적자는 신용대출을 통해 국가가 부담하고, 경제가 활성화되고 세입이 증대되면 이자와 대출금을 갚아간다는 것이었다. 케인즈 이론에 충실한 쉴러는 슈트라우스 재무장관과 연방은행의 지원에 힘입어 경제 정책을 성공적으로 이끌었다.

경기활성화를 위해 연방 정부는 철도와 우편 시설 현대화, 학문과 연구 분야 투자를 확대하였다. 철도 시설 확장비로 7억 5천만 마르크, 우편 · 통신 현대화 사업비 4억 8,500만 마르크, 고속도로와 국도 건설비로 5억 3,400만 마르크, 공공주택 건설비로 1억 5천만 마르크, 군인 가족 주택 개량비 2억 마르크가 투자되었다. 지방 문화 시설 보수비 2억 마르크, 학문 연구 지원비 7,300만 마르크, 정부 공공 기관의 정보화 사업비 2천만 마르크, 대학 기숙사 건설비 2천만 마르크가 투입되었다.

경제 위기의 상황에서 노동조합과 기업주는 대결 양상과 집단이기주의를 포기하고, 상호 협력하는 분위기를 조성하였다. 경제 활성화를 위해 연방, 주정부, 지방 행정 단위까지 폭넓은 투자가 이루어졌다. 지원되는 금액은 약 53억 마르크로 학문 연구, 대학 증축, 핵연구 시설, 전산 · 컴퓨터 시설, 병원 증축, 체육관, 운동장 건설, 가족 휴양 시설, 청소년 교육 시설, 기숙사 등에 집중되었다. 이 외에도 항구 시설, 공항 안전 시스템, 상 · 하수도, 해안선 및 국경 지역 경비 시스템 근대화를 위해 활발한 투자가 이루어졌다.

쉴러 장관의 경제개혁 정책은 한쪽으로 치우치지 않고 광범위하게 이루어져 연방과 지방이 균형적으로 발전하게 되었다. 그가 추진한 경제 정책은 어느 특정 집단이 자기 주장을 관철하기 위해 방해하거나 지연시키지 않고 전 국민의 지지 속에서 이루어져 에르하르트 수상 시대 경제 위기는 완전히 극복되었다.


## 6 · 8 학생 운동

독일에서는 1960년대부터 전통으로 이어져 오는 부활절 시위 행진이 있었다. 이 행사에는 노선을 가리지 않고 기독교인, 평화주의자, 사회주의 그룹이 참가했다. 1960년 이 운동이 처음 시작할 때는 1,000명이었지만, 해가 지나면서 1967년 부활절 시위에는 15만 명이 참가했다. 부활절 시위는 지식인·노동조합·회사원·청소년·대학생 단체 등이 참가하여 반핵 운동에 서명하였고, 나중에는 핵무장뿐만 아니라 경쟁적인 군비 경쟁에 대해 강하게 반대하였다. 1962년부터 부활절 시위는 핵무장 반대 시위라는 이미지를 심어 주었고, 그다음 해부터는 군비 축소에 대해 강력하게 요구하기 시작하였다.

재야 운동 단체로는 '부활절 시위' 외에도 사회주의 독일학생연합sos이 있었다. 이 단체는 사민당의 지원을 받고 있었다. 사회주의 독일학생연합은 어느 재야 단체보다 이론적으로 잘 정비되어 있어서 활동력과 능력을 인정받는 단체였다. 이 단체는 반핵이나 군축에서 벗어나 1960년대 독일이 처한 정치·경제적 위기를 극복할 수 있도록 사태를 제대로 파악하는 데 주안점을 두었다. 이 단체는 서독 사회가 안고 있는 여러 가지 문제점에 대해서 지적하였고, 시유럽 민주주의가 현실적이지 못한 점에 대해서도 비판을 서슴지 않았다.

재야 단체와 학생 운동권은 선진 민주 국가인 미국이 치르고 있는 베트남 전쟁이 서유럽 민주주의 전통인 자유와 자치권을 침해하는 것이라고 비판하였다. 그 밖에도 미국이 아시아, 아메리카, 아프리카 식민지 해방운동을 억압하면서 오히려 독재정권을 지원하고 있다며 미국 국제 정치의 기본 성향을 문제 삼기 시작하였다. 학생 운동은 독일이 미국의 비민주적인 정책을 지지하고 있다는 점에 대해서도 우려를 표명하였다. 이러한 문제점을 극복하기 위해 잘못된 정책을 시정하고 새로운 방향을 설정할 것을 주장하였다.

1968년 혁명의 전초전은 1967년 여름 팔레비 이란 왕과 그의 부인 디바가 베를린을 방문하면서부터 시작되었다. 팔레비가 행한 비민주적인 정치 행위, 즉 야당 탄압과 박해는 독일에 살고 있는 반대자들의 반발과 저항이 충분히 예상되는 일이었다. 경찰은 팔레비의 안전 보호를 위해 도로를 차단하고, 강경 진압을 준비하고 있었다.

팔레비가 베를린을 방문했을 때 이란의 비밀경찰이 동원한 이란인 박수 부대가 베를린 시청과 오페라 하우스 앞에서 왕을 환영했다. 그러나 이때 팔레비 열광주의자와 팔레비를 반대하는 학생 및 이란의 야당 세력 간에 충돌 사태가 일어났다. 팔레비와 그의 부인 디바가 오페라 〈마적〉을 관람하고 있을 때 경찰과 데모 군중 사이 충돌전이 벌어졌는데 경찰이 쏜 총에 맞아 26세의 대학생

**1967년 함부르크에서 대학생들의 시위 장면**
함부르크는 베를린에 이어 두 번째로 큰 도시이며, 사민당의 지지 기반이 강하다.

오네조르크가 사망했다.

　이 사건이 군중 시위와 국가 권력 간의 충돌 서곡이 되었다. 국가의 폭력 사건 결과, 베를린은 비상 사태 수준까지 가게 되었다. 베를린 시 경찰청장이 사퇴했고, 뒤이어 시 내무장관, 마지막에는 시장까지 물러나는 결과를 맞이하였다.

　학생 운동은 1968년 4월 11일 부활절 시위 때 베를린 쿠르피어스텐담에서 23세의 요세프 바크만이 루티 두취케를 저격한 것이 발단이었다. 두취케는 독일 학생 운동연합의 이론가로 학생 운동의 중심 인물이었다. 두취케는 중상을 입고 나중에 사망하였다. 저격범 바크만은 체포되어 두취케가 공산주의자이고, 자신은 공산주의자를 증오하기 때문에 저격했다고 고백했다. 두취케 저격 사건은 방송과 신문, 잡지를 통해 전국적으로 알려졌다. 이 사건을 계기로 1968년의 '부활절 시위 운동'은 서베를린의 학생 단체와 재야 단체는 물론, 서독 전역에서 두취케 저격 사건을 규탄하는 집회가 되었다.

　1967년에 오네조르크가 사망하고, 학생 운동이 전국적으로 확산되자 언론 그룹 '악셀-슈프링거'는 학생 운동을 좌익과 민주주의 비판 세력이 선동한 것이라고 매우 비판적으로 기사를 보도하였다. 학생들은 기사를 호도한 슈프링거 사의 비민주적인 행동을 비판하고, 이 언론 그룹에서 발행하는 〈빌트〉지의 수송을 저지하였다. 1968년 두취케가 사망한 후 학생과 재야 운동 단체는 독일 전역에서 두취케 사망을 규탄하는 시위 운동을 전개하였다. 학생과 재야 세력의 시위대는 바리케이트를 설치하여 뮌헨에 있는 슈프링거 사의 진입로를 막았다. 이곳에서 경찰과 시위대 사이에 격렬한 몸싸움과 투석전이 벌어졌고, 32세의 사진기자 클라우

학생 운동의 지도자인
두취케가 저격된 장소
그의 사망 후 학생 운
동은 전국적으로 확산
되었다.

스 프링스와 24세의 학생 뤼디거 슈렉이 심한 부상을 입고 사망하
였다.

　시간이 지나면서 노동조합과 제야 세력이 지원하자 학생 운
동은 전국적인 운동으로 확산되었다. 시위가 점점 더 격렬해지고
전국적으로 확산되자 키징거 수상은 무장한 좌익 세력이 민주 정

치 질서를 파괴하려는 것이라며 강경하게 대처하겠다고 경고하였
다. 그리고 학생들에게는 자유민주 정치 질서를 유지하는 데 조력
할 것을 부탁하고 무력을 선동하는 행위를 자제해 달라고 요청하
였다.

　내무부장관 벤다는 폭력화된 시위 운동을 순수학생 운동으로
보는 것은 잘못된 판단이라는 결론을 내리고, 그 중심에 '사회주
의 독일 학생연합'이 있다고 했다. 내무부장관이 '사회주의 독일
학생연합'을 위헌 집단이라고 규정하고, 이 단체의 활동을 금지
할 것이라고 선언하였다. 순수학생 운동 참가자들이 이 단체와 거
리를 두면서 서서히 이탈해가자 과격론을 주장했던 '사회주의 독
일 학생연합'은 고립되었다. 더 이상 존재의 명분이 사라지자 급
좌적인 성향을 가진 학생은 이어서 창당된 독일공산당에 가입하
였고, 온건한 중도적 성향의 학생들은 후에 사민당과 자민당이 연
립 정부를 구성하자 사민당에 입당하여 의회민주주의 질서를 존
중하면서 이에 순응하였다.


# 브란트 시대

### 소련과 관계 정상화

1969년 사민당과 자민당은 연립 정부를 구성하였다. 두 당의 외
교 정책은 동방 정책과 동독 정책을 통해 독일이 냉전의 피해에서
벗어나는 것이 목적이었다. 국내 정치는 개혁을 추진하여 보수적
인 기민당 시절에 해결하지 못한 문제를 해결하고자 했다. 브란트

**1969년 10월 브란트와 하이네만 대통령**
브란트의 수상 취임 후 하이네만 대통령과 악수하고 있다.

수상이 동방 정책을 강력하게 진행할 수 있었던 힘은 베를린 시장과 외무부장관 시절에 축적된 경험과 강한 의지에서 비롯되었다.

동방 정책은 소련과 모스크바 조약, 폴란드와 바르샤바 조약, 베를린 협정, 동·서독 기본조약으로 대표된다. 동방 정책을 실현하기 위해 서독은 소련을 부정적인 시각으로 보지 않고, 독일 문제를 해결할 수 있는 파트너로 생각하여 우호적인 관계를 만들어

나갔다. 동방 정책이 주변 국가의 지지를 받을 수 있었던 것은 브란트 수상이 베를린 시장과 외무부장관 시절 미국 · 프랑스 · 영국과 같은 우방 국가에 신뢰를 주었기 때문이며, 미국과 프랑스의 외교 안보 정책의 기본 방향을 벗어나지 않았기 때문이다.

베를린 시장 재임 시 냉전의 현실을 직접 경험했던 브란트는 독일이 그 피해에서 벗어나게 하기 위해서 소련을 비롯한 동유럽 국가들과 관계를 개선하는 데 적극적이었다. 그는 수상에 취임한 후 동방 정책 실현을 위해 가장 먼저 공산주의 종주국인 소련과의 관계를 개선했다. 서독은 1970년 8월 12일 소련과 모스크바 조약을 체결하여 적대국이 아닌 동반자 관계를 구축하였다. 모스크바 조약에서 양국은 무력을 포기하고 긴장을 완화시키고 평화 체제를 구축하는 데 노력하기로 하였다. 양국은 유럽과 세계 안보를 위해 무력을 사용하거나 상대방 국가를 위협하는 행위는 절대 금지한다고 약속하였다. 그리고 유럽의 안정을 위해 현재 존재하는 국가 간 경계선을 국경선으로 인정하였다. 그 결과 오데르-나이세 경계선을 폴란드 서부 국경선으로 인정하고, 동 · 서독 사이에 놓여 있는 경계선도 국경선으로 인정하였다. 두 나라는 유럽의 평화를 위해 여러 나라가 동시에 참가하는 유럽평화안보공동회의를 개최할 것을 합의하였고, 1975년 7월 유럽안보공동회의가 핀란드 수도 헬싱키에서 개최되었다. 이 회의는 유럽의 안보와 평화 질서 구축을 위해 동 · 서가 함께 만나는 자리가 되었다.

1970년 9월 12일 크렘린 궁에서 브란트 수상과 코시긴 소련 수상이 모스크바 조약에 서명하고 있다. 뒤에 브레지네프 모습도 보인다.

모스크바 조약은 제2차 세계대전 후 외교사에서 괄목할만한 성과였고, 이 조약을 토대로 서독은 소련 및 동유럽의 여러 나라들과 관계를 개선할 수 있었다. 소련은 냉전 체제하에서 유럽의 동·서 분단을 서독으로부터 인정받아 국제적으로 사회주의 국가의 종주국이라고 인정받게 되었다.

소련과 외교 관계는 1973년 5월 브레즈네프 당서기장이 본을 방문했을 때 절정에 다다랐다. 소련공산당 서기장으로는 처음으로 서독을 방문한 그의 본 방문은 동방 정책의 결과로 양국 간의 대립이 끝나고 새로운 협력의 시대가 도래하고 있다는 것을 의미한다. 브레즈네프는 본에 머무는 동안 유럽평화안보공동회의와 빈에서 개최되는 군축협상 및 중동평화에 관해서도 의견을 교환했다. 그러나 무엇보다 베를린 문제와 경제 협력이 대화의 초점이었다. 소련은 경제 위기 극복을 위해 서독의 자본과 기술이 절실히 필요한 상황이었다. 소련은 시베리아에 매장되어 있는 천연 가스를 서독의 기술로 개발할 것을 제의했다.

브레즈네프는 본에서 무역협정 외에도 경제·산업·기술 협력에 관한 협정을 체결했다. 협정 결과, 양국은 경제 분야에서 활발한 교류가 이루어져 서독 기업이 소련의 천연자원과 에너지 개발에 참여하게 되었다. 반면 소련은 서독에서 기술·정보·경제 보조, 차관 등을 지원받게 되었다.

같은 날 양국은 문화교류협정도 체결했다. 문화협정이 체결됨으로써 두 나라는 학술 및 교육 분야까지 교류가 가능하게 되었다. 과학자들의 교류와 산업 분야의 협력은 민간 차원에서 교류를 더욱 활발하게 하였다. 그리고 교과서와 연구 자료, 강의 자료 교환은 냉전 기간 동안 폐쇄되어 있던 상대방 국가를 이해하는 데 많은 도움이 되었다. 소련에서의 독일어 강의, 서독에서의 러시아어 강의도 활발해졌다. 또 예술가들은 전시회와 연주회를 위한 방문도 가능하게 되었다.


## 폴란드와 화해 정책

폴란드는 제2차 세계대전의 가장 큰 피해 국가였다. 전쟁으로 600만 명의 인구가 희생되었는데, 국민 100명당 22명이 희생된 것이다. 독일은 과거 역사의 부담에서 벗어나기 위해 폴란드와 외교 관계를 개선하여 화해하고 사죄해야 하는 부담을 안고 있었다. 폴란드와의 관계는 기민당 정권 동안에는 보수적인 외교 노선의 결과 해결의 실마리를 찾지 못하였다.

브란트 수상은 소련과의 협상 분위기가 무르익어감에 따라 폴란드와의 관계 개선을 위한 실무 작업에 착수했다. 서독은 폴란드가 관심을 갖고 있는 국경선 문제를 해결하여 독일에 대한 공포와 불신감 제거의 필요성을 느끼고 있었다.

폴란드와 외교 관계 개선을 위한 작업은 둑비츠 외무부 동유럽국장이 전담하였다. 독일이 오데르-나이세 국경선을 폴란드 서부 국경선으로 인정함에 따라 1970년 12월 7일 바르샤바 조약이 체결되었다. 조약의 서명을 위해 브란트 수상은 12월 6일부터 8일까지 공식적으로 폴란드를 방문하였다. 그는 조약에 서명하기 전 공식적인 외교 행사로 바르샤바 근교에 있는 유대 인 학살 묘비 탑에 헌화하였다. 그는 탑 앞에 무릎을 꿇고 눈물을 흘리면서 제2차 세계대전 히틀러 치하에서 억울하게 죽어간 영혼들을 위로했다. 브란트 수상이 유대 인 묘비 탑 앞에서 무릎을 꿇고 흐느끼는 광경은 폴란드와 독일은 물론 전 세계에 보도되었다. 이 모습은 독일의 정치 지도자가 정치적·도덕적으로 진실로 폴란드에 사죄하고 있다는 것으로 보도되었다. 이로써 독일의 과거 청산과 화해의 노력이 전 세계에 알려지게 되었다.

브란트 수상의 화해 노력과 바르샤바 조약은 폴란드와 관계를 개선시키는 데 절대적인 기여를 하였다. 1970년 12월 7일에 체결된 바르샤바 조약은 희생과 불행으로 얼룩진 양국 관계를 종식하고 새로운 시대가 도래하는 계기가 되었다. 양국 관계의 획기적인 변화는 1975년 7월 30일부터 8월 1일까지 핀란드 수도 헬싱키에서 열린 유럽평화안보회의 정상회담에서 슈미트 수상이 폴란드 대표에게 차관 제공을 약속하면서부터다.

서독 정부는 폴란드에게 나치 시대 때 독일에서 강제 노역한 폴란드 근로자들의 연금으로 13억 마르크를 지불하고, 경제 차관으로 13억 마르크를 제공하기로 했다. 이 차관과 연금 지불을 위한 실무자 협상은 곧바로 진행되었고, 1975년 10월 9일 바르샤바

1970년 12월 7일 브란트 수상이 바르샤바 조약에 서명하고 있다.

에서 차관 제공에 관한 최종 서명이 양국의 외무부장관에 의해 이루어졌다. 서독은 차관 협정에 의해 10억 마르크를 1976년부터 1978년까지 3년 동안 분할 지불하기로 하고, 이 차관은 폴란드의 경제 발전을 위해 2.5퍼센트의 이자로 제공되고, 폴란드 정부는 1980년부터 20년 동안 분할 상환하기로 했다.

서독 정부가 폴란드에 제공한 금리 2.5퍼센트의 차관은 체코슬로바키아에 제공한 5퍼센트에 비하면 매우 유리한 조건이었다. 이는 폴란드가 나치 시대 가장 큰 피해 국가였기 때문에 양국의 역사적인 상황을 고려해서 결정한 것이다. 서독은 차관 제공을 위해 일반 시중 은행에서 연금리 3~4퍼센트의 대출을 받아 폴란드에게는 2.5퍼센트의 차관을 제공하고 차액은 국고에서 지급하였다. 폴란드가 요구한 액수는 아니었지만 차관 문제와 나치 희생자에 대한 보상이 어느 정도 이루어지자 폴란드는 독일인 이주 문제에 대해서 적극적인 성의를 보이기 시작했다.

1976년 6월 폴란드 공산당 서기장 기렉이 본을 방문했다. 이 방문은 제2차 세계대전 후 냉전 체제하에서 양국 간의 불편한 관계를 해소하고 새로운 동반자로서 평화적인 시대가 도래하고 있음을 예고하는 것이었다. 기렉의 본 방문 기간에 바르샤바에 있는 폴리멕 체코프 사와 서독 에센에 있는 크룹 코퍼스 사가 기술 협력으로 폴란드 카토비체에 석탄을 이용한 가스 공장을 설립하기로 계약을 체결했다.

그 밖에도 폴란드 바르샤바의 대외무역본부 요청으로 폴란드 씨엑크 사와 에센에 있는 크룹 코퍼스 사, 함부르크에 있는 석유화학회사인 훼미페트론 사가 공동 합작으로 폴헤미Polchemie 회사를 설립하기로 계약을 체결하였다. 여기에 필요한 자금 26억 마르크는 드레스너 은행 주관 아래 독일은행조합이 지원하기로 합의했다. 서독 기업의 폴란드 진출은 특히 화학 공업에서 두드러지게 나타났다. 바스프Bᴀsꜰ, 바이어Bayer, 획스트Hoechst 사는 폴란드 대외 무역본부에 제품을 공급하기로 계약을 체결했다.

또한 양국은 주민 문제와는 별개로 민간적인 차원에서 상호 접촉하여 양국 간의 적대적인 관계를 해소하기 위해 여행의 기회를 더욱 확대하였다. 서독 정치인들은 폴란드를 방문할 때마다 독일인 이주 문제에 대해서 깊은 관심을 표명한 결과 1982년까지 이주민 문제는 완전히 해결되었다.

폴란드 국내 정치가 점차 민주화되어 감에 따라 양국 간의 관계는 더욱 발전하였다. 계속되는 폴란드의 경제 위기는 국제 사회에서 폴란드 정치 지도자의 명예를 실추시켰다. 그러나 자유노조 운동과 가톨릭 교회는 폴란드의 국내 정치를 더욱더 민주화시키고 개방하는 데 절대적인 역할을 했다.

서독 정부는 폴란드의 민주화 운동으로 정국이 혼란에 빠졌음에도 양국 간의 관계를 발전시키기 위해 약속했던 사항들을 지속적으로 실천하였다. 폴란드 정국 혼란기 때는 양국 간의 방문은 없었지만, 정국이 어느 정도 안정되었을 때는 여당 정치인, 야당 인사, 종교인, 노동조합 인사들이 방문하여 민간외교가 활발하게 전개되었다.


## 동 · 서독 기본조약과 동독과의 관계

동방 정책의 최종 목표는 동독과 관계를 정상화하는 것이었다. 소련과 의견 접근 후 동독과의 관계도 대화 국면으로 전환되었다.

NIE
Ostverträge
ratifizieren!

Wir werden noch zu
Schlesien stehen -
auch wenn Brandl und
Scheel weiter-vor den
Roten
in die Knie e gehen

Oder-
Neiß
niema
Grenz

1972년 본에서 동방
정책에 대한 반대 시
위 오데르-나이세 강
을 국경선으로 하는
것에 대해 반대하고
있다.

서독은 자유 왕래와 동독 시민의 삶의 질 향상을 위해 노력하
였다. 1972년 5월 26일에 교통 협정이 체결됨으로써 서독 시민들
은 가족 및 친지 방문은 물론 상업적 · 문화적 교류, 스포츠 교류,
종교적 목적 등에서 동독을 여행할 수 있었다. 동독 경계선 주변
에 거주하는 서독 시민의 동독 여행 절차도 간소화되었다. 동독
시민도 급한 경우에는 서독에 거주하는 친지와 가족을 방문할 수
있었다.

교통 협정이 체결되고 1972년 12월 21일, 동베를린에서 서독
대표 바아와 동독 대표 콜이 동 · 서독 기본조약에 서명하였다. 그
결과 동 · 서독 간에 대립의 시대가 끝나고 상호협조 체제인 평화
공존의 시대를 맞이하게 되었다. 이로써 동 · 서독은 국제적으로
동등한 국가가 되었고, 동시에 상호 경계선을 침범하지 않고, 무
력 행위를 금지하고 우호적인 관계를 위해서 노력하였다. 동독은

이야기 독일사

국제 사회에서 위상이 향상되었다. 동·서독은 통치권을 각자의 영토로 제한하여 동독은 통치 행위의 정당성을 인정받게 되었다. 국내 정치와 국제 정치에서 자립권과 자주권에 대해서 서로 존중하기로 했고, 두 나라는 특별한 관계 때문에 대사급을 파견하는 대신 연락 대표부를 파견하기로 했다.

1974년 6월 20일, 동독 주재 서독 대표부에 가우스, 서독 주재 동독 대표부에 콜이 임명되었다. 상주 대표부는 양국 간의 관계 발전을 위한 모든 업무를 전담하였다. 가우스는 동독과 실질적인 관계 개선을 위해 호네커와 동독의 책임 있는 정치가들과 많은 회담을 가졌다. 그는 서독에서 서베를린으로 통하는 교통망 안전 보장과 확대, 통과 요금에 대한 협의, 문화 교류 협정, 인적 교류 확대 및 가족 상봉 등을 협의하였다.

동·서독 기본조약은 분단된 독일에서 상호협조 체제Modus Vivendi를 구축했으며, 유럽의 평화 정착을 위해 공헌할 수 있는 토대를 마련했다. 정치적 의미로는 유럽에서 긴장 완화와 군축 협상의 시대에 돌입할 수 있는 전기를 맞이했다. 동독은 서독으로부터 국제법상 합법적인 국가로 인정을 받지는 못했다. 그러나 서독이 국제 사회에서 독일을 대표하는 유일한 국가라고 주장하던 것을 포기하면서 서독과 함께 국제 사회에서 동등한 자격의 국가로 인정받게 되었다.

교통조약과 동·서독 기본조약 체결에서 볼 수 있는 것은 서독이 국가적인 요구사항을 관철시키려 하지 않았다는 것이다. 단지 양국 국민들의 실제적인 삶의 편리를 위해 노력했다. 동·서독은 정치·경제·언론·문화 및 인적 교류(이산 가족 상봉), 보건·환경 등 세분화된 협정을 체결하면서 신뢰를 구축하였다. 동·서독 기본조약이 양국의 의회에서 승인된 후 실무조약을 체결하기 위한 대화가 계속되었다. 양국이 체결해야 할 실무협상은 문화 협정, 학술 및 기술 분야의 공동 협정, 우편 · 전신 · 전화 협정, 보건 협정, 환경 보호 협정과 법률 교류 협정 등이었다. 이 중에서 보건 협정만이 브란트 수상 재임 기간인 1974년 4월 15일 체결되었고, 다른 협정은 슈미트 수상 재임 시 체결되었다.

사민당과 자민당은 제1차 연립내각 기간 동안 모스크바 조약, 바르샤바 조약, 동 · 서독 기본조약을 체결하여 중요한 외교적 업적을 이룩했다. 브란트는 동방 정책을 통해서 동유럽의 국가들과 국교 관계를 정상화했을 뿐만 아니라 이념을 초월하여 경제 분야에서 공동 협력할 수 있는 기반을 조성하여 유럽의 긴장 완화에도 크게 기여했다.

동방 정책의 결과, 사민당은 1973년 11월 실시된 총선에서 대승을 거두어 연립내각을 구성하고 4년간 정부를 이끌어갈 책임을 부여받았다. 브란트의 연임은 동방 정책의 지속적인 진행으로 조약에서 약속한 세부 사항을 실천하는 일이다. 그는 체코슬로바키아, 헝가리, 불가리아와 외교 관계를 수립하였고, 인도주의적인 측면에서 동유럽 국가에 거주하는 독일인을 서독으로 이주시키고, 이산 가족 상봉을 위해 인적 교류를 확대하였다. 그리고 유럽 평화안보회의의 개최를 위해 책임과 의무를 다했고, 유럽에서 상호 균형적인 군비 축소 실현에도 크게 기여하였다.

동 · 서독 기본조약에서 합의한 세부 사항 실천을 위해 양국 대표가 협상에 임하고 있을 때 동독 첩보원 기욤이 수상청 비서관으로 위장 취업해 브란트가 수상직을 사임하였다.

이 후 슈미트가 수상으로 취임하여 전임자의 동방 정책과 동독 정책을 유지하고 실천하였다. 그의 재임 동안 세부적인 실천 사항이 충실히 이루어져 동·서독 관계는 협력적이고 우호적이었다. 그리고 동유럽 국가와 긴장 완화를 꾸준히 추구하였고, 경제 교류를 통해 신뢰를 구축하고 우호 관계를 지속시켰다.

# 슈미트 시대

### 동방 정책의 계승

슈미트는 브란트 수상의 후임자로 수상에 취임하였다. 새로운 정부는 간첩 사건으로 동·서독 관계에 냉각 기류가 흐르고 있었지만 전임자의 정책을 계속 수행하여 세부 사항을 실현하였다. 그 결과 동·서독 간의 교류와 협력은 더욱 활성화되었고, 많은 신뢰 관계가 형성되어 동유럽 국가와의 관계도 진전되었다.

브란트를 물러나게 했던 **동독 간첩 기용과 브란트 수상** 기용 사건으로 당은 내분에 휩싸이고 정국은 위기에 처했으나, 브란트 수상이 모든 책임을 지고 사퇴함으로써 위기는 일단락되었다.

슈미트는 경제와 국방 분야의 전문가로, 그동안 당에서 축적한 정치적 경험을 펼칠 수 있는 기회를 갖게 되었다. 슈미트는 동·서독 간에 긴장 완화를 실현하는 데 중점을 두어 동·서독 기본조약의 세부 실천 사항을 성실히 이행하였다.

1979년 12월, 소련이 아프카니스탄을 침공하였고, 1980년에는 폴란드가

국내 정치의 위기 상황을 극복하기 위해 계엄령을 선포하였다. 그 결과 미국과 소련의 관계는 극도로 냉각되어 가고 있었다. 이때 슈미트 수상은 양독 관계가 경직되는 것을 염려하여 긴장 완화 정책을 실현하기 위해 구체적인 정책을 수립했다. 그 결과 동·서독 관계는 소련의 아프가니스탄 침공과 관계없이 계속 진행되었다.

이러한 국제적인 위기 상황에서도 동방 정책이 지속적으로 실행될 수 있었던 것은 지금까지 동·서독이 여러 분야에서 협력과 기술 제휴 등에서 많은 진척을 이루었기 때문이다. 아프가니스탄 문제로 슈미트 수상과 호네커가 갖기로 한 정상회담은 잠시 연기되었다. 그러나 두 사람 모두 국제적으로 긴장이 고조되더라도, 독일 영토에서는 어떠한 경우에도 전쟁이 일어나서는 안 된다는 공통된 의견을 가지고 있었다.

동·서독 간에 긴장 완화 분위기는 조성되고 있었으나 국제적 상황을 전혀 의식하지 않을 수 없었다. 소련의 아프카니스탄

**슈미트 수상과 마오쩌둥** 베이징을 방문했을 때 마오쩌둥과 악수를 나누고 있다.

공격 때문에 1980년 1월로 예정되었던 슈미트 수상의 동독 방문은 연기되었다.

동·서독 정상회담이 연기된 사이 1980년 10월 6일 동독은 서독 시민이 동독을 방문할 때 최저 환전 금액을 13마르크에서 25마르크로 인상했다. 동독이 최저 환전 요금을 인상한 이유는 환전 인상을 통해 경제적 이득을 챙기기보다는 서독인에게 경제적 부담을 주어 동독 방문을 줄이겠다는 계산이었다. 동독은 서독의 자유사상과 폴란드 자유노조운동의 파장이 동독에까지 영향을 미치지 않을까 두려워해서 이러한 조치를 취했던 것이다.

아프가니스탄 문제가 한고비를 넘기자 슈미트 수상은 1981년 12월, 동독을 방문하여 호네커와 정상회담을 하였다. 동독 방문 중 슈미트는 동독의 귀스트로를 방문하였다. 동독 정부는 1970년 3월에 브란트 수상이 에르푸르트를 방문했을 때, 주민들이 열광했던 악몽을 재현하지 않기 위해 주민들을 집에 있도록 명령하였다. 반체제 인사들은 방문 전에 체포하여 도시 밖으로 내보냈고, 성인들은 예비군 훈련에 동원하였다. 거리에는 슈타지 요원들과 비밀경찰들로 꽉 메워져 11년 전 에르푸르트의 모습은 볼 수 없었고 모든 시민들은 경직되어 있었다.

슈미트가 동독을 방문하던 날, 폴란드에서는 계엄령이 선포되었다. 노동운동이 공동 책임과 연대를 위해 '솔리다노취'를 주장하였고, 노조 지도자들은 체포되었다. 양국 관계는 긴장된 가운데 냉각 기류를 타게 되었다. 양독 관계를 악화시킨 것은 소련의 아프카니스탄 침공과 폴란드의 계엄령 선포였지만, 또 다른 원인으로 1979년 이후 나토가 군비를 강화해야 한다는 서유럽의 여론도 악영향을 미쳤다.

브란트 후임으로 수상이 된 슈미트 내각의 기념사진 왼쪽 첫 번째가 겐셔 외무부장관이다. 겐셔는 독일에서 최장수 외무부장관을 역임하였다. 노련한 외교술을 바탕으로 독일의 통일을 이루어 낸 장본인이다.

　　호네커는 동독의 위상을 높이기 위해 서독의 헌법에서 동독 국민을 합법적인 국민으로 인정하고 양독의 연락 대표부를 정식적인 대사급으로 격상시켜 인정할 것을 요구했다. 슈미트 수상은 동독의 이 같은 요구가 두 나라 관계 발전에 기여하지 못하고 양국 간에 이질화만 더 심화시킨다는 이유로 거절했다.

　　외교 · 안보 분야의 성공은 슈미트 겐셔의 연립 정부에 도움이 되지 못했다. 공동 여당에서 경제 문제로 불화가 시작되었다. 사민당과 자민당은 1983년 예산 절감에 대해 이견이 감지되었다. 자민당은 사회 복지 지원금을 축소하고, 세금을 삭감하고, 투자 여건을 개선하라고 수상에게 요구했다. 그러나 슈미트는 이를 친기업적인 정책이라고 받아들이지 않았다. 그 결과 자민당 출신 4명의 의원이 사표를 제출했고, 수상은 이를 처리했다. 이로써 사민당과 자민당 연립내각은 해체되었다.

## 정치개혁

슈미트 수상의 정책 중 외교에서 이룩한 동방 정책이 가장 중요하다. 하지만 국내 정치에서 조세개혁과 기업경영법, 사회안전망 확대, 교육개혁, 형법과 가족법개혁도 중요한 의미를 갖는다. 1969년부터 시작된 개혁 정치는 국가와 사회가 근대화되는 과정에서 혁명적이거나 과격하고 갑작스러운 변화를 거치지 않고 사회구성원의 의견과 분위기를 반영한 위로부터의 조용한 개혁이었다. 슈미트 수상의 개혁이 큰 저항을 받지 않고 순조롭게 진행할 수 있었던 것은 노동자 계급과 학생, 중간 계층의 근로자와 공무원, 여성 유권자와 젊은 유권자들의 개혁에 대한 요구가 강해지면서 사회적 분위기가 조성되었기 때문이다. 이러한 요구에 따라 추진하던 개혁 정치는 1973년 유류 파동으로 경제적 위기에 직면하면서 중단되었다.

서독에서 연금보험과 의료보험, 실업보험은 사회보험의 기본 축을 이루었다. 연금보험은 1957년 아데나워 집권 때 약간의 변화가 있었지만, 사회보험의 확대를 통한 안전망 구축보다는 사회보험의 조정적인 차원에서 약간 손질이 있었다. 그러나 슈미트 수상 시절의 연금보험은 사회보험의 구조적인 개혁보다는 오히려 능력에 따라 보험료를 차등 지불하고, 또 그 수혜 대상을 확대시킨 변화라는 점에서 큰 의미가 있다. 1972년 9월 연방의회는 여당과 야당이 충돌하지 않은 가운데 정년에 대한 연령을 과거처럼 모두에게 65세를 적용하지 않고, 여자는 60세, 남자는 63세가 되면 정년이 되게 하였다.

의료보험에서는 환자들의 의료비를 일정 부분 의료보험회사가 부담을 지게 되었다. 1970년 12월 연방의회의 결정에 의하면 국민들은 조기검진제도를 명문화하고, 의료보험회사는 검진비를 전액 부담하였다. 그리고 1974년부터는 환자의 재활치료비도 의료보험회사의 몫이 되었다. 이 외에도 의료보험회사는 환자가 요양을 필요로 할 경우 요양비를 지불해야 하고, 어린 환자에게는 개별적으로 치료비를 지불하게 되었다. 의료 혜택의 수혜자는 사회 여러 계층으로 확산되어 1972년에는 농민, 1975년에는 대학생과 장애인들도 필수적으로 의료보험에 가입하게 되었다. 그리하여 1976년에는 전 국민의 92퍼센트가 의료보험에 가입하여 의료비에 대한 부담을 의료보험을 통해 해결하게 되었다.

●
# 콜 시대

### 정책의 지속성
1982년 말, 독일 정치사에서 처음으로 불신임 투표에 의해서 정권이 교체되었다. 사민당과 기민당은 연립 정부를 수립하여 다수당인 기민당의 콜 대표가 수상에 취임하였으며, 신정부는 경제 정책에 중점을 두고 실업자를 줄이는 데 주력하였다.

외교 정책에서는 사민당 정권에서 추진했던 정책을 그대로 수용하여 기존의 우방들과 유대 관계를 유지하고, 인간의 가치 회복과 인권 보호, 자유를 보장하고 준법 국가를 실현하는 데 기여하기로 했다. 겐셔 외무부장관은 과거 정부에서 수행했던 동방 정책과 대동독 정책을 계승하였다. 겐셔 장관은 1974년부터 외무부장관직을 수행했기 때문에 그의 연임은 노련한 경험을 통해 동유럽은 물론 동독과 관계를 발전시키는 데 도움이 되었다. 특히 1990년 통일 과정에서 주변 4개 연합국과 폴란드의 합의를 도출할 때 외교적 수환을 발휘하였다. 겐셔 장관이 18년 동안이나 외무부장관직을 수행하면서도 야당이나 사회 단체의 반발이 없었던 것은 철저히 준비된 외교 정책을 바탕으로 국제적 상황에 따라 신축적으로 대처했기 때문이다.

안보를 위해 우방 국가와 의견을 지속적으로 교환하여 베를린은 더는 냉전의 희생 도시가 아니었다. 또 강대국의 흥정의 대상이 되지 않았다. 동독과의 관계는 상호협조 체제를 계속 유지하고 통일 문제는 장기적인 면에서 시간적 여유를 가지고 고려해야 할 사항이며 반드시 평화적 방법에 의해 다루어져야 한다는 소신에는 변함이 없어 주변국들에게 신뢰를 안겨 주었다.

안보 문제에 있어서는 서독은 평화를 위해 어떠한 국가와도 합의하고 협력할 마음의 준비가 되어 있었다. 콜 수상은 취임 후 모스크바를 방문하여 소련으로부터 독일 영토에서는 절대로 전쟁이나 도발 행위가 있어서는 안 된다는 약속을 받아냈다. 그리고 유럽의 평화를 위해 무기 생산 감소에도 노력하였다.

나토군의 퍼싱 II 미사일과 크루즈 미사일의 독일 배치로 양독 관계는 물론 소련과의 관계가 위험한 수위에 이르렀으나 콜 수상은 1982년 11월 브레즈네프 장례식, 1984년 2월 안드로포프 장례식, 1985년 체르넨코 장례식 때 조문 외교를 통해 독일 영토에서 어떠한 경우에도 도발 행위가 있어서는 안 된다는 의견을 교환했다. 콜 수상은 1984년 안드로포프 장례식에서 호네커와 처음 만났는데, 호네커가 콜이 머물고 있는 숙소를 방문하였다.

정치적 상황으로는 미국의 중거리 미사일을 서독에 배치하고

1987년 3월 12일 콜 수상 취임식 취임식이 끝난 후 바이채커 대통령과 기념촬영하고 있다.

있어 동유럽 사회주의 국가들은 서독을 적대적으로 일정한 거리를 두고 있었다. 이 장소에서 호네커와 콜은 어색한 분위기를 감안하여 같은 고향 사투리로 대화의 분위기를 풀어갔다. 콜은 팔츠의 루드비히하펜, 호네커는 자를란트 출신이었는데, 루트비히하펜과 지를란트는 지리상으로 약 80킬로미터 떨어진 곳이라 팔츠의 사투리가 서로 익숙했던 것이다.

콜 수상은 동독과는 언제나 우호적인 관계가 유지되기를 원했다. 그리하여 동독 경제가 위기에 처했을 때 국가적인 차원에서 차관 제공이 어렵자 바이에른 주지사 슈트라우스는 1983년 주정부 차원에서 동독에 차관을 제공했다. 동독은 이 차관으로 단기 악성 외채를 상환하여 외환 지불 능력을 향상시켰고, 국제 금융 시장에서 동독의 신뢰도를 높이게 되었다.

## 동독의 민주화 운동

1980년대 중반 고르바초프가 등장하면서 동유럽 국가들은 민주화에 적극적이었으나 동독의 지도부는 국제적인 조류를 전혀 파악하지 못하고 있었다. 이러한 가운데 동독의 개혁은 상부가 아닌 아래로부터 민중들이 관심을 가지면서 적극성을 가지기 시작했다. 1989년 가을 라이프치히에서 일어난 군중 데모와 1989년 초부터 시작된 원탁회의 토론은 동독 사회 변화를 갈망하는 사회적 요구의 출발점이었다.

외부로는 폴란드와 헝가리의 민주화가 동독의 사회 변화에 영향을 미쳤다. 1989년 6월, 폴란드에서 자유총선거가 실시되었고, 그 여파로 동유럽의 국가들도 자유선거를 실시하여 50년간 동유럽을 통치하였던 공산당 일당 체제가 사라졌다. 제일 먼저 자유총선을 실시했던 폴란드가 주는 교훈은 공산주의 국가에서 국민의 의사를 무시한 채 이데올로기에 의해 집권하고자 한다면 결국은 국민의 지지를 받지 못한다는 것이다. 동유럽에서의 공산주의 붕괴는 곧바로 동독의 민주화 운동의 도화선이 되었고, 공산주의 체제에 안주하여 통치했던 호네커는 시대적 변화에 적응하지 못해 종말을 고하고 말았다. 유럽에서 사회주의의 몰락은 독일 통일로 이루어졌다. 이로써 유럽의 정치 지도가 재편되었고, 이념과 체제를 달리하던 동·서 유럽이 하나의 단일 체제로 전환하는 계기가 되었다.

동독 시민은 텔레비전 방송에서 얼마 전까지만 해도 경찰의 탄압을 받던 인사가 폴란드 총리가 되어 개혁을 지휘하는 모습, 헝가리 시민들이 개혁 정책의 결과 오스트리아와의 국경선이 폐지된 후 빈에 가서 쇼핑을 하고 헝가리로 돌아가는 모습 등을 볼

수 있었다. 주변 국가에서는 개혁이 진행되고 있는 사이 동독 시
민은 불만의 목소리가 높아지면서 동독을 떠날 준비를 하고 있었
던 것이다.

　　1989년 라이프치히에서 리프크네히트와 로자 룩셈부르크 70
주년 추모일 군중 집회가 열렸고, 표현의 자유와 집회의 자유, 언
론의 자유를 요구하면서 군중 시위가 시작되었다. 이때 80명이 체
포되었다.

　　동독의 민주화 요구는 이것으로 끝나지 않고 동독 탈출 행렬
이 계속되고 있을 때, 동독 최초의 재야 단체인 노이에스 포럼Neues
Forum이 결성되어 민주화를 요구하였다. 이때 정부는 이 단체를 반
정부 단체로 규정하고 어떠한 종류의 대화도 수용하지 않았다. 동
독의 10월 혁명은 재야 단체와 지식인들이 주도하였다. 사회 분위

　　　　　　　　　　　　　　　　　　　　　　　　　이야기 독일사

기가 계속 민주화를 요구하고 있을 때, 지식인 단체인 동독의 작가 동맹은 모든 사회 계층 간에 민주적 대화를 요구했다. 1953년 민주화 운동과 같은 무력 충돌을 피하기 위해서였다.

재야 단체는 '우리는 국민'이라는 슬로건을 내걸었다. 이는 진정한 민주 국가를 건설하는 것이 목적이었다. 하지만 민주화 운동이 점점 확산되면서 '우리는 국민이다'라고 주장하면서 호네커 정권의 비민주적 형태를 더 이상 인정할 수 없다는 입장이었다. 계속되는 민주화 요구에 호네커는 건강상의 이유로 더 이상 난국을 이끌어 나갈 수 없어 퇴임하였다. 후계자로는 에곤 크렌츠가 임명되었고, 한스 모드로우가 총리에 취임하였다. 크렌츠는 위기를 극복하기 위해 개혁의 방향을 제시했지만 동독의 주민들은 사회통일당의 정책을 신뢰하지 않았었다.

크렌츠는 개혁을 요구하는 국민들의 요구를 받아들여 민주화, 체제개혁, 자유선거 실시를 약속했지만 동독 주민들의 민주화 요구는 수그러들지 않았다. 시간이 지나면서 정국은 위기의 상황으로 전개되었다. 크렌츠는 위기를 극복할만한 방법을 제시하지 못한 채 마지막 처방으로 1989년 11월 9일 베를린 장벽 개방을 선언하였다. 이로써 베를린 장벽은 설치된 지 28년 만에 개방되었다. 이때 동서독의 젊은이들은 베를린 장벽에 올라가 샴페인을 터트리며 장벽의 개방을 환영하고, 동독 사람들은 밤새워 서베를린 거리를 활보하였다. 그다음 날인 11월 10일, 동독에서 서베를린으로의 여행은 러시아워를 이루었다. 이때 서독 정부는 서베를린과 서독을 방문하는 동독 주민들에게 200마르크를 지불하였다. 동독 주민들은 서독 정부가 지불하는 돈으로 그동안 텔레비전을 보면서 가지고 싶었던 서방 세계의 제품을 구입하였다. 동독 주민

들은 자본주의 매력을 느끼며 통일에 대한 열기가 높아지기 시작
했다.

콜 수상은 동독의 국무의장 모드로우를 만난 후 동독의 자체
적인 개혁은 불가능하다고 인정하고, 서독 외무부장관 겐셔와 상
의 끝에 소련의 간섭 없이 독일 내적인 힘으로 통일을 이룰 수 있
다는 확신을 가지게 되었다. 콜 수상은 지금이야말로 통일을 할
수 있는 적절한 시기라고 생각하고, 통일을 위한 발빠른 행동을
시작하였다. 그 시작이 1989년 11월 28일에 선포한 10개 조항의
선언문이었다.

콜 수상의 10개 조항의 발표는 동독에 통일의 희망을 불러일
으키는 도화선이 되었다. 이 계획안에 대한 동독 주민들의 반응은
콜 수상이 크리스마스 전에 동독의 드레스덴을 방문하였을 때 나
타났다. 동독 주민들은 애국심으로 충만해 있었고, 콜 수상을 환
호하기 위해 광장 주변에 있는 지붕 위까지 올라가 대환호하면서
통일을 외치고 있었다. 동독 정치권은 국가 체제를 재정비할 수
없는 상황에 처하게 되었다.

이때까지도 소련은 독일의 통일을 반대하는 입장이었고, 동
유럽의 사회주의 국가들은 소극적인 입장이었다. 그해 12월 3일
몰타에서 고르바초프는 부시 대통령과 정상회담을 했고 독일 통
일은 유럽 안정에 위협이 된다고 반대의 입장을 밝혔다. 하지만
부시 대통령은 앞서가는 언급을 자제하면서 서독 콜 수상이 10개
항을 발표한 것은 독일 통합을 위한 점진적 과정으로 이해하였다.

콜 수상의 통일 정책에 대해 동독 정부의 어떠한 반응도 없을
때 동독의 재야 단체는 이제는 민주주의가 필요하다는 슬로건을
내걸고 민족 통일을 위한 3단계 구상을 제시하였다. 콜 수상은 통

일에 대한 본인의 의사를 동독에 타진하기 위해 크리스마스 무렵인 12월 19일과 20일, 양일간 동독의 드레스덴을 방문하여 동독의 모드로우와 정상회담을 가졌다. 두 사람의 만남 이후 베를린을 여행할 때 적용하던 최소의 환율 규정과 동독 방문 때 필요한 비자 발급이 폐지되었다.

모드로우는 1990년 1월 말 소련을 방문하여 고르바초프와 회담을 했다. 여기서 그는 동독의 정치 체제를 더 이상 이끌고 나갈 수 없다고 실토하고 동독 붕괴의 책임을 지겠다고 언급했다. 모드로우는 귀국 후 독일 통일을 위해서 의무감을 가지고 최선의 임무를 다할 것을 약속했다. 또한 독일 통일은 모든 분야에서 획기적인 변화를 가져와야 한다고 그의 희망사항을 밝혔다.


## 베를린 장벽 붕괴

1989년 5월 7일 치러진 동독의 지방선거는 과거 여느 때와 마찬가지로 부정 선거가 이루어졌다. 동유럽에서 불고 있는 개혁의 바람을 전혀 인지하지 못한 정치가들은 구습에 젖어 있었다. 개혁의 조류 앞에 방향을 잃어버린 동독에서 시민들은 개혁의 의지와 능력도 없다고 판단하였다. 그래서 일부는 서독으로 탈출을 감행하였고, 일부는 그해 6월부터 매월 7일에 부정 선거를 규탄하는 저항 시위를 전개하였다. 라이프치히 니콜라이 교회에서는 9월 4일 평화 기도회를 마친 시민들이 매주 월요일에 자유를 요구하는 집회를 개최하기로 결정했다. 월요 시위는 시민들의 지속적인 관심에 힘입어 10월에는 엄청난 숫자가 참가하였다. 이러한 분위기는 더욱 더 활기를 띠어 9월에는 '노이에스 포럼'과 '이제는 민주주의Demokratie jetzt'가 결성되었고, 10월에는 '민주주의 새출발 Demokratischer Aufbruch'이 구성되었다.

사회적으로 개혁의 요구가 높아가고 있는데 동독의 정치가들은 내부 문제 해결을 위해 고심하지 않고 1989년 10월 7일 동베를린에서 동독 건국 40주년 기념 행사를 성대하게 개최하였다. 이 행사장의 주역인 동독의 정치가들은 앞으로 몇 달 후에 다가올 그들의 운명을 전혀 예견하지 못한 채 축제 분위기에 젖어 있었다. 행사가 열리고 있는 도중 동베를린에서 대규모 시위가 있었는데, 경찰의 강경 진압으로 부상자가 발생했고 3천 명 이상이 체포되었다.

정치권에서 전혀 개혁의 의지를 보이지 않자 동독 내에서 민주화 운동이 전국적으로 확산되었다. 드레스덴을 중심으로 캠니츠, 할레, 에르푸르트, 포츠담, 라이프치히에서 민주화 운동이 빠른 속도로 진행되었다.

동독의 통합사회당 중앙위원회는 호네커 정부가 더 이상 시민들의 불만을 해소할 수 없다고 판단하고 1989년 에곤 크렌츠 체제를 출범시켰다. 크렌츠가 지도자로 등장했지만 시민들은 전혀 그를 지지하지 않았고, 그의 말을 믿으려 하지 않았다. 개혁의 변화 앞에 구시대적인 사고를 가진 크렌츠의 과거 행적, 즉 부정 선거 조작 흔적과 천안문 사태 때 중국을 방문하여 중국 정부를 지지했던 것이 시민들에게 부정적인 이미지로 남았던 것이다. 크렌츠가 취임하고도 사태는 조용해지지 않고 데모는 계속되었다. 취임 후 첫 월요일에는 약 30만 명 이상이 시위에 참가하였다.

1989년 11월 4일에는 동독 역사에서 가장 큰 시위가 일어났다. 동베를린의 알렉산더 광장에 모인 군중들은 통합사회당의 강

**동베를린 옛 시청사**
지금은 시내의 중심이 되었지만, 동독 시대는 권위주의를 상징하는 건물이었다.

압 정치 철폐, 자유선거 실시, 자유로운 여행 보장, 슈타지 폐지를 요구하였다. 개혁의 요구는 단지 수도 베를린으로만 제한되지 않고 라이프치히, 드레스덴, 할레, 켐니츠 등 전국으로 확산되었다. 동독의 정치권은 이러한 사태를 수습할 능력을 갖추지 못한 가운데 통합사회당 지도부 정치국이 해산되었다. 새롭게 형성된 정부의 신임 정부 수반에는 개혁주의자인 모드로우가 선임되었다. 그럼에도 제3국을 통한 서독으로의 이주와 국내에서 민주화 시위는 정치권을 압박하는 요인이었다.

　이에 대한 부담을 느낀 크렌츠는 임시 여행 규정안을 만들어 발표하였다. 두 쪽의 문서는 통합사회당 언론 담당 샤보브키에게 건네져 잘못 발표되는 바람에 사실상 베를린 장벽이 붕괴되었다. 이 소식을 뉴스로만 들었을 뿐 정식 통보를 받지 못한 동독 국경

수비대는 몰려드는 시민들에게 문을 개방하고 말았다. 뒤늦게 소식을 접한 크렌츠도 이 소식을 통보받고 국경을 통과하게 명령하였다. 이로써 독일 분단의 상징인 베를린 장벽은 1961년 8월 13일 자정에 설치된 이후 28년 만에 붕괴되었다. 그날 밤 동 · 서 베를린 경계선 주변에 약 1만 명의 시민이 서로 얼싸안고 샴페인을 터트리며 축하의 분위기를 즐겼다. 1953년 6월에 일어난 동독의 민주화 운동은 소련이 사회주의 체제를 강화하기 위해 강제로 진압하였다. 그러나 1989년 민주화 운동은 사회주의 체제에 환멸을 느낀 아래로부터의 민주화 운동이라 개혁을 추진하는 소련도 시대적 대세를 수용하였다. 1989년, 동독에서 일어난 혁명은 소련이 무력적인 방법을 동원하지 않고 시민의 의견을 존중하여 성공을 거둘 수가 있었다.

베를린 장벽이 붕괴된 1989년 11월 9일 밤, 콜 수상은 역사적인 일이 벌어지던 독일에 있지 않고 폴란드를 방문 중이었다. 그러나 콜 수상은 폴란드 방문 일정을 중도에 포기한 채 수도 본으로 가지 않고 미 군용기로 역사적인 현장 베를린으로 갔다.

그때까지 콜 수상은 베를린 장벽 붕괴가 통일로 이어지리라고 전혀 예상하지 못했다. 그러나 이후부터 통일의 분위기가 조성되기 시작했고, 소련이 동독의 정치 질서를 더 이상 추스릴 수 없다는 판단을 내보이자 콜 수상은 통일에 대한 구체적인 작업을 시작했다.

11월 28일 통일에 대한 10개항의 프로그램을 연방의회에 공개하면서 통일에 대한 여론이 공론화되었다. 그러나 이 프로그램은 폴란드와 오데르-나이세 국경선 문제를 협의하지 않았고, 연합국과 사전에 협의가 이루어지지 않아 많은 비판을 받았다. 콜 수상의 이러한 빠른 결정은 사전에 폴란드 및 연합국과 합의를 한다면 많은 시간을 낭비하여 정작 통일이라는 큰 대업을 망쳐버릴 수도 있기 때문에 몇몇 측근들만 아는 가운데 신속하게 일을 처리하였다.

## 통일의 과정

국민들의 신뢰를 잃어버린 당 지도부는 더 이상 정권을 수행할 능력을 갖지 못했다. 1989년 12월 3일에 정치국 중앙위원회가 해산되었고, 그로부터 3일 후인 12월 6일 크렌츠는 서기장 및 국방위원장직에서 물러났다. 힘의 공백에 빠진 정치권은 모드로우와 그의 측근들이 장악하였다. 모드로우는 위기에 빠진 국가를 구하려고 노력했지만, 동독이라는 사회주의 호는 침몰의 소용돌이에 빠져들고 있었다.

동독에서 모드로우가 취임했지만 정치적 안정은 기대할 수 없었고, 정권 붕괴 위기에 직면한 모드로우와 원탁회의 참가자들은 사태의 심각성을 인정하였다. 그래서 조기에 총선을 실시하기로 결정했다.

**독일 외무부 건물** 통일 후 수도 베를린으로 옮겨졌다.

이로써 1990년 3월 18일 동독에서는 독일민주공화국이라는 이름으로 처음이자 마지막으로 자유 민주 선거가 실시되었다. 93.38퍼센트라는 매우 높은 선거 참가율 속에서 콜 수상이 지원하는 통합기민당이 압도적인 승리를 거두어 192석을 차지하였다. 반면 동독 사민당은 88석의 의석을 확보하는 데 그치고 말았다. 동독에서 기민당의 승리는 콜 수상의 승리였다. 통합기민당이 대승을 거두었음에도 폭넓은 기반 위에서 통일의 과업을 이룩하기 위해 사민당과 대연정을 구성하였다. 동독 총리는 절대적인 지지를 받은 통합기민당 출신의 드 메지에르가 선출되었다.

선거 결과는 통일 운동을 더욱 가속화하는 계기가 되었고, 통일 전에 우선 화폐통합, 경제통합, 사회통합을 이루어 동독 사회를 안정시키고 동독에서 서독으로 이주를 중단시킬 수가 있었다.

1990년 7월 1일, 경제통합과 사회통합이 이루어져 서독 연방은행이 동독 통화와 금융을 관리하게 되었다. 따라서 동독은 40여 년간 적용했던 중앙계획·통제 경제를 포기하고 사회적 시장경제 체제로 편입되었다. 국제질서를 존중하는 차원에서 독일의 통일에는 주변국의 동의가 반드시 필요했다. 해당 국가와 기구는 연합국, 폴란드, 서독의 파트너 기구인 나토와 유럽 연합 등이 있었다. 연합국, 주변 국가, 나토, 유럽 연합은 독일 통일이 유럽 통일이라는 틀에서 이루어져야 하고, 통일 후 유럽 평화와 안정에 기여해야 한다는 명분을 제시하였다.

통일 전에 반드시 해결해야 할 문제는 폴란드 서부 국경선인 오데르-나이세 경계선 문제였다. 연합국은 물론, 해당 국가인 폴란드도 통일 전에 오데르-나이세 경계선 문제를 반드시 재확인해야 한다는 입장이었다. 주변국의 입장이 강경한 상황에서 독일은 오

데르-나이세 문제로 통일
이라는 대사를 그르칠 수
는 없었다. 독일이 끝까지
오데르-나이세 국경선 문
제를 인정하지 않으면 통
일 작업은 그 만큼 지연될
수밖에 없었다.

　오데르-나이세 경계
선 문제는 폴란드에게는

마거릿 대처와 콜 수
상의 기자회견 모습
이들 재임 기간 동안
양국 관계는 돈독했
고, 따라서 독일은 통
일 과정에서 영국의
지지를 받을 수 있었
다.

죽느냐 사느냐 하는 민족의 운명이 걸린 사항이었다. 이 문제를
확실하게 해결하지 못할 경우 제2차 세계대전 이후 최초로 등장한
민주 정권인 마조비에키 내각이 붕괴할지도 모르는 상황이었다.

　이때 폴란드에서는 독일의 보복주의가 구제국 영토를 수복하
기 위해 다시 무력을 동원할지도 모른다는 생각을 갖게 되었다.
콜 수상은 폴란드의 고민에 대해 깊이 고려하지 않고 외교적 명분
쌓기에 전념하고 있었다. 독일과 폴란드 언론, 지식인들은 역사적
경험을 설명하였다. 독일의 국력이 강해졌을 때, 예를 들어 빌헬
름 2세와 히틀러 시대에 폴란드가 독일의 희생 국가였던 슬픈 과
거사를 반복하지 않기 위해 폴란드의 제안을 수용하는 것을 지지
했다. 오데르-나이세 문제는 통일 전 동독과 서독 의회에서도 충
분한 의견이 교환되었고, 여야 합의가 이루어진 상황이었다. 그럼
에도 콜 수상은 외교적 실리를 위해 오데르-나이세 경계선 문제
를 빨리 해결하지 않고 명분을 축적하면서 시간을 조율하였다.

　8월 31일에는 통일의 실무 협상을 담당했던 서독의 쇼이블레
내무부장관과 동독의 크라우제 내무부장관이 통일 조약에 서명하

였다. 9월 12일에는 모스크바의 2+4의 마지막 회담에서 조약을 체결하여 오데르-나이세 경계선을 폴란드 서북 국경선으로 인정하였다. 9월 20일에는 서독의 연방회의와 동독의 인민회의에서 통일 조약을 통과시켰다. 이로써 서독은 베를린 장벽이 붕괴된 지 326일 만에 빠른 평화 통일을 이룩하여 45년 만에 완전한 주권을 회복하게 되었다.

소련의 동의 아래 통일된 독일은 북대서양조약기구(나토)의 회원국으로 남기로 했고, 유럽은 나토와 바르샤바 조약기구를 대체하고 유럽 전체를 수용할 수 있는 안보 체제를 구축하기로 했다. 나토 회원국인 독일은 바르샤바 조약국과도 비군사 부분에서 협력 관계를 유지하기로 하였다.

1990년 10월 3일, 독일연방공화국 기본법 제23조에 의해 서독이 동독을 흡수 통일하였다. 동독은 서독의 기본법에 따라 독일연방공화국의 영토가 되었고, 동독의 5개 행정자치 단체는 그해 10월 14일 기본법에 따라 주의회와 정부를 구성하기 위한 선거를 실시하였다. 12월 2일에는 통일된 독일의 첫 번째 총선이 실시되어 수상을 선출하고 새 정부를 구성하였다.

이로써 1949년 출범한 독일민주공화국(동독)은 40년의 통치 기간이 종식되고 역사에서 사라졌다. 그동안 사회주의 국가 동독도 통일을 그들의 정치적 목표로 설정했다. 그러나 단지 구호로만 내걸었을 뿐, 양국의 현실적인 접근이나 독자적인 정치 질서 수립에 대해서 노력하지 않고 소련의 모델에 의해서 사회주의 국가를 건설하였다. 동독에서는 통합사회당이 홀로 아무런 개혁도 없이 40년간 국가를 통치했는데, 이 때문에 시대의 변화와 국민의 민심을 제대로 파악하지 못하고 결국 붕괴하고 말았다.

# 찾아보기